Environmental Risk Prevention and Control of Chemical Industrial Park

化工园区环境风险预防与控制

李冰　魏进　曲常胜　宛文博◎编著

科学出版社
北　京

内 容 简 介

当前，我国化工园区风险监管，还普遍存在早期防范举措不够、环境风险隐患底数不清、风险源日常管理缺乏系统性和针对性，以及监控预警和应急技术缺乏等问题，尚未形成有效的化工园区环境风险全过程管理体系，环境风险应急与管理能力距离现实需求还有很大差距。

在学习借鉴国内外已有相关成果的基础上，本书按照环境风险全过程管理的理念，阐述了化工园区规划环境风险评价技术、化工石化行业环境隐患排查技术、化工园区环境风险监管与应急技术等关键技术内容及其应用案例。

本书可作为环保管理工作者和科研人员等在化工园区环境风险管理与研究方面的参考用书。

图书在版编目（CIP）数据

化工园区环境风险预防与控制 / 李冰等编著 .—北京：科学出版社，2016

ISBN 978-7-03-048898-5

Ⅰ.①化… Ⅱ.①李… Ⅲ.①化学工业－工业园区－安全管理－风险管理 Ⅳ.① F407.7

中国版本图书馆 CIP 数据核字（2016）第 136501 号

责任编辑：杨婵娟 吴春花 / 责任校对：邹慧卿
责任印制：李 彤 / 封面设计：楠竹文化

科学出版社 出版
北京东黄城根北街 16 号
邮政编码：100717
http://www.sciencep.com
北京厚诚则铭印刷科技有限公司 印刷
科学出版社发行 各地新华书店经销
*
2016 年 7 月第 一 版 开本：B5（720 × 1000）
2022 年 6 月第六次印刷 印张：15 1/2
字数：295 000
定价：78.00 元
（如有印装质量问题，我社负责调换）

前言

preface

当前，我国正处于工业化、城镇化加速发展阶段，经济增长方式仍比较粗放，重化工行业占国民经济比重较大，工业布局不够合理，加之自然灾害多发频发，造成总体环境风险管理形势严峻，区域环境安全面临严重挑战。2012 年，在第七次全国环境保护大会上，环境风险被列为影响科学发展和损害群众健康的突出环境问题之一。会上，时任国务院副总理李克强强调：要牢固树立隐患险于事故、防范胜过救灾的理念，加大风险隐患排查和评估力度，把环境污染事件消灭在萌芽状态。“十二五”期间，“防范环境风险”与“控制总量”“改善质量”并列，共同成为国家环保工作的三大战略目标。2015 年 4 月，党中央、国务院印发《关于加快推进生态文明建设的意见》，提出建立以保障人体健康为核心、以改善环境质量为目标、以防控环境风险为基线的环境管理体系。2016 年 3 月，《国民经济和社会发展第十三个五年规划纲要》进一步提出要严密防控环境风险，实施环境风险全过程管理。

化学工业是我国国民经济重要的基础性和支撑性产业。随着经济的迅猛发展，全国各地围绕发展化学工业而建设的工业园区数量快速增长。然而，目前在化工园区风险监管方面，还普遍存在区域早期防范举措不够、环境风险隐患底数不清、风险源日常管理缺乏系统性和针对性，以及监控预警和应急技术缺乏等问题，尚未形成有效的化工园区环境风险全过程管理体系，环境风险应急与管理能力距离现实需求还有很大差距。

自2005年以来，笔者在国家863计划项目、国家科技支撑计划项目、江苏省科技基础设施建设计划、江苏省环保科研课题等项目的支持下，持续开展环境风险相关科研与实践，紧密结合化工园区环境风险管理需求，研究化工园区规划环境风险评价技术、化工石化行业环境隐患排查技术、化工园区环境风险监管与应急技术等关键技术，并致力于其在江苏省化工园区环境风险早期预防、隐患排查、日常监管等工作中的实际应用。

在学习借鉴国内外已有相关成果的基础上，本书秉承环境风险全过程管理的理念，阐述了以上关键技术内容及其应用案例，并附上了化工园区规划环境风险评价技术手册（附录一）、石化行业环境隐患排查技术手册（附录二），可作为环保管理工作者和科研人员等在化工园区环境风险管理与研究方面的参考用书。

由于时间仓促和笔者能力有限，书中不足之处在所难免，敬请各位专家、读者批评指正。

作　者

2016年3月

目录

Contents

第一章

化工园区发展概述

第一节 化工园区基本内涵

化工园区、化学工业基地建设已有几十年的历史。从20世纪40年代初起，美国在具有丰富石油资源、众多炼化厂和交通运输便利的墨西哥湾沿岸地区，率先采取基地型集中模式发展石油化学工业，在该地区逐步形成了巴吞鲁日、诺科、贝敦、博蒙特、阿瑟港、迪尔派克等一批大型石油化工产业聚集区，开创了世界化工园区大规模建设发展的雏形和先河。第二次世界大战结束后，日本、德国及西欧其他发达国家借鉴美国模式，相继在沿海、沿河地区建起了石化产业较为集中的石油化工产业带，推动了战后经济的恢复和腾飞。而近年，化工园区逐渐成为发展中国家化工行业发展的主流。

考虑到目前除现代石油和化学工业为适应资源和原料转换集约化建立的专业石化基地外，各级政府为产业集聚化、管理集中化设立的化工园区或集聚区风险隐患突出、风险监管水平滞后，受到社会各界的广泛关注，本书所指的化工园区还涉及以化工产业为主导的各级各类园区、集中区。

第二节 国外化工园区发展现状

国外早期化学工业布局也很分散，激烈的市场竞争要求石化工业以最经济的模式发展。因此，发达国家化学工业逐渐聚集，形成高度集中的大型化工园区。通过原料互供、公用工程设施集中建设、“三废”集中处理等，使生产成本降到最低，大大提高了竞争力。世界著名的石化基地有美国得克萨斯州墨西哥湾化工区、日本鹿岛化工区、比利时安特卫普化工区、荷兰鹿特丹港化工区、德国路德维希化工区、韩国蔚山和丽川石油化工园区、新加坡裕廊工业区等。国外化工园区虽然在地域及产品上有所差异，但其建设与发展都具有一些共同的特点。

1）交通便利、运输方便。大部分园区位于沿江、沿海地区，有深水良港，同时靠近原料产地或靠近消费市场。

2）大型龙头装置带动，项目设计一体化。大部分园区有烯烃、芳烃等龙头装置，这些装置规模大，后加工产品多，利用上下游相关联的特点，带动一批后加工产品，形成项目链的一体化经济。

3）有完善的公用工程设施等服务系统。园区实现：①公用工程一体化。对园区能源供应进行统一规划、集中建设，形成一体化的公用工程。②物流传输一体化。通过输送管网、仓库、码头、铁路和公路等，形成园区内一体化的物流运输系统。③环境保护一体化。园区内设立环保中心，统一处理废水、废气和废渣。

4）有先进的管理操作系统。园区管理委员会直接负责园区的管理工作，开发管理机构采取经营化运作模式。人员少而精，办事效率高。对内为园区企业服务，对外重视宣传和招商引资。

5）统一规划、分步实施。世界上所有的化工园区的建设都是在统筹规划的基础上开始的。化工园区的规划有其特殊性，园区建设的内容、自然条件等情况各有不同，各有特点，不能照搬，只能相互借鉴，在统一规划下，合理地运用土地资源、港口资源、公用工程设施。

第三节　中国化工园区发展历程

随着我国改革开放的推进和世界化工行业的集聚化发展，从 20 世纪 80 年代开始，我国各地掀起了兴建化工园区的热潮。至今，化工园区已遍布全国。根据中国石油和化学工业联合会等机构的调研统计，截至 2013 年年底，全国主要化工园区及以石油和化工产业为主的工业园区达到 490 余个，其中省级化工园区 110 余个。省级以上化工园区约占全国省级以上开发区总数的 20%。化工园区成为推动我国经济发展的重要力量。

一、年际变化

根据《中国开发区审核公告目录》《中国化工园区投资指南》等相关资料进行遴选分析，统计获得我国省级以上化工园区的数量信息。从园区数量看，近 30 年间，我国化工园区经历了从无到有，从弱到强的发展历程。总体上可以划分为三个阶段。

1. 萌芽阶段（1984 ～ 1990 年）

这一阶段，化工园区从无到有，总体数量较少。至 1990 年，全国仅有省级以上化工园区 13 个。

在区域上，该阶段设立的化工园区 76.9% 集中于沿海地区。其中国家级化工园区 8 个，分别为第一批沿海开放城市设立的 6 个国家级经济技术开发区，以及厦门、杏林的台商投资区。

2. 发展壮大阶段（1991 ～ 2006 年）

这一阶段，随着我国改革开放的深入及投资环境的优化，招商引资取得了巨大成就。为了顺应中国经济发展的形势及世界化工行业发展集聚化的趋势，全国各地掀起了兴建化工园区的热潮。据不完全统计，15 年间，我国新建省级以上化工园区（含化工产业定位的工业园区）340 余个。

在区域上，该阶段园区数量增加最多的为沿海地区，新建化工园区 50% 以上集中于沿海、沿江地区，其次为中西部内陆地区。

3. 优化发展阶段（2007 ～ 2013 年）

在此期间，我国化工园区发展呈现规模不断扩大、产业值持续提高的良好态势，也成为推动产业升级和结构优化的重要力量。据不完全统计，截至 2013 年年底，全国主要化工园区及以石油和化工产业为主的工业园区达到 490 余个。其中，国家级园区 30 余个，地市级以上园区 280 多个。并已形成上海化学工业区、南京化学工业园区、宁波石化经济技术开发区、惠州大亚湾石化区、福建泉港石化工业区等一批年产值突破千亿元的大型化工园区。全国入园规模以上化工企业数量达 9000 多个，占全国规模以上化工企业数量的 1/3 左右。

二、发展轨迹

我们把全国划分为沿海、沿江、中西部内陆地区三大典型区域，利用不同区域新建化工园区占比指标，分析全国化工园区发展轨迹，总结如下。

1984 年，随着第一批沿海开放城市的确立，我国首批化工园区在沿海萌芽。此后，凭借优越的海港运输条件和水环境优势，沿海地区化工园区不断发展壮大。同时，沿海地区新建化工园区占比逐步下降，沿江地区占比不断上升，表明全国化工园区呈现了由沿海向沿江、中西部内陆地区辐射发展的态势。2013 年以来，中央提出关于建设国家重点战略区域长江经济带的设想，预计未来沿长江区域的化工园区建设可能迎来一轮新热潮。

第四节　中国化工园区分布格局

一、省际分布

除西藏外，全国各省份（不含港、澳、台地区）均分布有不同规模的化工园区。各省份中，化工园区数量居前列的依次为山东、湖北、江西、江苏（图 1-1）。

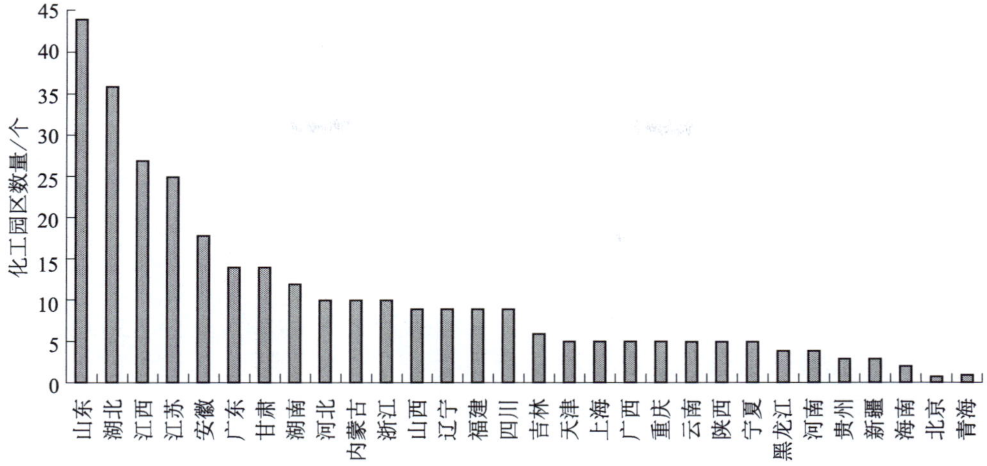

图 1-1 各省份化工园区数量比较

二、流域/区域分布

从园区数量看，最多的为沿海地区，化工园区数量占总数的 48%；其次为沿江地区，占总数的 31%；最后为中西部内陆地区，占总数的 21%（图 1-2）。

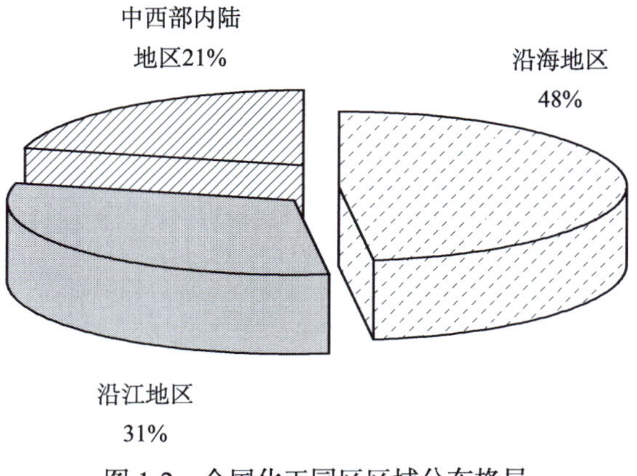

图 1-2 全国化工园区区域分布格局

从空间密集程度看，最为密集的为沿海地区，每万平方千米有 1.3 个化工园区；其次为沿江地区，每万平方千米有 0.9 个；最后为中西部内陆地区，每万平方千米仅 0.1 个。这表明全国化工园区在以长三角、珠三角、环渤海为代表的东部沿海发达地区尤为密集，其次为沿江地区。

第五节　中国化工园区发展现状

一、现有化工园区类型

经过二十几年的发展，我国化工园区已初具规模，并结合地方的实际情况形成了各自的产业特色和发展类型。

按产业特色，我国化工园区大致可以分为石油化工型、煤化工型、精细化工型三种类型。

石油化工型——以大型炼油－乙烯装置为龙头，带动下游相关产业发展，规模较大，如上海化学工业区、南京化学工业园区、惠州大亚湾石化区、福建泉港石化工业区等。

煤化工型——本地区具有丰富的煤炭资源，以煤化工项目为龙头，带动下游相关产业发展，如榆林煤基能源化工基地、宁东能源化工基地。

精细化工型——以精细或者专用化学品及大宗合成材料生产为主，如南通经济技术开发区（围绕特种有机原料）、江苏高科技氟化学工业园（主要开发氟化工产品）、泰兴经济开发区（主要开发烧碱、氯产品）。

按发展方式，我国化工业园区大致可以分为企业扩张型、城市搬迁型两种类型。

企业扩张型——在原有企业的基础上，以自有的特色产品作为核心，扩张、辐射而建，如齐鲁化学工业园区、吉林化学工业循环经济示范园区等。

城市搬迁型——将城市中原有的分散企业集中搬迁至新的化工园区，如天津经济技术开发区化学工业园区、河北沧州临港化学工业园区、合肥化学工业园区（2007 年更名为合肥循环经济示范园）等。

二、我国化工园区发展现状

目前我国化工园区数量不少，但受地方经济发展水平和政府环保意识的影响，全国化工园区发展不够平衡。部分园区起点较高，定位明确，特色突出，管理和服务功能完善，招商引资具有较强的吸引力，园区建设已具有相当的规模。比较典型的有上海化学工业区、大亚湾石化区等。

1. 上海化学工业区

上海化学工业区是中国改革开放以来第一个以石油和精细化工为主的专业

开发区，区内聚集了英国石油化工、德国巴斯夫和拜耳、美国亨斯迈、日本三菱、中石化等一大批国际知名跨国公司和国内石化骨干企业。园区采取产业差别化发展、基建一体化管理模式，实现了水、气、热的集中供应，配备公共管廊、专门的物流公司和统一的安全监管系统，对“三废”进行集中处理和综合利用。建成了独具特色的应急响应中心，最大限度地满足了化工园区对突发事件应急处置的要求。园区设定了较高的准入门槛，不仅要求新企业的进入符合园区的产业格局，还对企业的竞争力进行审核。为防范环境风险，上海市投入30亿元，对园区周边1km范围内集中居住区进行拆迁；积极开展VOC（挥发性有机化合物）、二噁英的常规监测，严格控制有机废气的排放；生产废水采用明管输送至集中式污水处理厂。

2. 大亚湾石化区

大亚湾石化区位于广东省惠州市南部，是中国石油和化学工业示范园区。经过近些年的建设，在中海壳牌石油化工有限公司、中海石油炼化有限责任公司两大龙头的带动下，以石化深加工和精细化工高端石化产品为主线，重点发展芳烃下游系列产品、石化深加工系列产品、化工新材料及橡塑加工产品和专用精细化学品，炼化一体化产业链快速形成。在石化区工业产值迅速攀升的同时，大亚湾石化区在安全环保方面也做出了大量的工作，取得了显著的效果。2007年，广东省首个石化区大气特征因子监测系统在大亚湾石化区建成。该监测系统可全天候自动监测石化区SO_2、H_2S等42种气体，有效监控周边区域的环境质量状况，并进行环境空气预警。2009年，又建成了空气质量LED显示屏，可随时显示空气中的SO_2、苯、甲苯、苯乙烯等石化特征因子浓度。2010年，耗资1200万元的大亚湾区石化工业应急响应指挥中心正式启动，标志着石化区安全保障网已基本形成。

值得关注的是，全国近500家的化工园区和以石油和化工产业为主的工业园区中，还有相当一部分园区也引进了一些项目，并具有一定的规模，但入园项目间的关联度不强，特色不够突出，园区管理和服务有待提高；部分园区建设甚至存在盲目性，定位不明确，管理不善，招商引资缺乏筛选，环境污染较为严重。综合各地化学工业园区的建设情况，主要存在以下几个方面的问题。

1）缺乏科学规划。由于化工行业具有巨大的经济效益，很多地方领导为了出政绩，不顾地区特点和发展化工产业所应具备的条件，盲目推进化工园区的建设，导致区域化工园区建设过密、布局不合理、重复建设。

2）项目准入门槛低。为了实现经济的发展，有的园区以牺牲环境为代价，将国家明令禁止的污染重、生产规模小、生产工艺落后的项目引进园区。有些投资者则利用这种急于求成的浮躁心理，把当地无法立足的重污染源，乘机转移过来，给园区的可持续发展留下了隐患。

3）基础设施落后。一些规模较小的化工园区和一些刚设立的化工园区，在环保基础设施配套建设方面严重滞后。还有些化工园区为吸引外来投资，甚至在化工企业没有配套环保设施的情况下就允许其开工生产，造成局部地区环境污染严重。

4）环境监管力度不足。目前，我国各级环保部门均实行双重领导，即行政上隶属当地地方政府管辖，业务上接受上级环保部门领导，导致在环境执法过程中容易受到地方保护主义的束缚。加上我国环境保护法律不够完善、执法队伍素质不高，执法力量薄弱，环境执法的监督机制欠缺等原因，造成了环境执法困难，环境监管力度不够，企业偷排、漏排现象时有发生。

第二章

化工园区环境风险概述

第一节 环境风险基本概念

环境风险的概念有多种表述，本书把环境风险定义为由自然原因或人类活动引起的，通过降低环境质量对人类健康、自然生态产生损害的事件，可以用其发生的概率及其后果来表示。

根据有毒有害物质放散的起因，环境风险分为火灾、爆炸、泄漏、非正常大量超标排放四种类型。从环境风险的角度，对火灾、爆炸事故，仅考虑其伴生/次生的物料泄漏和消防水二次污染的影响。

按污染载体，环境风险可分为地表水环境风险、大气环境风险，而土壤、地下水和生态环境风险则可以看作是地表水和大气环境污染事故发生后的衍生结果。

按风险源的场所，环境风险大致可分为两类，即固定源风险和移动源风险。固定源指生产和使用易燃易爆、有毒有害物质的厂矿企业，其潜在隐患在地点上固定，易于排查和防范。移动源风险指有毒有害化学品在运输过程中因交通事故发生泄漏，对当地环境造成影响。由于事故发生地点的不确定，移动源风险事故难于排查和防范。

第二节 化工园区环境风险特征

一、化工企业危险性

化工企业生产过程中的原料、半成品及成品大多为有毒有害或易燃易爆的化学品，如果管理不善极有可能发生事故。化工企业普遍具有如下特点。

1）化工生产中使用的原料、半成品和成品，绝大部分是易燃、易爆、有毒有害、腐蚀性的化学品。

2）化工生产的条件苛刻。很多反应需要在高温、高压或低温、高真空度的条件下进行。

3）生产装置的大型化、自动化及复杂化成为现代化工的主要趋势。生产的大型化虽然能够降低成本和提高效率，但装置的大型化也会造成危险物料的增多、潜在危险源的数量增多及事故后果的严重性增加；装置自动化的提高虽然减少了人力成本及增加了设备运行的可靠性，但也可能因为控制系统失灵而产生事故。

4）化工生产已经由原来的敞开式变为密闭式，绝大多数化学反应是在密闭容器或管道中进行的，这就给操作、监测提出了更高的要求。

二、化工园区环境风险分布

化工园区是化工企业集聚区，环境风险隐患广泛分布于企业生产、储运和园区公用工程的各个系统。

1. 生产系统环境风险

化工园区生产系统中使用的原料、辅料、中间产品、产品等大多具有易燃易爆、有毒有害、恶臭的特征，同时化工企业生产常处于高温高压等条件下，所要求的工艺条件苛刻。一旦操作条件变化，工艺过程受到干扰产生异常，或者人为因素造成误操作，都将引发安全生产事故，从而造成有害物质大量泄漏。

2. 储运系统环境风险

化工园区储运的物品大部分为易燃易爆、有毒有害及恶臭物质。储运系统是化工园区化学品物流的集散地，由于其物料密集、流动转移频繁，具有较高的危险性。

3. 公用工程系统风险

化工园区废水常具有高盐分、高毒性，污染物持久性，难降解的特性，对园区污水集中处理设施的工艺设计和运行管理要求较高。一旦处理系统运行不正常，极易造成尾水超标排放，对受纳水体水生态环境甚至下游居民饮用水安全构成威胁。

三、化工园区环境风险特征

化工园区作为化工企业聚集的特殊区域，由于开发建设规模大、强度高、范围广、不确定因素多、管理层次多，其存在的风险因素及对环境的影响要比单个建设项目复杂得多，危险特性与单个化工企业也有所不同。化工园区危险特征如下。

1. 不确定性

不确定性包括空间、时间不确定性和损失的不确定性。空间、时间的不确定性，指具体哪一个环节、什么时间发生环境风险事件是无法确定的。损失的不确定性，指人类无法准确地预测环境风险事件所带来损失的确切程度。

2. 危险性

由于化工园区企业密集，引进项目种类繁多，园区内企业生产和使用的原料、中间体和产品绝大多数具有易燃易爆、有毒有害、腐蚀等特性。即使是同类企业，其使用的原辅材料、工艺条件等也不尽相同，造成各单位在生产、使用、储存和运输等过程中存在的风险各异，可能引发的事故类别多样，稍有不慎就会酿成事故。

3. 连锁性

把化工园区作为一个系统，各个企业为其子系统，每个子系统的风险都对整个工业园区其他子系统的安全构成威胁，特别是火灾、爆炸、毒气泄漏等事故，对周围企业影响较大。若一家企业发生火灾爆炸事故又不能及时救援，可能株连相近企业发生连锁事故，从而引发灾难性的“多米诺”连锁效应。

4. 演变性

我国化工园区一般建在临江河等水陆交通发达的区域，一旦发生危险品重大事故，极有可能对流域内的水体造成严重污染。另外，虽然一般化工园区附近的城镇居民都会搬迁，但如果安全防护距离落实不到位，一旦发生火灾、爆炸、毒性气体泄漏等事故，容易顺风波及园区周边的城镇居民，从而引发和演变为较大范围的环境风险事故。

第三节　我国化工园区环境风险现状

一、化工企业事故概况

我国化工企业事故死亡数据统计表明，相比煤矿等其他高危生产行业，化工企业单起事故中的死亡人数不高，但由于事故发生频率偏高，年死亡总数较高，平均维持在 64 人 / 年左右，且历年死亡人数波动幅度大，分布不平衡。

1. 年际变化分析

2001 ～ 2008 年，我国化工企业较大及以上级别事故发生总趋势为波动上升，尤其是从 2004 年开始，化工企业较大及以上级别事故的发生居高不下（图 2-1）。

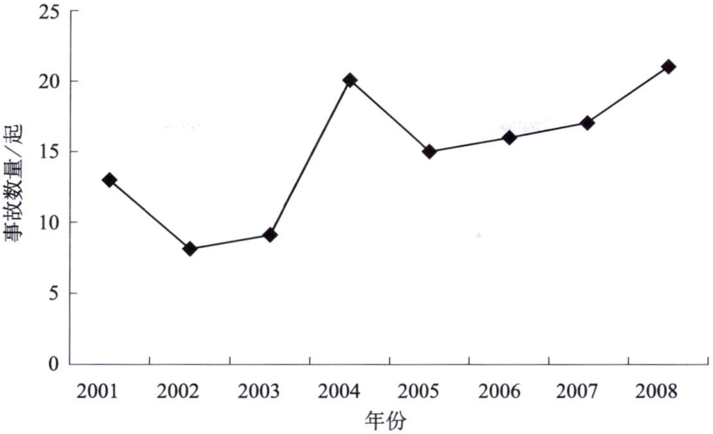

图 2-1 我国化工企业较大及以上级别事故发生趋势

2. 事故类型分析

按泄漏、火灾、爆炸和其他四种事故类型，2011 年 1 ～ 7 月国内外石油和化工事故的主要类型是泄漏，为 121 起，占事故总数的 35.3%；其次是火灾事故，为 109 起，占事故总数的 31.8%；再次是爆炸事故，为 91 起，占事故总数的 26.5%。

造成死亡人数最多的是爆炸事故，死亡 40 人，占总死亡人数的 58.8%；其次是火灾事故，死亡 18 人，占总死亡人数的 26.5%；再次是泄漏事故，死亡 6 人，占总死亡人数的 8.8%。

3. 事故发生的产业链分析

按石油开采、石油炼制、化工生产、储存运输和其他 5 个产业环节，统计显示，2011 年 1 ～ 7 月，国内外石油和化工事故起数和死亡人数排在第一位的均为化工生产业，事故起数为 135 起，占事故总数的 39.4%；死亡人数为 38 人，占总死亡人数的 55.9%。第二为储存运输业，事故起数为 127 起，占事故总数的 37.0%；死亡人数为 22 人，占总死亡人数的 32.4%。第三为石油炼制业，事故起数为 46 起，占事故总数的 13.4%，死亡人数为 7 人，占总死亡人数的 10.3%。

4. 事故发生的生产环节分析

统计显示，2001 ～ 2008 年我国化工事故中，按事故发生次数分，各生产环节事故占比分别为：工艺生产阶段 34.45%、施工作业阶段 18.49%、检修阶段 12.61%、储存阶段 8.40%、清理阶段 7.56%、试生产或调试阶段 4.20%、运输装卸阶段 1.68%、气体充装阶段 1.68%、未知 10.92%。

按死亡人数，各生产环节事故占比分别为：工艺生产阶段 35.69%、施工作业阶段 17.25 %、检修阶段 10.59%、储存阶段 8.63%、清理阶段 5.49%、试生产或调试阶段 5.10%、气体充装阶段 3.14%、运输装卸阶段 1.57 %、未知 12.55%。

上述表明在生产环节中，工艺生产中发生事故的概率和死亡人数均较高，其次为施工作业与检修。

二、化工园区环境风险管理面临的形势

大量化工企业向园区集中后，对园区的规划、项目引进、集中治污、集中管理等均提出了更高要求。目前全国化工园区环境风险形势不容乐观，重点体现在以下方面。

（一）化工园区环境风险隐患突出

1. 布局性不合理

2006 年，国家环境保护总局对各大水域的化工项目进行的环境风险排查结果显示：被调查的 7555 个化工项目中，17.9% 布设于江河湖海、水库沿岸，32.4% 布设于城市附近或人口稠密区，3.7% 布设于饮用水水源保护区上游 10km 内。江苏省现有的 58 个化工园区中，70% 以上集中于沿江、沿海、环太湖地区，对社会生产和群众生活安全构成威胁。先天布局的环境风险导致化工园区发展与区域环境保护的矛盾突出。

2. 结构性不合理

部分化工园区片面追求经济利益，忽视环境保护，在引进项目上把关不严，甚至引进区域禁止的项目。一些中小化工企业工艺设备落后，跑冒滴漏十分普遍；有的甚至连基础的环境保护措施都不到位，没有“清净下水”收集处置措施，事故状态下防止环境污染的措施不力。

3. 基础设施不到位

一些化工园区建设中环保投入不足，基础设施配套严重滞后。例如，园区污水收集管网不到位，污水处理厂处理能力闲置；污水处理厂设施简陋，工艺简单，长期运行不正常、不能稳定达标排放；有的甚至存在治污设施虚假运行、废水稀释排放、私设暗管偷排直排等恶意违法行为。

（二）化工园区环境风险管理工作水平有待提高

在严峻的形势下，化工园区环境风险管理的重要性日益凸显。从目前的情况来看，主要存在以下四方面的问题。

1. 区域风险防控措施不够，规划环评的有效性亟待提高

当前化工园区所面临的环境风险问题大多是由于布局性、结构性不合理促

成的，而我国现有的环境管理制度措施大多针对单个企业和项目，布局性和区域性的环境风险已难以通过单个企业或项目彻底解决。因此，必须从决策源头、宏观战略层面对发展的布局、结构、规模等进行优化调整，从而降低环境风险。

2012 年，国家环境保护部发布了《关于进一步加强环境影响评价管理防范环境风险的通知》(环发［2012］77 号)。要求：充分发挥规划环境影响评价的指导作用，从源头防范环境风险。石化化工建设项目原则上应进入依法合规设立、环保设施齐全的产业园区，并符合园区发展规划及规划环境影响评价要求。在规划环境影响评价中强化环境风险评价，优化园区选址及产业定位、布局、结构和规模，从区域角度防范环境风险。但是，由于体制约束及规划环评中区域环境风险评估方法的欠缺，目前规划环评的执行还难以有效达到预防区域环境风险的目的。

2. 环境风险源数据库尚未健全，环境隐患底数不清

目前，部分地区已起步开展重点行业企业环境风险及化学品检查工作，初步明确了风险源地理位置、污染物来源、污染物种类及名称、危险品储存量、污染物排放量、影响范围及危害。但环境风险源申报与排查工作还处于起步阶段，各类危险源涉及的危险品种类及其理化性质尚不清楚，企业应急救援物资需求和储备情况尚不明确，风险源信息数据库尚未完善，环境隐患底数尚不清楚，给日常监管带来很大难度。需进一步加强重点行业企业环境风险状况和档案数据库、环境应急物资储备信息库的建设，实现环境风险源动态管理。

3. 环境风险源日常监管缺乏系统性、针对性

目前，化工园区的环境监管对象多侧重“三废”污染源，没有针对环境风险进行有效监管，整体环境安全意识比较淡薄，缺乏全过程环境风险管理理念，甚至将环境风险监管简单地等同于突发环境事件的响应和处置，普遍存在“重处置、轻预防”的问题。在职能分工方面，环境风险监管职能分散在环境监察、环境监测、污染控制及环境应急等多个部门，职责不清往往造成环境风险管理措施难以有效落实。因此，面对日益凸显的环境风险问题，现有的环境风险监管体系已无法适应当前严峻的形势，需要进一步调整环境应急管理的制度、机制，整合环境风险监管机构和职能，加强针对环境风险监管的科研、监测、信息等能力建设，逐步建立完善的环境风险监管体系。

4. 环境风险应急管理体系相对粗放

我国环境应急管理工作起步较晚，地市一级的一些地方尚未设立专职的环境应急管理机构，区县一级更很少有专门的环境应急管理队伍。已建设的环境应急中心，重点负责承担突发环境事件的应急响应，组织开展应急预案编制和管理，应急平台建设等工作，但上述工作也均处于起步阶段，应急预案的编制尚缺乏规范指导，应急响应工作缺乏定量化决策支持系统，应急平台的建设缺乏风险源、敏感受体信息数据库的支持。

第三章

化工园区规划环境风险评价技术

第一节 化工园区规划环境风险评价

一、区域规划环境风险评价概述

（一）规划环境风险评价在我国的发展

我国是较早实施环境影响评价制度的发展中国家之一，1979 年颁布的《中华人民共和国环境保护法（试行）》首次把建设项目的环境影响评价作为法律制度确定下来，经过 20 多年的实践，建设项目环境影响评价的法律法规体系逐步完善，在防治建设项目环境污染、促进污染防治设施建设等方面发挥了积极的作用。但是，国内外发展经验表明，与建设项目相比，区域规划不当对环境的影响更为深远。相比而言，我国规划环境影响评价工作起步较晚，2003 年 9 月 1 日《中华人民共和国环境影响评价法》的颁布实施才正式确立环境影响评价制度，2009 年 10 月 1 日实施的《规划环境影响评价条例》对环境影响评价制度进行了规范和完善。

在建设项目环境影响评价的基础上，考虑到建设项目突发性灾害事故，包括火灾、爆炸、泄漏等引起的有毒有害物质释放，对环境的影响巨大，环境风险评价作为一个独立的评价体系逐渐发展起来。1990 年，国家环境保护总局发布的《关于对重大环境污染事故隐患进行风险评价的通知》[国家环保总局（90）环管字 057 号]，标志着我国环境风险研究工作开始得到环境管理部门的重视。1993 年国家环境保护总局颁布的《环境影响评价技术导则 总则》（HJ/T 2.1–93）规定，对于风险事故，在有必要也有条件时，应进行建设项目的环境风险评价或环境风险分析。2004 年建设项目环境风险评价的指导性文件《建设项目环境风险评价技术导则》（HJ/T 169–2004）正式发布，该导则将建设项目环境风险评价纳入环境影响评价的管理范畴，对推动项目建设全过程风险管理起到了重要作用，显著提高了建设项目环境风险评价工作的质量和效率。

与建设项目环境风险评价类似，规划环境风险评价也是对规划环境影响评价的延伸和拓展。在规划环境影响评价制度确定后的第二年国家环境保护总局即发布了《关于防范环境风险加强环境影响评价管理的通知》（环发［2005］152 号），对新建化工园区、化工基地进行环境风险评价，以及现有化工园区、化工基地进行环境风险后评价予以强制规定。

（二）研究进展

随着化工产业集群化、一体化和园区化的不断形成，人们逐渐意识到即使区域内单个项目的危险性较小，但各种危险因素并存及相互影响将大大增加区域发生环境风险事故的可能性，如果仍旧采用单个项目的评价方法对区域环境风险进行评价，很多时候不能反映区域环境影响的综合效应。基于区域环境风险评价的重要性，环境风险评价的研究逐渐从单个项目环境风险评价转向区域环境风险的综合评价。然而由于规划环境风险评价的研究、实践工作起步较晚，目前区域环境风险评价研究在理论和方法上尚不完善，区域风险评价在一定程度上仍沿用建设项目风险评价的技术方法，因区域层面涉及的评价范围更广、综合性更强、不确定性更高，传统的风险评价方法在规划中并不完全适用。

区域环境风险评价通常利用概率论等数学手段结合环境毒理学方法和地理信息系统等计算机手段研究区域环境中的各种不确定性、突发性问题。Balagopalan 和 Dent 等首先将风险暴露模型用于土地利用规划，拓展了风险模型在规划层面的预测能力。Fedra 等将 GIS 与模拟模型相结合开发了一种基于图形界面的土地利用规划的风险评估技术，使得评价结果更为直观。相比而言，美国国家环境保护局的工作更为系统和深入，在区域风险评价实践的基础上与其他部门共同建立了用于区域生态风险分析的数据库。

区域环境风险评价在工业集中区，尤其是化工区的环境风险评价中得到了很好的应用。英国在 1978 年进行的坎维岛研究项目、荷兰在 1979 年进行的雷几蒙德（Rijnmond）研究项目及意大利开展的 Ravenna 研究项目中，首先将区域定量风险评价的方法应用于化工园区整体风险评价和安全规划中。目前在美国、英国、欧盟等工业发达国家（地区），几乎对所有重大工程项目和建设规划都要事先做定量风险评价和安全建议，其目标：一是认识重大工程或规划自身的风险和附近居民所承受的风险等级，二是由安全部门决定其风险是否可以使工程规划得以否决或批准。

在国内，曹希寿最早提出区域环境风险评价与管理的理念，同时系统阐述了开展区域环境风险评价与管理的重要性。此后有不少学者对区域环境风险评价的程序及方法进行了探索，杨晓松在对区域环境风险评价的研究现状和评价原则研究综述的基础上，提出了可供借鉴的评价程序和方法，如模糊数学法、逻辑分析法、统计分析法、公式评价法等。刘桂友针对区域环境风险多源、多途径和多敏感目标的特点，基于模糊集理论提出了一种区域环境风险评价的信息扩散法，该方法可为政府部门优化产业布局、制定风险预防措施和应急管理措施等提供科学依据。

在实际应用方面，薛峰采取专家打分法对区域内的环境风险进行识别，运用指标法和叠图法进行了区域环境风险综合评价，取得了较好的效果。李明光等针对广州市黄埔区安全事故和污染排放两种环境风险特征类型，分别建立了风险源和环境受体评价的指标体系，对黄埔区下层行政区进行了区划，较全面地反映了各行政区环境风险的相对大小，为黄埔区环境风险分区管理政策的制定提供了参考依据。高英巍等基于区域环境风险敏感性分析，在传统环境分析框架即事故发生概率与事故环境后果的基础上，考虑区域环境风险敏感性对环境风险评价的影响，对某石油化工产业中长期发展规划的各备选方案进行了环境风险的比较分析，准确筛选出最合理的产业布局方案。

（三）区域规划环境风险评价的主要特征

区域规划环境风险评价通过分析区域规划的产业结构、布局和准入项目等可能存在的环境风险，利用定性与半定量的方法筛选出区域重大风险源，分析其影响途径和影响程度，有针对性地提出环境风险管理措施。区域规划环境风险评价具有如下特点。

1. 不确定性

与建设项目环境风险评价相比，区域规划环境风险评价具有更大程度的不确定性，这种不确定性主要体现在：一是规划内容的不确定，与环境风险相关的产业结构、产业布局等规划项目会随着方案论证的逐步深入而做出调整；二是规划区域环境要素的不确定性，规划选址所处区域其环境要素随着时间、空间发生变化，相应地规划实施的不同阶段环境风险也不同；三是环境风险评价过程的不确定，包括风险源位置的不确定、风险事故发生概率的不确定，以及风险物质排放源的强不确定等，这些不确定性主要来源于可获取的信息不足。上述不确定性导致规划环境风险难以用定量的方法进行评价，因此规划环境风险评价往往无法给出精确的后果分析。同时，规划环境风险评价的不确定性常常导致高估或低估风险，在实际应用时，为了尽可能地降低风险的环境危害，对不确定数据常常进行保守估计。

2. 区域整体性

规划区域内所含的风险因素众多，并且不同类型的环境风险之间存在一定程度的相互作用，如某一项目发生风险事故时对邻近项目的“多米诺效应”，因此规划环境风险评价应识别区域内所有的环境风险源，并对其风险特征与空间分布进行综合考虑。

3. 宏观决策性

在国外，区域风险评价已经作为战略层面辅助决策的一个基本工具，从环境保护的角度对区域开发活动进行控制和引导。规划环境风险评价通过对区域整体风险分布的把握，分析区域规划的环境风险度和可接受水平，通过比较不同规划方案的环境风险度，从可持续发展的角度对规划方案进行取舍，筛选出区域最合适的产业布局，并对产业结构进行必要调整。

（四）规划环境风险评价与建设项目风险评价的区别

建设项目环境风险评价面向的是有毒有害和易燃易爆物质的生产、使用和储运的新建、改扩建和技术改造的单个建设项目（不包括核建设项目），主要是指《建设项目环境影响评价分类管理名录》（中华人民共和国环境保护部令第2号）中规定的项目。规划环境风险评价面向的则是区域内所有建设项目及服务于各建设项目的公辅工程和环保基础设施，环境风险因素较多且层次复杂，因此相对建设项目环境风险评价，规划环境风险评价的工作强度和难度更大。

在评价目标上，建设项目环境风险评价一般通过对项目内风险源的识别和分析，指出危害程度，并根据风险分析的结果制定相应的风险防范和应急措施。规划环境风险评价除上述评价目标外，还需要解决区域内产业结构、布局等问题，在对区域内多种风险源识别、叠加分析的基础上，从环境保护的角度，对区域层面上规划方案的调整提供合理性指导。

规划环境风险评价在关注突发事故造成的环境风险的同时，需重点关注持久性、生物累积性和毒性物质的累积效应产生的环境健康风险，解决规划项目风险滞后的问题。

规划阶段项目的具体内容和规模没有明确界定，这导致风险源的种类、数量、分布等信息无法明确，因此规划环境风险评价往往只能进行定性和半定量化分析，对风险源的危害后果无法准确估算。

表3-1列举了规划环境风险评价与建设项目环境风险评价的主要区别。

表3-1　规划环境风险评价与建设项目环境风险评价的主要不同点

序号	项目	规划环境风险评价	建设项目环境风险评价
1	评价目标	综合考虑区域内的所有风险，分析规划的环境风险度和可接受水平，据此提出产业结构和产业布局的调整建议	分析项目风险的大小，提出预防和减缓风险的防护措施
2	分析重点	突发风险和累积风险	突发风险
3	评价方法	定性及半定量	以定量分析为主
4	风险源种类及数量	数量较多、类型多样化	类型和数量较少
5	风险源特性获取程度	模糊	详细
6	风险源辨识	确定主要危险源	确定重大危险源
7	危害估算精确度	无法精确估算	可精确估算
8	风险区划	必要时需要	不需要
9	风险叠加	考虑	必要时考虑
10	风险因素权重	必要时需要	不需要

（五）规划环境风险评价与区域回顾性风险评价的区别

区域回顾性风险评价是指对区域内现有生产项目进行环境风险识别、分析与评价，并提出环境风险管理意见的过程。区域回顾性风险评价兼有区域规划风险评价的整体性和建设项目风险评价的确定性，表 3-2 列举了区域规划环境风险评价与区域回顾性环境风险评价的主要区别。

表 3-2　规划环境风险评价与回顾性环境风险评价的主要不同点

序号	项目	规划环境风险评价	回顾性环境风险评价
1	评价目标	综合考虑区域内的所有风险，分析规划的环境风险度和可接受水平，据此提出产业结构和产业布局的调整建议	分析区域风险的大小，提出环境风险管理措施，必要时对产业结构和布局做出调整
2	评价方法	定性及半定量	以定量分析为主
3	开发风险现状回顾	无	有
4	风险源特性获取程度	模糊	详细
5	风险源辨识	基于同类项目资料分析	基于现场调查分析
6	危害估算精确度	无法精确估算	可精确估算
7	风险区划	必要时需要	需要
8	风险因素权重	必要时需要	需要

二、化工园区规划环境风险评价

作为国家重要基础产业的化工行业同时也是高风险行业，化工建设项目的产品和原辅料多具有易燃易爆和有毒有害等危险特性，并且生产过程涉及高温高压或低温负压等苛刻条件，环境风险事故多发。化工产业的高水耗和基地化、园区化的发展趋势，导致化工产业在地域空间上的集聚，化工企业多依水而建，2006 年国家环境保护总局开展的化工石化风险大排查的结果显示，全国 7555 个化工石化建设项目中，81% 布设在江河水域、人口密集区等环境敏感区域，我国的化工行业存在严重的布局性环境风险。

通过化工园区规划环境风险评价，对产业结构和产业布局的合理性进行预判，使环境保护提前进入宏观决策，有助于从源头上防范区域环境风险的发生。

（一）评价程序

化工园区规划环境风险评价的程序与化工建设项目大致相同，主要步骤包括园区环境风险识别、事故情景分析、风险程度评估、规划方案调整和风险管理五部分。化工园区规划环境风险的评价流程如图 3-1 所示，各步骤的实施目的列于表 3-3 中。

表 3-3 规划环境风险评价各步骤的实施目的

序号	步骤	主要目的
1	园区环境风险识别	确定风险因素和风险类型
2	事故情景分析	确定典型风险事故
3	风险程度评估	确定风险值
4	规划方案调整	进行规划方案的决策
5	风险管理	提出规划方案的调整建议和区域环境风险的防范与应急措施

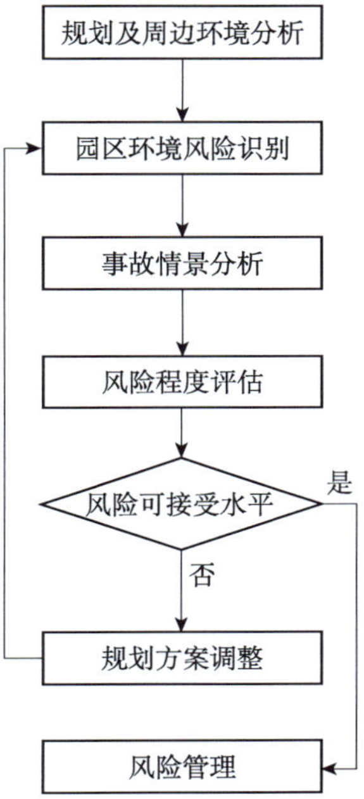

图 3-1 化工园区规划环境风险评价工作流程

（二）园区环境风险识别

风险识别是规划环境风险评价的首要任务和基础工作，主要通过定性分析、资料类比和经验判断，识别规划区域内的环境风险要素，具体识别的内容包括环境敏感区识别、物质危险性识别和生产过程危险性识别三大类，通过风险识别筛选出区域环境保护目标、风险评价因子和主要危险源。

由于区域内项目仅仅停留在规划阶段，项目的位置、规模有很多的不确定性，风险识别注重同类项目相关数据资料的收集。

1. 环境敏感区识别

环境敏感区识别的范围包括：园区边界外不低于 5km 范围和园区集中排污口下游不低于 10km 范围，对于季节性河流，识别的范围还包括园区集中排污口上游不低于 10km 范围。

环境敏感区识别的对象为《建设项目环境影响评价分类管理名录》中规定的对化工行业某类污染因子或者生态影响因子特别敏感的区域，受化工园区影响的环境敏感区主要包括如下几类。

1）自然保护区、风景名胜区、饮用水水源保护区；

2）基本农田保护区、重要湿地、珍稀濒危野生动植物天然集中分布区、重要水生生物的自然产卵场及索饵场、越冬场和洄游通道、天然渔场、封闭及半封闭海域、富营养化水域；

3）居民点、学校、医院、科研院所、行政办公机构、文物保护单位。

2. 物质危险性识别

物质危险性识别的对象为：规划的化工产业运营期间所涉及的原辅材料、燃料、中间产品、最终产品、“三废”污染物和火灾及爆炸等伴生 / 次生的危险物质，既包括偏重于突发风险评价的常规危险物质，也包括偏重于积累性暴露风险评价的有毒污染物。

（1）常规物质危险性识别

常规物质危险性识别的依据为国家安全生产监督管理总局颁布的《危险化学品名录》《石油化工企业设计防火规范》（GB50160）和《职业性接触毒物危害程度分级》（GB5044）。危险物质的火灾爆炸危险性分类和毒性危害程度分级判定标准分别见表 3-4 和表 3-5。

表 3-4　物质火灾危险性分类

类别			特征
可燃气体	甲		与空气混合物的爆炸下限<10%（体积）
	乙		与空气混合物的爆炸下限≥10%（体积）
液化烃	甲	A	15℃时的蒸汽压力>0.1MPa的烃类液体及其他类似的液体
		B	甲A类以外，闪点<28℃
可燃液体	乙	A	28℃≤闪点≤45℃
		B	45℃<闪点<60℃
	丙	A	60℃≤闪点≤120℃
		B	闪点>120℃

表 3-5　物质毒性危害程度分级

指标		分级			
急性中毒/（mg/kg）	吸入LC_{50}	<200	200～2000	2000～20 000	>20 000
	经皮LD_{50}	<100	100～500	500～2500	>2500
	经口LD_{50}	<25	25～500	500～5000	>5000
急性中毒发病状况		生产中易发生中毒，后果严重	生产中可发生中毒，预后良好	偶可发生中毒	迄今未见急性中毒，但有急性影响
慢性中毒患病状况		患病率（≥5%）	患病率较高（<5%）或症状发生率高（≥20%）	偶有中毒病例发生或症状发生率较高（≥10%）	无慢性中毒，而有慢性影响

续表

指标	分级			
慢性中毒后果	脱离接触后，继续进展或不能治愈	脱离接触后，可基本治愈	脱离接触后，可恢复，不致严重后果	脱离接触后，自行恢复，无不良后果
致癌性	人体致癌物	可疑人体致癌物	实验动物致癌物	无致癌物
最高容许浓度/（mg/m^3）	<0.1	0.1～1.0	1.0～10	>10

由于实际入园项目的不确定，无法获知各危险物质的使用量，因此规划环境风险评价难以辨识出规划园区的重大危险源，仅需参照各规划项目当前主流的工艺和规模辨识出主要危险源。

（2）有毒污染物识别

化工园区有毒污染物主要通过空气和水两种途径对人体健康和生态环境造成危害，据此有毒污染物的识别对象包括有毒空气污染物和有毒水污染物。

有毒空气污染物（toxic air pollutants，TAPs）是指空气中可能导致负面环境和健康影响的污染物，其影响包括导致癌症、神经系统损伤、生育缺陷等。有毒空气污染物最早于1990年由美国《清洁空气法》提出，该法案将187种物质列为有毒空气污染物进行控制，受控物质清单见美国国家环境保护局（EPA）网站（http://www.epa.gov/ttn/atw/orig189.html）。目前我国尚未制定有毒空气污染物的控制法案，有毒空气污染物的识别可以对照美国国家环境保护局TAPs清单进行。

有毒水污染物是指在水中含量微小，通常以微克级（10^{-6}g/L）或更低级水平存在，常规的生化需氧量（BOD）、化学需氧量（COD）等有机物监测指标不能对其实施有效监测的有机污染物，主要包括多氯联苯（PCBs）、多环芳烃（PAHs）、有机氯农药和酚类化合物等。这类化合物毒性极大，很多具有“三致”（致癌、致畸、致突变）效应，即使很少剂量进入水体，通过水生生物的富集作用，在长周期条件下往往可对人体健康和生态环境造成严重危害。

为了更好地控制水体中有毒污染物的排放，美国于20世纪70年代末，基于有毒污染物的毒性、自然降解特性等因素，从7万余种化学物质中筛选出65类、129种优先控制污染物，并在1977年制定的《清洁水法》中进行了规定。我国于20世纪80年代末开始进行水中优先控制污染物的筛选工作，最终确定68种符合我国国情的水中优先控制污染物，见表3-6。

表3-6 我国水中优先控制污染物名单

序号	类别	数量	优先控制污染物名称
1	挥发性卤代烃类	10	二氯甲烷、三氯甲烷、四氯化碳、1，2-二氯乙烷、1，1，1-三氯乙烷、1，1，2-三氯乙烷、1，1，2，2-四氯乙烷、三氯乙烯、四氯乙烯、三溴甲烷
2	苯系物	6	苯、甲苯、乙苯、邻二甲苯、间二甲苯、对二甲苯
3	氯代苯类	4	氯苯、邻二氯苯、对二氯苯、六氯苯
4	酚类	6	苯酚、间甲酚、2，4-二氯酚、2，4，6-三氯酚、五氯酚、对硝基酚

续表

序号	类别	数量	优先控制污染物名称
5	硝基苯类	6	硝基苯、对硝基甲苯、2,4-二硝基甲苯、三硝基甲苯、对硝基氯苯、2,4-二硝基氯苯
6	苯胺类	4	苯胺、二硝基苯胺、对硝基苯胺、2,6-二氯硝基苯胺
7	多环芳烃类	7	萘、荧蒽、苯并［b］荧蒽、苯并［k］荧蒽、苯并［a］芘、茚并［1,2,3-c,d］芘、苯并［ghi］芘
8	邻苯二甲酸酯类	3	邻苯二甲酸二甲酯、邻苯二甲酸二丁酯、邻苯二甲酸二辛酯
9	农药	8	六六六、滴滴涕、敌敌畏、乐果、对硫磷、甲基对硫磷、除草醚、敌百虫
10	亚硝胺类	2	N-亚硝基二甲胺、N-亚硝基二正丙胺
11	重金属及其化合物	9	砷及其化合物、铍及其化合物、镉及其化合物、铬及其化合物、汞及其化合物、镍及其化合物、铊及其化合物、铜及其化合物、铅及其化合物
12	其他	3	多氯联苯、丙烯腈、氰化物

3. 生产过程危险性识别

生产过程危险性识别对象包括规划项目的生产装置、储运系统、公用工程系统、辅助生产设施及环境保护设施，以及园区配套的公共环保设施和储运工程等。

任何一个系统中往往某一部分比其他部分更容易产生危害，因此首先根据同类项目的工程资料，将各系统划分为独立的功能单元，《建设项目环境风险评价技术导则》（HJ/T169-2004）中对功能单元的划分原则为：具有边界和特定的功能，且有隔断阀将流动物质与其他单元分割开的一个（套）生产装置、设施或场所，或同属一个工厂且边缘距离小于500m的几个（套）生产装置、设施或场所。然后采用直观经验法和故障树法逐一对各功能单元的危险性进行辨识。

直观经验法属定性分析方法，主要包括资料对照法和头脑风暴法。资料对照法通过与类似项目的生产过程危险性识别结果进行对照来辨识危险源；头脑风暴法通过座谈会、研讨会等形式，与规划项目相关的工程和环保技术人员、专家等一起交流，探讨未来具体项目实施过程中可能存在的潜在风险。此类方法过程简单，但由于往往依靠经验，带有一定程度的局限性。

故障树法（FTA）根据同类项目的环境事故统计结果，针对典型的环境风险事故，利用图解的形式，对导致这一事故的直接和间接的原因从逻辑的角度进行推理分析，从而获得造成该事故所有可能的环境风险。以某化工项目火灾爆炸引起的环境风险事故为例，其故障树分析结果如图3-2所示。

（三）事故情景分析

化工园区事故类型复杂多样，尤以火灾爆炸和毒气泄漏对环境的危害较大。根据风险识别的结果，分析各潜在事故的类型，确定危险物质向环境中转移的可能途径和影响方式，同时根据园区规划的产业特点，对国内外同行业各种工艺条件下的环境风险事故进行统计调查分析，在此基础上根据如下原则筛选确定典型风险事故情景：

1）规划产业和现有企业使用频率较高、用量大的物质；

2）毒性大、环境危害性高的物质；

3）区域布局敏感的风险源；

4）行业风险数据库统计中，事故发生概率高的风险物质、风险环节；

5）发生概率小但影响和损害后果严重的极端事故。

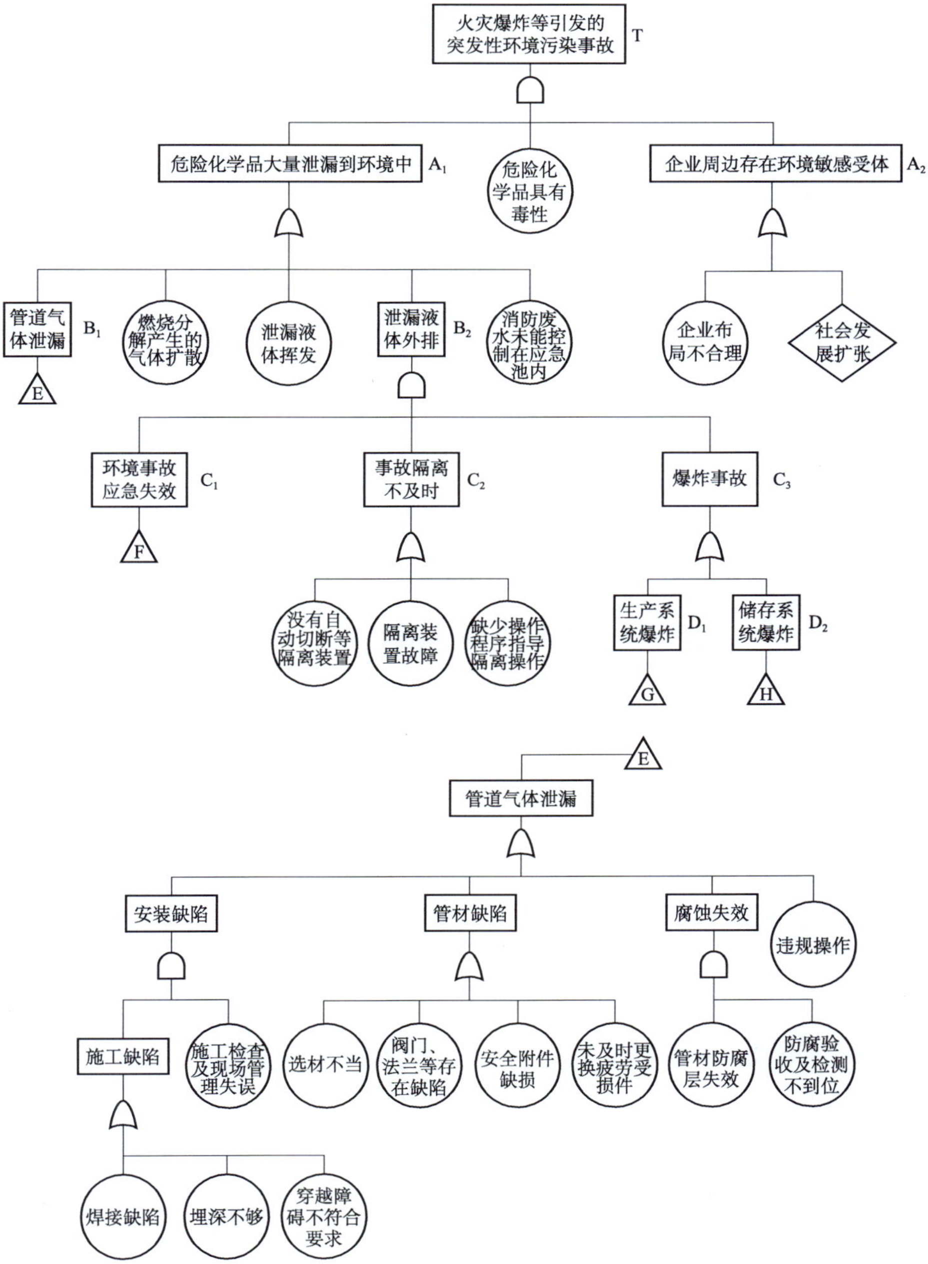

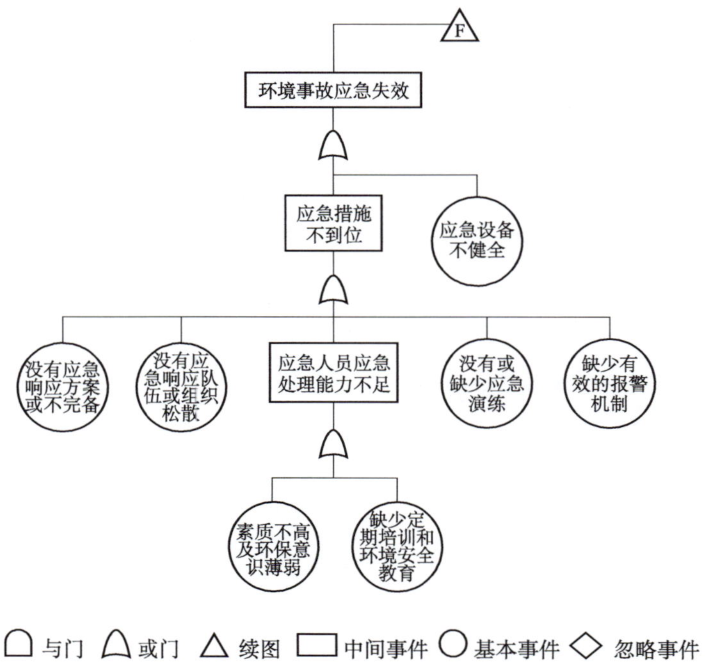

图 3-2　火灾爆炸次生环境污染事故的故障树图

对筛选出的典型污染事件，采用《建设项目环境风险评价技术导则》（HJ/T169-2004）中提供的类比分析和模型计算等技术方法，估算典型事故情景下的有毒有害物质释放量，包括风险物质的名称、排放方式、排放速率、排放时间、排放量、排放源几何参数等。

（四）风险程度评估

由于可获取的信息不足，规划环境风险评价很难进行基于事故概率的风险后果的定量估算，主要采用定性和半定量的方法对规划方案的总体风险度进行评估。

规划园区的风险程度主要取决于四大因素：一是规划产业结构自身的危险特性，包括产业类型的总体危险性及规划项目所涉及的危险物质的短时间的突发急性毒性和长期的累积慢性毒性；二是园区选址所处的周边环境状况，包括环境敏感区的数量、分布及受外来物质危害的易损程度等；三和四分别是园区主要风险源的环境安全防范和一旦发生危险物质泄漏后的应急行动，安全防范和环境应急的有效程度主要取决于园区和入区企业整体的管理水平。

根据科学性、可操作性、定性与半定量相结合的原则，化工园区规划方案的特点及规划园区风险程度的决定因素，选取代表性强、表征明显，且易于量化统计的要素作为评估指标因子，在此基础上构建基于评估指标体系的园区规划风险度计算模型。

园区规划环境风险度的评估指标体系如图 3-3 所示，一级指标包括产业结构环境危害、环境易损、环境影响程度和环境管理补偿四类因子，其中产业结构环境危害因子以二级指标产业风险和物质危险性表征；环境影响程度和环境易损因子分别从水环境和大气环境两种物质扩散途径来表征；环境管理补偿因子以园区级别和入区企业规模表征。

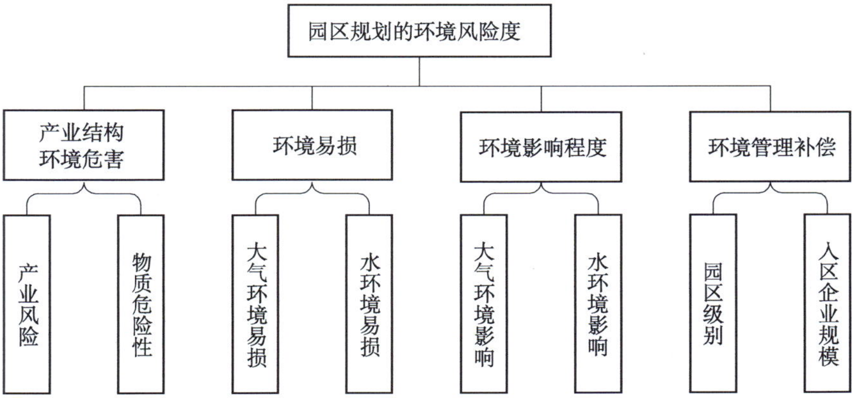

图 3-3　园区规划环境风险度的评估指标体系

对照相关的政策、法规、规章和标准等规范文件，制定各指标因子的评分标准，采用分级赋分的方法，定性确定位于不同级别的指标因子的分值，在此基础上根据下面的计算模型评估园区规划最大可信环境风险水平。

$$\mathrm{RC_{max}} = (h_1 \cdot g \cdot v_1 + h_2 \cdot w \cdot v_2) \cdot M_\mathrm{f}$$

式中，$\mathrm{RC_{max}}$ 为园区规划最大可信环境风险水平（以分值来衡量），无量纲；h_1 为以物质人类毒性计算的产业结构环境危害分值，无量纲；g 为大气扩散环境影响程度分值，无量纲；v_1 为大气环境敏感区易损性分值，无量纲；h_2 为以物质水生生物毒性计算的产业结构环境危害分值，无量纲；w 为水扩散环境影响程度分值，无量纲；v_2 为水环境敏感区易损性分值，无量纲；M_f 为环境管理补偿因子分值，无量纲。

（五）风险可接受水平分析

园区规划最大可信环境风险 $\mathrm{RC_{max}}$ 与园区选址区域环境风险可接受水平 R_L 进行比较：

当 $\mathrm{RC_{max}} \leqslant R_\mathrm{L}$，认为当前规划方案下园区环境风险水平可以接受；

当 $\mathrm{RC_{max}} > R_\mathrm{L}$，需要进一步采取环境风险防范措施，以达到可接受水平。

园区选址区域环境风险可接受水平与当地的经济、社会发展水平和环境可承载能力有关，无统一的标准，在实际应用中可以采取专家咨询、公众参与相结合的方式确定。

（六）风险管理

规划环境风险管理的目标是根据规划环境风险度评估的结果，在社会、技术、经济可行的前提下，选用有效的规避和减轻风险的措施，以实现规划方案实施中环境风险的最小化。

一般而言，形成环境风险需具有两个方面的条件：一是存在环境风险源和环境风险受体；二是环境风险源具备形成污染事件的条件，即存在导致危险物质泄漏到外环境的各种因素。根据环境风险的形成条件，规划环境风险的管理措施主要从事前预防和事中响应两个阶段制定，分为三个层次。

1. 规避风险

一方面通过产业结构的调整、提高企业的准入门槛等方式减少潜在的环境风险源；另一方面通过重新选址、设置卫生防护距离等方式降低规划园区周边的环境敏感性。

2. 减轻风险

在风险不可避免的情况下，通过优化产业布局、完善园区安全和环保基础设施及风险预警设施、提高环境风险管理水平、落实环境敏感目标保护措施等途径降低风险事故发生的概率，以及风险事故发生后对风险受体的危害。

3. 控制风险

在风险事故发生后，为最大限度地减少风险损失而采取的各项措施，包括事故应急处置措施、终止风险事故的措施、防止事故蔓延和扩大的措施等。

第二节　化工园区规划环境风险度评估

化工园区规划环境风险度评估以规划区域作为主体对象开展环境风险评价，从环境保护的角度，为园区选址、发展模式的规划调整提供判据。

与化工企业环境风险评估不同的是，园区规划的产业众多，需要对区域内所有产业进行整体考虑；同时由于规划的产业尚未建设，其项目类型、规模布局、潜在环境风险事故、有毒有害物质的泄漏数量及排放位置等具有很大程度的不确定性，评价往往无法给出精确的后果分析，因此园区规划的环境风险度通常采用定性和半定量的评估方法确定。

化工园区规划环境风险度评估的工作流程如图 3-4 所示。

化工园区规划的环境风险度评估是在园区周边环境敏感区识别的基础上进行选址可行性预判，在选址符合相关法规政策的前提下，预测分析园区规划发展模式的环境影响，进而表征其环境风险的程度。

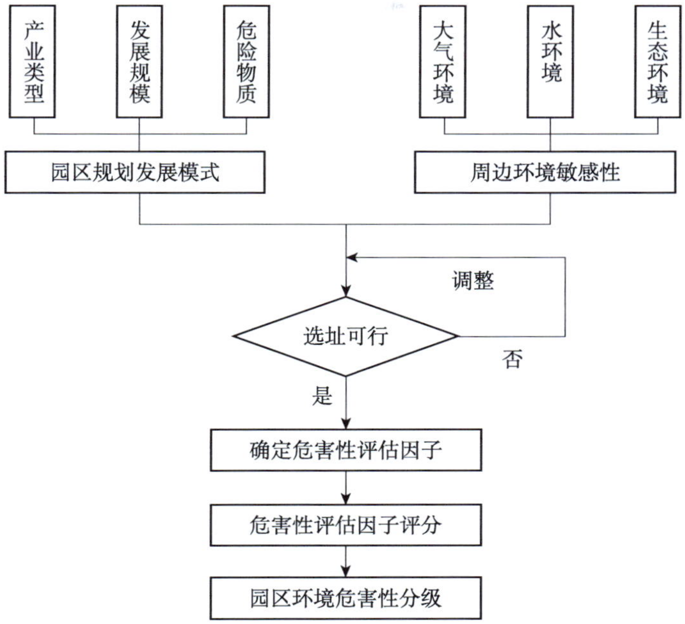

图 3-4　化工园区规划环境风险度评估的工作流程

一、周边环境敏感区识别

园区排污口下游水域 10km 以内分布有饮用水水源保护区、珍稀濒危野生动植物天然集中分布区、重要水生生物的自然产卵场及索饵场、越冬场和洄游通道、天然渔场；园区边界外 5km 范围内分布有自然保护区、风景名胜区和以居住、医疗卫生、文化教育、科研、行政办公等为主要功能的区域等，应视为园区选址于环境敏感区。

依据《建设项目环境影响评价分类管理名录》，对上述范围内的环境敏感区及范围外临近的特殊和重要环境敏感区（见 HJ19—2011）、乡镇级以上大型居住集中区进行识别，确定需重点关注的环境敏感区及其规模。

二、选址可行性预判

化工园区不能选址于下述地区：

1）不符合城乡区域发展规划和土地利用规划的要求；

2）园区位于或毗邻集中式生活饮用水水源地一级保护区、珍稀水生生物的栖息地、鱼虾类产卵场、仔稚幼鱼的索饵场、自然保护区、风景名胜区和其他需要特殊保护的地区，上述敏感区的范围以国家和地方的规定为准；

3）园区临近以居住、医疗卫生、文化教育、科研、行政办公等为主要功能的大型人口集中区，尤其是位于上述区域主导风向的上风向，上述区域可规划拆迁或功能调整（如调整为与产业发展配套的商业服务功能）的除外；

4）园区主要污染因子的区域环境容量不足。

三、典型事故情景的环境影响预测

（一）有毒有害物质在大气中的扩散

根据HJ/T 169推荐的方法及下述原则估算典型事故情景的泄漏源强：

有毒有害物质泄漏的时间按同行业生产实际情况考虑，以5～30min计；

泄漏物质形成的液池面积以不超过泄漏单元的围堰（堤）内面积计；

裂口面积按同行业典型事故的实际情况选取；

泄漏液体的蒸发时间应结合物质特性、气象条件、工况等情况考虑，以15～30min计。

有毒有害物质在大气中的扩散预测采用HJ/T169-2004推荐的多烟团模式：

$$C_i(x,y,0)=\frac{2Q}{(2\pi)^{3/2}\sigma_x\sigma_y\sigma_z}\exp\left[-\frac{(x-x_0)^2}{2\sigma_x^2}\right]\exp\left[-\frac{(y-y_0)^2}{2\sigma_y^2}\right]\exp\left[-\frac{z_0^2}{2\sigma_z^2}\right]$$

式中，$C_i(x,y,0)$为下风向地面（x，y）坐标处空气中的污染物浓度，mg/m^3；x_0，y_0，z_0为烟团中心坐标；Q为事故期间烟团的排放量，mg；σ_x，σ_y，σ_z为x，y，z方向的扩散参数，可采用GB/T 3840-1991推荐的数值，m；常取$\sigma_x=\sigma_y$。

对于重质气体污染物的扩散、复杂地形条件下污染物的扩散，应对上述模式进行相应的修正。

以园区为中心、主导风向为轴线，将敏感区的分布划分为四个区域，选取最近3年中任一整年的气象资料，依据设定的典型事故情景的源强，并假定泄漏点位于规划产业用地边界距敏感区较近处，分别计算每个区域内敏感区处浓度的最大值C_i（i=1，2，3，4）和该气象条件下的最大落地浓度，最后对四个区域的计算结果进行排序，确定所有敏感区处的最大浓度max（C_i）和最不利气象条件下的最大落地浓度C_{max}。

（二）有毒有害物质在水中的扩散

根据纳污水体的水文条件，选择 HJ/T 2.3 推荐的地表水扩散数学模式进行预测。以园区规划建设的污水处理厂的接管标准设定源强，计算最不利水文条件下的 COD、氨氮、总磷和特征污染物到达各敏感区的时间 t_1、水质超标持续时间 t_2 和最大水质超标倍数 n_{max}。

若园区规划建有码头、港口等易导致污染物直接泄漏进入水体的设施，需对其进行典型风险事故情景的环境影响预测。

四、园区规划环境风险度因子评分

（一）产业结构环境危害因子评分

园区产业风险（*a*）和物质危险性指标的分值标准分别见表 3-7 ～表 3-9。

表 3-7　产业风险评分

产业类型	高分子材料、日用化学品、食品添加剂、香精等污染较轻的精细化工产品制造	塑料、橡胶、合成树脂制品制造；有机化工原料制造；污染较轻的无机化工原料制造	原油加工及石油制品制造；酸类、碱类等污染较重的无机化工原料制造	化肥农药制造；医药、颜料、染料、涂料等污染严重的精细化工产品制造
分值	1	2	3	4

表 3-8　物质毒性评分

人类毒性	职业性接触轻度危害	职业性接触中度危害	职业性接触高度危害和极度危害
水生生物毒性	水生急性毒性3类或水生慢性毒性4类	水生急性毒性2类或水生慢性毒性3类	水生急性毒性1类或水生慢性毒性1、2类
分值	1	2	3

表 3-9　物质环境持久性系数

半衰期/天	≤15	（15，50]	（50，150]	＞150
降解性	—	可快速降解	可降解	不可降解
分值	1	1.1	1.2	1.3

参照《国民经济行业分类》（GB/T4754-2011）和《化工产品标准分类》（化工部 1998 年标准）将化工行业分为石油化学工业、精细化学工业和无机化学工业三大类十四个主要行业。

1）石油炼制：把原油通过常减压蒸馏、裂化和重整等过程加工为各种石油产品的工业，石油炼制的代表产品包括各种染料油（汽油、柴油等）、润滑油、液化石油气、焦炭、石蜡、沥青等；

2）石油化工：对石油炼制过程获得的原料油进一步加工成基本化工原料的

工业，石油化工的代表产品包括乙烯、丙烯、丁二烯、苯、甲苯、二甲苯等；

3）天然气化工：以天然气为原料通过净化分离和裂解、氧化、氯化、硫化等过程生产化工产品的工业，天然气化工的代表产品包括合成氨、甲醇、甲醛、醋酸、二氯甲烷、四氯化碳、二硫化碳等；

4）合成树脂与塑料工业：代表产品包括环氧树脂、酚醛树脂、丙烯酸树脂、聚酯树脂、离子交换树脂、氨基树脂、有机硅树脂、聚氨酯树脂等；

5）橡胶工业：代表产品包括天然橡胶、丁苯橡胶、丁腈橡胶、顺丁橡胶、氯丁橡胶、硅橡胶、乙丙橡胶、氯化橡胶、天然乳胶、胶粉、丁苯胶乳、氟橡胶等；

6）化学纤维工业：代表产品包括涤纶、锦纶、腈纶、维纶、丙纶、氯纶、氨纶、纤维素、黏胶纤维等；

7）染料与涂料工业：代表产品包括各种染料、涂料、颜料等；

8）化学添加剂工业：代表产品包括溶剂、试剂、药剂、催化剂、黏粘剂、助剂、表面活性剂、增塑剂等；

9）制药化学工业：代表产品包括中药、化学药、原料药、兽药等；

10）日用化学工业：代表产品包括香料、洗涤剂、化妆品、食品添加剂、饲料添加剂等；

11）信息材料工业：感光材料、磁性记录材料、光学记录材料等；

12）煤化工：以煤为原料，经化学加工使煤转化为气体、液体和固体燃料及化学品的工业，代表产品包括焦炭、煤焦油、煤制烯烃等；

13）盐化工：利用盐或盐卤资源，加工生产无机化工产品的工业，代表产品包括纯碱、烧碱、氯气、盐酸等；

14）化肥与农药：代表产品包括氮肥、磷肥、钾肥、复合肥、杀虫剂、除草剂、生物农药等。

根据上述化工行业总体污染程度的高低将产业风险大致分为四个等级，由于不同行业具体项目的环境风险不同，实际评分时可综合考虑特征污染物的数量和危险性，在专家经验判断的基础上适当增加或降低危险性分值，但最低分值不低于 1。由于化工项目细分种类众多，未经分级的化工行业评分参照表 3-7 中的评分标准，通过专家咨询和经验判断确定其产业风险分值。

物质危险性指标综合考虑了有毒有害物质短时间急性毒性和长期慢性毒性，分别以物质的毒性分值（b）和物质的环境持久性系数（f）来表征。园区危险物质泄漏后主要通过大气和水两种扩散途径影响外环境，因此物质的毒性也分为以大气扩散为影响途径的人类毒性（b_1）和以水扩散为影响途径的水生生物毒性（b_2），以《职业性接触毒物危害程度分级》（GB5044−1985）和《化学品分类、警示标签和警示性说明安全规范 对水环境的危害》（GB20602-2006）划定评分标准后，根据规划园区识别出的危险物质泄漏后可能的扩散途径，进行人类毒性和水生生物毒性评分，分别取最大分值。最后针对毒性分值最高的特征污染物，根据半衰期确定其环境持久性系数。

根据园区规划的产业风险和物质危险性的评分结果，以叠加方式计算产业结构环境危害因子的分值（h），计算公式如下：

$$h_i = a + fb_i \quad (i=1，2)$$

式中，h_i 为产业结构环境危害因子分值，无量纲；a 为产业风险分值，无量纲；b_i 为物质毒性分值，无量纲；f 为物质环境持久性系数。

（二）环境影响程度因子评分

1. 大气扩散途径

泄漏到空气中的危险物质对环境的影响程度主要通过有毒物质对人体健康的影响来体现，并通过比较规划园区外污染物扩散的最大浓度和危险阈值来表征。

可供选择的危险阈值具体如下。

（1）国内现行的空气污染物浓度限值

《环境空气质量标准》（GB3095-2012）中相应功能区的标准值和《工业企业设计卫生标准》（TJ36-79）中居住区大气中有害物质的最高容许浓度。

（2）《工作场所有害因素职业接触限值》（GBZ2.1-2007）中的接触限值（OELs）

《工作场所有害因素职业接触限值》附表列出了329种有毒物质的接触限值，包括时间加权平均容许浓度（PC-TWA）、短时间接触容许浓度（PC-STEL）和最高容许浓度（MAC）三种。PC-TWA指以时间为权数规定的8h工作日、40h工作周的平均容许接触浓度；PC-STEL指在遵守PC-TWA的前提下容许短时间（15min）接触的浓度；MAC指在一个工作日内，任何时间有毒化学物质均不应超过的浓度。

（3）立即威胁生命和健康浓度（IDLH）

IDLH指的是一个健康的劳动者在暴露30min后，仍有能力逃跑，且不致死或产生不可逆健康损害的最大容许浓度，由美国国家职业安全卫生研究所（NIOSH）在20世纪70年代中期制定，最初规定了约380种化学物的IDLH值，并于1994年进行了修订。

（4）急性暴露指南浓度（AEGLs）

AEGLs由美国国家环境保护局（USEPA）于20世纪90年代制定，将持续时间为 10min、30min、1h、4h 和 8h 的毒气暴露划分为 AEGL-1、AEGL-2、AEGL-3 三个等级，给出对应的各级阈值浓度。AEGL-1 指高于此浓度情况下，普通人群，包括敏感人群会感到明显的不适、过敏等可恢复的影响；AEGL-2 指高于此浓度情况下，普通人群，包括敏感人群会产生不可恢复的严重健康影响；AEGL-3 指高于此浓度情况下，普通人群，包括敏感人群会有生命危险。

（5）紧急应变计划准则（EPRGs）

EPRGs 由美国工业卫生协会（AIHA）制定，与 AEGLs 类似，按不同伤害程度分为 EPRG-1、EPRG-2、EPRG-3 三个等级。EPRG-1 指低于该浓度，几乎所有人都能暴露其中达 1h，除了轻微的、短暂的有害于健康的影响或明显感到令人讨厌的气味外没有其他影响；EPRG-2 指低于该浓度，几乎所有人都能暴露其中达 1h，除逐步显示出来的不可逆或其他严重的健康影响，或削弱他们采取保护行动的能力外没有其他影响；EPRG-3 指低于该浓度，几乎所有人都能暴露其中达 1h，但会逐步显示出危及生命健康的影响。

（6）临时紧急暴露极限阈值（TEELs）

TEELs 由美国能源部制定，收录了数千种化学物质，按不同的伤害程度分为 TEELs-0、TEELs-1、TEELs-2、TEELs-3 四个等级。

上述阈值中 OELs 偏重于工作场所中有害物质的暴露风险分析，而 IDLH 偏重于应用对有毒化学物质防护装备等级的选择，因此本书选择其他阈值确定大气扩散环境影响程度的分级赋分标准，见表 3-10。

表 3-10 大气扩散环境影响程度评分

max（C_i）/C_{max}	[C_0，AEGL-1]	(AEGL-1，AEGL-2]	(AEGL-2，AEGL-3]	＞AEGL-3
分值	1	2	3	4

AEGLs 和 EPRGs 针对每种化学物质的毒理数据严格审查得出，其可靠性较高，但可获取数据的化合物数量不多，相反 TEELs 虽然在准确性上有所欠缺，但涵盖的化合物数量众多，当某种化学物质不具有 AEGLs 和 EPRGs 值时，TEELs 可作为很好的替代。另外，EPRGs 不适用于儿童、老人等敏感人群，相比而言 AEGLs 普适性更强，应优先选择。化学物质的 AEGLs、EPRGs 和 TEELs 数据可通过美国能源部的 PAC 网络数据库收集。

实际评分时首先判断 C_{max} 处是否位于环境敏感区，若位于环境敏感区则采用 C_{max} 值进行比较赋分，否则采用 max（C_i），在对规划园区所有典型事故情景下大气扩散环境影响程度评分后，取最大分值。

2. 水扩散途径

具有特定水生生物毒性的物质泄漏到水体后，其对水环境保护目标的危害性主要体现在风险物质对敏感受体环境质量的破坏程度、风险事故对敏感受体影响的持久性，以及风险事故发生后敏感受体采取应急措施的时间紧迫性，分别以最大水质超标倍数、超标持续时间、污染团前锋到达时间表征。其中，超标持续时间指的是污染团在敏感目标处扩散迁移的过程中，污染物的浓度超过相应功能区水环境质量标准的时间总和；污染团到达时间指的是污染团刚到达敏感目标处的时间。

最大水质超标倍数的计算公式如下：

$$\mathrm{ES}_{\max} = \frac{C_{实际} - C_{标准}}{C_{标准}}$$

式中，$C_{实际}$为泄漏物质到达敏感目标处的最大浓度值；$C_{标准}$为《地表水环境质量标准》（GB3838-2002）中的数值。

上述指标的阈值等级划分与规划园区选址所处区域的水文水质条件和当地的应急能力与环保要求相关，以选址于长江流域的规划园区为例，其评分标准可参照表 3-11 执行。

表 3-11 水扩散环境影响程度表征指标的评分（以长江流域为例）

污染团前锋到达敏感区时间/h	>6	(3，6]	(1，3]	≤1
敏感区最大水质超标倍数	(0，2]	(2，5]	(5，10]	>10
敏感区水质超标持续时间/h	≤3	(3，10]	(10，24]	>24
分值	1	2	3	4

根据典型事故情景下风险物质泄漏到水体中的扩散模拟结果，根据下式计算水扩散环境敏感程度的综合评价值：

$$d = \sum_{i=1}^{3} r_i d_i \ , \ \left(\sum_{i=1}^{3} r_i = 1 \right)$$

式中，d 为水扩散环境影响程度的综合评价值，无量纲；d_1 为污染团前锋到达敏感区时间的分值，无量纲；d_2 为敏感区最大水质超标倍数的分值，无量纲；d_3 为敏感区超标持续时间的分值，无量纲；r_i 为各指标的权重，建议取平均值，也可根据专家意见确定。

根据四分法确定水扩散环境影响程度的分级赋分标准，见表 3-12。在对规划园区所有典型事故情景下水扩散环境影响程度评分后，取最大分值。

表 3-12　水扩散环境影响程度评分

综合评价值分级	分值
(1，1.75]	1
(1.75，2.5]	2
(2.5，3.25]	3
(3.25，4]	4

（三）环境管理补偿因子评分

园区和企业环境管理水平高可降低潜在泄漏事故的环境风险，相反环境管理水平低则会显著提高环境风险的程度。在规划阶段园区和企业环境管理水平分别通过园区级别和园区准入企业的规模来表征，总体而言园区级别越高，准入企业的规模越大，管理水平越高。规划园区环境管理等级的划分和环境管理补偿因子评分的标准见表 3-13。

表 3-13　环境管理补偿因子评分

<table>
<tr><td>园区级别</td><td colspan="2">国家级</td><td colspan="2">省级</td><td>市级</td><td>其他</td></tr>
<tr><td>入区企业规模</td><td>中型及大型企业为主</td><td>中小型企业为主</td><td>中型及大型企业为主</td><td>中小型企业为主</td><td></td><td></td></tr>
<tr><td>环境管理补偿因子分值</td><td>0.8</td><td colspan="2">0.9</td><td colspan="2">1.1</td><td>1.2</td></tr>
</table>

准入企业规模的划分根据《统计上大中小微型企业划分办法》(国统字〔2011〕75 号）确定，见表 3-14，大型、中型和小型企业须同时满足从业人员和营业收入的下限，否则下划一档。

表 3-14　大中小型企业划分标准

园区级别	大型	中型	小型
从业人员（X）/人	$X \geq 1000$	$300 \leq X < 1000$	$X < 300$
分值（Y）/万元	$Y \geq 40\ 000$	$2000 \leq Y < 40\ 000$	$Y < 2000$

（四）环境易损性因子评分

根据规划园区典型事故情景下泄漏物质的扩散途径，环境易损性同样分为大气环境敏感区易损性和水环境敏感区易损性，其分值根据重点关注的大气和水环境敏感区的类型和分布情况进行判定，评分标准见表 3-15。

表 3-15　环境易损性因子评分

环境敏感区类型和分布情况	分值
村级等小规模居住区零散分布	1
含乡级居住集中区或村级等小规模居住区密集分布	1.1
含重要环境敏感区或镇级居住集中区	1.2
含特殊环境敏感区或市（县）级居住集中区	1.3

五、园区规划环境风险度评估

在产业结构环境危害因子、环境影响程度因子、环境管理补偿因子和环境易损性因子评分的基础上，园区规划最大可信环境风险综合评价值的计算公式如下：

$$RC_{max}=(h_1 \cdot g \cdot v_1+h_2 \cdot w \cdot v_2) \cdot M_f$$

式中，RC_{max} 为园区规划最大可信环境风险的综合评价值，无量纲；h_1 为以物质人类毒性计算的产业结构环境危害分值，无量纲；g 为大气扩散环境影响程度分值，无量纲；v_1 为大气环境易损性分值，无量纲；h_2 为以物质水生生物毒性计算的产业结构环境危害分值，无量纲；w 为水扩散环境影响程度分值，无量纲；v_2 为水环境易损性分值，无量纲；M_f 为环境管理补偿分值，无量纲。

根据园区规划环境危险的总分值确定的园区规划环境风险度级别见表 3-16，其中规划园区中、低风险度水平从环保的角度可以接受。

表 3-16　园区规划的环境风险度级别

园区规划环境风险总分值	园区规划环境风险度级别
≤15	低风险度
(15，40]	中风险度
(40，60]	高风险度
>60	极高风险度

针对高风险度和极高风险度的规划园区，相应的选址、产业结构和产业布局等规划方案的调整方案如下：

1）对于极高风险度的园区规划，建议重新选址或者对规划的产业类型进行调整，不适宜发展重污染的化工企业。

2）对于高风险度的园区规划，建议对产业类型进行调整或者优化园区内的产业布局，将污染较重的产业布置于远离敏感区的园区主导风向的上风向。

中风险度和低风险度的园区规划尽管从环保的角度可接受，但建议进一步强化入园企业的准入条件，入园企业以环境管理水平较高的中大型企业为主，不建议发展环境管理水平低的小型和微型企业。

第三节　案例分析

以长三角地区某沿江化工园为例，评估该园区规划环境风险度，并提出规划调整的建议。

一、规划背景介绍

该园区占地面积为 $8km^2$，位于主城区的上风向，除规划拆迁居住集中区外，园区边界外 5km 范围、排污口下游 10km 范围内，存在较多的居民区和工业取水口，选址较敏感，为降低环境风险，同时完善和延伸园区现有的产业链，该规划重点发展环境风险相对较低的以烯烃、芳烃下游加工为主的石油化工产业，以甲醇、醋酸深加工为主的碳一化工产业，以及上下游关联的化工新材料产业。

二、规划环境风险识别和分析

（一）危险物质及其毒性

根据规划产业，对照美国国家环境保护局重点控制的水环境污染物名单和国家环保局（现为环境保护部）提出的“水中优先控制污染物”名单，筛选出的园区需优先控制的危险物质为：丙烯醛、氯甲烷、苯、甲苯、苯酚、二甲苯等，上述物质的危险性质及毒性如下。

1. 丙烯醛

无色或淡黄色液体，有恶臭；熔点 -87.7℃，沸点 52.5℃；相对密度（水=1）0.84，相对蒸气密度（空气=1）1.94；饱和蒸气压 29.33 kPa（20℃）；辛醇 / 水分配系数 -0.01 ～ 0.9；溶于水，易溶于乙醇、丙酮等多数有机溶剂。

闪点 -26℃，引燃温度 234℃；爆炸极限 2.8% ～ 31%。

该物质有强烈的刺激性，吸入蒸气会损害呼吸道，出现咽喉炎、胸部压迫感、支气管炎；大量吸入可致肺炎、肺水肿，还可出现休克、肾炎及心力衰竭，可致死。液体及蒸气损害眼睛。皮肤接触可致灼伤。口服会引起口腔及胃刺激或灼伤。对水生生物有极高的毒性。

LD_{50}：26mg/kg（大鼠经口）；LC_{50}：$18mg/m^3$（大鼠吸入，4h）；EC_{50}：0.034mg/L（水蚤，48h）。MAC（最高容许浓度）：$0.3\ mg/m^3$。

2. 氯甲烷

无色有醚样的甜味气体；熔点 -97.6℃，沸点 -23.7℃；相对密度（水=1）0.92，相对蒸气密度（空气=1）1.8；饱和蒸气压 506.62 kPa（22℃）；辛醇 / 水分配系数 0.91；微溶于水，溶于乙醇、氯仿、苯、四氯化碳、冰醋酸等。

闪点 -46℃，引燃温度 632℃；爆炸极限 8.1% ～ 17.4%。

该物质有刺激和麻醉作用，可严重损伤中枢神经系统，亦能损害肝、肾和睾丸。急性中毒：轻度者可出现头痛、眩晕、恶心、呕吐、视力模糊、步态蹒跚、精神错乱等症状。严重中毒时，可出现躁动、抽搐、震颤、视力障碍、昏迷，呼气中有酮体味。皮肤接触可因氯甲烷在体表迅速蒸发而致冻伤。慢性影响：低浓度长期接触，可发生困倦、嗜睡、头痛、感觉异常、情绪不稳定等症状，较重者有步态蹒跚、视力障碍及震颤等症状。

LC_{50}：5300mg/m^3（大鼠吸入，4h）；生态 IC_{50}：500 ～ 1450mg/L（藻类，72h）。

PC-TWA（时间加权平均容许浓度）：60 mg/ m^3；PC-STEL（短时间接触容许浓度）：120 mg/ m^3。

3. 苯

无色透明液体，有强烈的芳香味；熔点 5.5℃，沸点 80.1℃；相对密度（水 =1）0.88，相对蒸气密度（空气 =1）2.77；饱和蒸气压 9.95 kPa（20℃）；辛醇 / 水分配系数 2.15；不溶于水，溶于乙醇、乙醚、丙酮等多数有机溶剂。

闪点 -11℃，引燃温度 560℃；爆炸极限 1.2% ～ 8.0%。

高浓度苯对中枢神经系统有麻醉作用，可引起急性中毒；长期接触对造血系统有损害，可引起慢性中毒。急性中毒：轻者有头痛、头晕、恶心、呕吐、轻度兴奋、步态蹒跚等酒醉状态，可伴有黏膜刺激；重度中毒者可发生烦躁不安、昏迷、抽搐、血压下降，以致呼吸和循环衰竭。可发生心室颤动。慢性中毒：主要表现有神经衰弱综合征；造血系统改变有白细胞减少、血小板减少，重者出现再生障碍性贫血；并有易感染和（或）出血倾向。少数病例在慢性中毒后可发生白血病（以急性粒细胞性为多见）。皮肤损害有脱脂、干燥、皲裂、皮炎。可致月经量增多与经期延长。对水体、土壤和大气可造成污染。

LD_{50}：1800mg/kg（大鼠经口）；LC_{50}：31900mg/m^3（大鼠吸入，7h）；生态 LC_{50}：46mg/L（金鱼，24h）。

PC-TWA：6 mg/ m^3；PC-STEL：10 mg/ m^3。

4. 甲苯

无色透明液体，有类似苯的芳香气味；熔点 -94.9℃，沸点 110.6℃；相对密度（水 =1）0.87，相对蒸气密度（空气 =1）3.14；饱和蒸气压 3.8 kPa（25℃）；辛醇 / 水分配系数 2.73；不溶于水，可溶于苯、乙醇、乙醚、氯仿等多数有机溶剂。

闪点 4℃，引燃温度 480℃；爆炸极限 1.1% ～ 7.1%。

对皮肤、黏膜有刺激性，对中枢神经系统有麻醉作用。急性中毒：短时间内吸入较高浓度该物质表现为中枢神经系统麻醉作用，出现头晕、头痛、恶心、呕吐、胸闷、四肢无力、步态蹒跚、意识模糊等症状。重症者可出现躁动、抽搐、昏迷等症状。呼吸道及眼结膜可出现明显刺激症状。液体吸入肺内可引起肺炎、肺水肿和肺出血。可出现明显的心脏损害。慢性中毒：长期接触可发生神经衰弱综合征、肝大、女工月经异常等。可引起皮肤干燥、皲裂、皮炎。对水体、土壤和大气可造成危害。

LD_{50}：636mg/kg（大鼠经口）；LC_{50}：49mg/m^3（大鼠吸入，4h）；EC_{50}：313mg/L（水蚤，48h）。

PC-TWA：50 mg/ m^3；PC-STEL：100 mg/ m^3。

5. 苯酚

无色或白色晶体，有特殊气味，在空气中及光线作用下变成粉红色甚至红色；熔点 40.6℃，沸点 181.9℃；相对密度（水 =1）1.017，相对蒸气密度（空气 =1）3.24；饱和蒸气压 0.13 kPa（40.1℃）；辛醇 / 水分配系数 1.46；微溶于冷水，可混溶于乙醇、醚、氯仿、甘油。

闪点 79℃，引燃温度 715℃；爆炸极限 1.3% ～ 9.5%。

对皮肤、黏膜有强烈的腐蚀作用，可抑制中枢神经和损害肝、肾功能。急性中毒：吸入高浓度蒸汽可致头痛、头晕、乏力、视物模糊、肺水肿等。误服可引起消化道灼伤，出现烧灼痛，呼出气带酚味，呕吐物或大便可带血液，有胃肠穿孔的可能，可出现休克、肺水肿、肝或肾损害，出现急性肾衰竭，可死于呼吸衰竭。眼接触可致灼伤。可经灼伤皮肤吸收引起中毒，表现为心律失常、休克、代谢性酸中毒、肾损害等，甚至引起急性肾衰竭。有引起高铁血红蛋白症的危险。慢性中毒：可引起头痛、头晕、咳嗽、食欲减退、恶心、呕吐，严重者可引起蛋白尿。可致皮炎。对水体、土壤和大气可造成污染。

LD_{50}：317mg/kg（大鼠经口）；LC_{50}：316mg/m^3（大鼠吸入，4h）；EC_{50}：56mg/L（水蚤，96h）。

PC-TWA：10 mg/ m^3。

6. 二甲苯

无色透明液体，有类似甲苯的气味；熔点 -25℃，沸点 144.4℃；相对密度（水 =1）0.88，相对蒸气密度（空气 =1）3.66；饱和蒸气压 1.33 kPa（32℃）；辛醇 / 水分配系数 3.12；不溶于水，可混溶于乙醇、乙醚、氯仿等多数有机溶剂。

闪点 16℃，引燃温度 463℃；爆炸极限 0.9% ～ 7%。

对眼和上呼吸道有刺激作用，高浓度时对中枢神经系统有麻醉作用。急性中毒：短期内吸入较高浓度的该物质可出现眼及上呼吸道明显的刺激症状、眼结膜充血、咽充血、头晕、头痛、恶心、呕吐、胸闷、四肢无力、意识模糊、步态蹒跚。重者可出现躁动、抽搐或昏迷。慢性中毒：长期接触有神经衰弱综合征，女工有月经异常，工人常发生皮肤干燥、皲裂、皮炎。对水体、土壤和大气可造成污染。

LD_{50}：4300mg/kg（大鼠经口）；LC_{50}：5000×10^{-6}（大鼠吸入，4h）；EC_{50}：97mg/L（发光菌，5min）。

PC-TWA：50 mg/ m^3；PC-STEL：100 mg/ m^3。

（二）风险事故源项

根据园区规划的产业类型，统计分析国内外同行业的环境风险事故，筛选确定的该园区典型事故情景为：合成气装置泄漏、苯储罐泄漏及园区污水处理厂设备故障导致的污染物超标排放。各事故的源项设定见表 3-17 和表 3-18。各评价因子的标准限值见表 3-19。

表 3-17 典型事故情景及评价因子

环境要素	典型事故情景	评价因子
大气	合成气装置泄漏	CO
	苯储罐泄漏	苯
水	园区污水处理厂设备故障	挥发酚、COD

表 3-18 典型事故情景源项设定

典型事故情景的泄漏源	源类型	污染物	排放速率	排放持续时间/min	面源有效高度/m	面源面积/m^2
合成气装置	面源	CO	0.57kg/s	30	6	100
苯储罐	面源	苯	8.34 kg/s	10	8	633
污水处理设施	点源	挥发酚	2g/s	60	—	—
		COD	500g/s			

表 3-19 评价因子的标准限值

评价因子	标准限值/（mg/m^3）
CO	C_0：10；AEGL-2：95；AEGL-3：378
苯	C_0：2.4；AEGL-1：166；AEGL-1：2550；AEGL-1：12800
挥发酚	0.002
COD	15

三、规划环境风险度评估

（一）产业结构环境危害因子评分

1. 产业风险分值

园区规划的下游石油化工产业、碳一化工产业和化工新材料产业属于污染不严重的产业，对照评分标准，该园区产业风险分值为 2。

2. 物质毒性分值

对照《职业性接触毒物危害程度分级》(GBZ230-2010) 和《化学品分类、警示标签和警示性说明安全规范　对水环境的危害》(GB20602-2006)，该园区优先控制的危险物质的大气和水毒性分值见表 3-20。分别取各危险物质大气和水毒性分值的最大值，确定园区危险物质大气和水毒性分值分别为 3 和 1。

表 3-20　各危险物质的毒性分值

优先控制危险物	毒性数据	大气毒性分值	水毒性分值
丙烯醛	LC_{50}（大鼠吸入4h）：789mg/m^3 LC_{50}（鱼类96h）：10.1mg/m^3	2	1
氯甲烷	LC_{50}（大鼠吸入4h）：5300mg/m^3 LC_{50}（鱼类96h）：608mg/m^3	1	1
苯	LC_{50}（大鼠吸入7h）：31900mg/m^3 LC_{50}（鱼类96h）：20mg/m^3	1	1
甲苯	LC_{50}（大鼠吸入4h）：49mg/m^3 LC_{50}（鱼类96h）：34.27mg/m^3	3	1
苯酚	LC_{50}（大鼠吸入4h）：316mg/m^3 LC_{50}（鱼类96h）：36～49mg/m^3	3	1
二甲苯	LC_{50}（大鼠吸入4h）：21568mg/m^3 LC_{50}（鱼类96h）：16mg/m^3	1	1

3. 物质环境持久性系数

毒性最大的甲苯在空气和水中的光氧化半衰期分别为 10 ～ 104h 和 321 ～ 1284h，据此确定园区物质持久性系数为 1.2。

根据产业结构环境危害因子分值的计算公式：

$$h_i=a+fb_i$$

式中，h_i 为产业结构环境危害因子分值，无量纲；a 为产业风险分值，无量纲；b_i 为物质人类或水生生物毒性分值，无量纲；f 为物质环境持久性系数。

计算所得的园区产业结构环境危害因子分值分别为 5.6（人类毒性）和 3.2（水生生物毒性）。

（二）环境影响程度因子评分

1. 大气扩散途径环境影响程度分值

采用 HJ/T169 推荐的多烟团模式，经计算最不利气象条件下，典型事故情景泄漏的 CO 和苯的最大扩散浓度分别为 83.3mg/m^3 和 1520mg/m^3，依据评分标准，园区大气扩散途径环境影响程度分值为 2。

2. 水扩散途径环境影响程度分值

根据长江园区段的水文特征，选用二维水动力模型进行影响预测，水扩散途径环境影响程度各表征指标的预测结果和赋分分值见表 3-21。根据综合评价值和水扩散环境影响程度评分标准，确定水扩散途径环境影响程度分值为 2。

表 3-21 水扩散途径环境影响程度各表征因子的分值

表征指标	预测结果		分值
	COD	挥发酚	
污染团前锋到达时间/h	4～5		2
最大水质超标倍数	不超标	4～7	3
超标持续时间/h	3～5		2
综合评价值	2.3		

（三）环境管理补偿因子分值

该园区规划为国家级园区，准入企业为中、大型企业，因此园区级别和准入企业规模指标的分值分别为 1 和 2，总分值为 3。根据环境管理补偿因子评分标准，环境管理补偿因子分值为 0.8。

（四）环境易损性因子分值

园区污水处理厂排污口下游 10km 内存在工业取水口，厂界周边 5km 内存在重要环境敏感区和镇级居住集中区，因此园区水、大气环境易损性因子分值分别为 1.1 和 1.2。

（五）园区规划环境风险度

根据赋值结果，园区环境风险度各评估指标的分值见表 3-22。

表 3-22 园区规划风险的指标分值

指标		分值
产业结构环境危害	大气	5.6
	水	3.2
环境影响程度	大气扩散	2.0
	水扩散	2.0
环境管理补偿因子		0.8
环境易损性因子	大气	1.2
	水	1.1

根据园区规划环境风险度分值的计算公式：

$$RC = (h_1 \cdot g \cdot v_1 + h_2 \cdot w \cdot v_2) \cdot M_f$$

式中，RC 为园区规划环境风险的总分值，无量纲；h_1 为以物质人类毒性计算的产业结构环境危害分值，无量纲；g 为大气扩散环境影响程度分值，无量纲；v_1 为大气环境敏感区易损性分值，无量纲；h_2 为以物质水生生物毒性计算的产业结构环境危害分值，无量纲；w 为水扩散环境影响程度分值，无量纲；v_2 为水环境敏感区易损性分值，无量纲；M_f 为环境管理补偿因子分值，无量纲。

经计算该园区规划环境风险度的总分值为 16.38，为中风险度。

四、优化措施

该规划园区的环境风险为中风险度，因此该规划选址、产业结构从环保的角度可接受，为进一步降低环境风险，建议对园区的产业布局在现有规划的基础上进行优化。

从计算过程分析，高风险项目对产业结构的环境危害因子的取值影响较大，园区比邻镇区的布局对环境易损性因子存在较大影响。因此从规避环境风险的角度，建议规划在产业结构上，取消苯酚等高风险项目；在布局上，控制园区附近镇区规模，使周边居住功能逐步萎缩。将环境风险相对较大的以烯烃、芳烃下游加工为主的石油化工产业布置于远离园区环境敏感区的主导风向的上风向，而将环境风险较小的仓储等设施布置在园区主导风向的下风向。

第四章

化工园区环境隐患排查技术

第一节　环境隐患概述

一、环境隐患的概念

（一）隐患的概念

有关隐患的定义有多种，“隐患”一词在字典中的定义是：在某个条件、事物及事件中所存在的不稳定并且影响到个人或者他人安全利益的因素，它是一种潜藏着的因素，“隐”字体现了潜藏、隐蔽，而“患”字则体现了祸患，不好的状况。在《辞海》中的定义是：潜藏或不易发现的危险或祸患。也有学者将隐患定义为：任何能直接或间接导致伤害或疾病、财产损失、工作场所环境破坏或其组合的对工作标准、实务、程序、法规、管理体系绩效等的偏离。

当前，“隐患”一词主要用于安全生产工作中，“事故隐患”或“生产隐患”或“安全隐患”是我国在长期安全生产工作实践中所形成的共识用语，一般指那些有明显缺陷的、有毛病的事物，相当于人的不安全行为、物的不安全状态。有一些学者认为事故隐患就是针对危险源所采取的控制措施是否存在缺陷，是否能有效控制危险源的危险释放，如果不能，即构成了事故隐患。还有的学者认为事故隐患是指针对危险源所采取的约束和控制措施能否有效控制能量和危险物质的释放，如果不能，就构成了事故隐患。

目前，学术界尚未有事故隐患或生产隐患的明确定义。但国家出台的一系列法律、法规、部门文件、行业标准中对事故隐患进行了明确的规定：国家安全生产监督管理总局发布的《安全生产事故隐患排查治理暂行规定》中，将安全生产事故隐患定位为：生产经营单位违反安全生产法律、法规、规章、标准、规程和安全生产管理制度的规定，或者因其他因素在生产经营活动中存在可能导致事故发生的物的危险状态、人的不安全行为和管理上的缺陷。国家标准《职业安全卫生术语》（GB/T15236-1994）中对事故隐患的定义为：事故隐患是指可导致事故发生的物的不安全状态、人的不安全行为及管理上的缺陷。

（二）隐患的分类

1. 按照危害程度分类

按照危害程度，隐患可分为以下几类：

一般隐患：危险性较低，事故影响或损失较小的隐患；

重大隐患：危险性较大，事故影响或损失较大的隐患；

特别重大隐患：危险性大，事故影响或损失大的隐患。

劳动部（现人力资源和社会保障部）1995 年出台的《重大事故隐患管理规定》中，将事故隐患分为重大事故隐患（可能造成死亡 10 人以上，或直接经济损失 500 万元以上）和特别重大事故隐患（可能造成死亡 50 人以上，或直接经济损失 1000 万元以上），其分类依据是可能造成的死亡人数和直接经济损失两个指标。

《安全生产事故隐患排查治理暂行规定》将事故隐患分为一般事故隐患和重大事故隐患。一般事故隐患，是指危害和整改难度较小，发现后能够立即整改排除的隐患。重大事故隐患，是指危害和整改难度较大，应当全部或者局部停产停业，并经过一定时间整改治理方能排除的隐患，或者因外部因素影响致使生产经营单位自身难以排除的隐患。

2. 按照危害类型分类

按照危害类型，隐患可分为以下几类：

火灾隐患：指明显存在的或者潜在的可能引起火灾的各种成因和情况，包括人为和物质的成因。

爆炸隐患：爆炸往往伴随着火灾，如在油罐区，易燃易爆物、助燃物（如氧气）和点火源三个条件同时具备就能引发火灾爆炸事故。

此外，还有倒塌隐患、滑坡隐患、交通隐患、泄漏隐患、致毒隐患、环境隐患等。

3. 按照表现形式分类

按照表现形式，隐患可分为以下几类：

人的隐患：人的错误推测与错误行为，包括行为活动、心理影响等；

物的状态隐患：物是活动过程中参与并发挥一定作用的设备、材料、对象及其他要素的统称。其具有不同性质和能量，由于物的能量可能释放引起事故的隐患为物的状态隐患，包括无防护报警装置、设备设施工具有缺陷或者强度不够、环境不良等；

管理隐患：指在相关管理程序、制度或规定中存在的可能引发事故的状态。

（三）环境隐患

环境隐患属于事故隐患的危害类型之一，其与一般事故隐患的侧重点不同，是指任何能直接或间接导致环境或生态系统污染、受损或破坏，导致其不可持续发展的行为、事物或状态。

环境隐患与环境风险是一对既有区别又有联系的概念。环境隐患是一种客观存在的不安全状态，并不是风险。当环境隐患通过某种媒介暴露在环境中时，其即成为环境风险。环境隐患、环境风险的关系如图 4-1 所示。

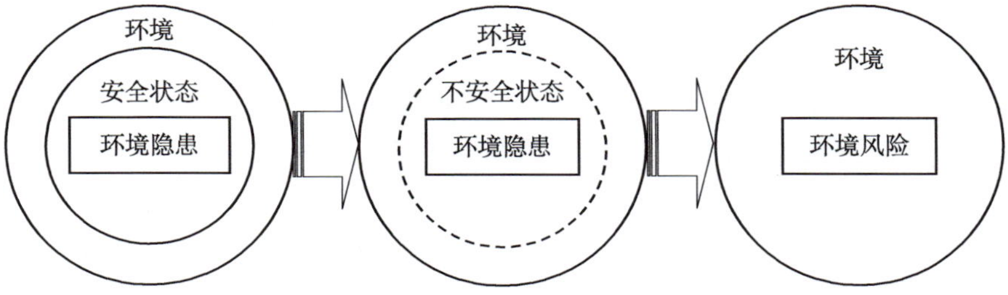

图 4-1　环境隐患、环境风险的关系图

早在 2007 年，《国务院关于印发国家环境保护“十一五”规划的通知》（国发〔2007〕37 号）中就已提出“……持续开展环境安全检查，重点排查沿江河和人口密集区的石油、化工、冶炼等企业，努力消除环境隐患……”。环境保护部于 2009 年发布的《中国环境状况公报》显示，当前一些行业环境安全隐患突出，全国危险化学品及石化企业环境隐患底数不清。石油化工行业存在的环境隐患问题受到极大重视。

二、相关研究进展

（一）安全隐患管理

近年来美国、日本科学界进行了综合论事故研究，一致认为事故的发生不是单一因素造成的，也不是由个人偶然失误或单纯设备故障所形成，而是各种因素综合作用的结果。事故之所以发生，有其深刻原因，包括直接原因、间接原因和基础原因。综合结论认为，事故是社会因素、管理因素和生产中危险因素被偶然事件触发所造成的结果。偶然事件之所以触发，是由于生产中环境条件存在着危险因素即不安全状态，后者和人的不安全行为共同构成了事故的直接原因。这些物质的、环境的及人的原因是由于管理上的失误、缺陷、管理责任所导致，是造成后果的间接原因。

在管理模式方面，国际上的做法主要有以下三种：

1）国际劳工组织的“安全检查模式”。安全检查分三个步骤：一是收集情况；二是对超标违章进行评估；三是报告检查结果及改进措施。借鉴国际劳工组织专家总结的“安全检查方法”，查找事故隐患，防止工伤事故和职业病的发生。

2）杜邦的“零”目标管理模式。杜邦公司的企业精神是“安全至上”，基于“任何工业事故都是可以避免的”的理念，对工艺技术（如工程师和操作人员的规定、工艺过程改变的程序管理、定期进行工艺危险的分析等）、设备技术（设备器械的定期检查）和人员（定期安全与技能培训，制定应急反应计划，定期进行检查等）等方面都有严格、缜密的规定。

3）德国的各行业安全管理模式，由政府部门对各行业的安全生产、劳动保护、职工伤亡依法行使监察的职能。协会实行行业管理，由“协会”制定技术标准、规范。各企业依据标准、规范制定各生产单位的“规程”、“制度”、“工作条例”，建立正常的企业生产秩序。例如，德国“精密机械与电力行业协会”实行行业管理。由协会制定电力行业的技术标准、规范，各电力企业都要认真贯彻执行。同时，这些标准、规范也是“法院”判定（企业）是否正确遵守行业行为的法定依据。企业发生了职工伤亡事故，是由当地政府有关部门组织调查，有警察局、法院、劳动局及技术监督公司、保险公司、企业有关人员参加。调查和事故处理的依据是国家的法律和行业的标准、规定。

我国在隐患管理的分类及特点上，主要从以下两个方面进行了研究：

1）针对工业企业隐患管理中的具体因素做了相关的分类研究，如人的生理、心理因素对安全生产事故的影响分析，人的安全行为模式分析与评价研究，隐患管理中企业安全文化建设的研究等。

2）针对具体的行业对企业安全生产隐患进行研究。企业生产过程中的事故隐患辨识预测方法主要有经验分析法、故障树分析法、事件树分析法、因果分析法、人的可靠性分析法等。

当前隐患方面的研究，均以系统安全的思想为核心，采用系统、结构化的管理模式，为企业提供了科学、有效的职业安全健康管理规范和指南。它主要强调系统化的安全与健康管理思想，核心思想是职业健康安全，而忽视了环境健康安全。

（二）隐患辨识标准

目前，国际上对隐患辨识方面的研究主要侧重于物的不安全状态的危险辨识。

工业生产存在潜在危险，全球每年都发生多起由于工业生产导致的环境污染事故。1993 年 6 月，第 80 届国际劳工大会通过的《预防重大工业事故公约》（*Prevention of Major Industrial Accidents Convention*）提出“重大危险设施”这一概念：不论长期或临时的加工、生产、使用或储存，数量超过临界量的一种或多种危害物质，或多类危害物质的设施（不包括核设施、军事设施及设施现场之外的非管道的运输）。

国际上，重大危险源辨识是重大工业事故预防的有效手段。

1. 英国 ACMH 重大危险源辨识标准

英国是控制重大工业危害的立法先驱。1974 年 6 月，由于发生了弗里克斯布劳爆炸事故，英国安全与卫生委员会成立了重大危险咨询委员会（Advisory Committee on Major Hazards，ACMH），提出了重大危险设施标准建议书，提出建议及以已有的欧洲标准为基础，建立了重大工业危害控制系统，包括危害辨识、风险评价与控制、降低风险三方面，其中降低风险涉及应急预案的编制、公共信息和土地利用规划。英国于 1999 年制定了《重大事故危害控制》（COMAH）等一系列法规，主要是针对企业制定的，包括 170 种制定的危害物质，按照工艺和储存进行了分类，并提出两个水平的控制标准——上限标准和下限标准，后又提出修改标准，将存储的危险物质的临界量做了修正。

2. 其他欧共体辨识标准

欧共体于 1982 年颁布了《工业活动中重大事故危险法令》（EEC Directive 82/501，即《塞维索指令》），内容包括 180 种危险品及其临界值。1996 年又通过了修正法令。

3. 其他辨识标准

国际经济合作与发展组织在《经济合作与发展组织理事会法案（88）84》中列出了 20 种需重点控制的危险物质。

博帕尔事故发生后，国际劳工组织（ILO）公布了关于危险品使用及预防的决定，随后组织召开了重大工业危险源控制方法的三方讨论会，编写了《重大事故控制实用手册》（*Major Hazard Control*，*A Practical Manual*）和《重大工业事故的预防》（*Prevention of Major Industrial Accidents*），并于 1993 年通过了《预防重大工业事故公约》（*Prevention of Major Industrial Accidents Convention*）。

1992 年，美国劳工部职业安全与卫生管理局（OSHA）发布了《高度危险化学品处理过程的安全管理》标准（29CFR1910.119），列出了涉及有毒和高反应活性的 138 种化学物质的 CAS 号及其临界值，并且提出化学品处理是一种活动过程，可包含不同化学品的多种活动。另外，美国国家环境保护局（EPA）颁布了《化学品事故预防条例》，标准中列出了涉及有毒与易燃性能的 280 种化学物质的 CAS 号及其临界值。

大多数国家对于限定工业生产和生活使用的某种物质都使用危险物质及其临界量来进行限定，但不同国家的临界量根据生产力水平、社会发展情况和制定标准的立足点不同而有较大区别。ILO 提出：各国应按照自身情况制定适合国情的重大危险源辨识标准，来反映地方亟须解决的问题及呈现的工业模式。

20世纪90年代初，中国逐渐重视对重大危险源的评价和控制，重大危险源评价和宏观控制技术研究列入国家“八五”科技攻关项目。1997年，北京、上海、天津、深圳、青岛和成都六大城市开展了重大危险源普查试点工作，在指定时间内，试点城市均按要求完成重大危险源普查、登记和评价分级工作。2000年9月17日，国家经济贸易委员会安全科学技术研究中心结合我国特点与火灾、爆炸、毒物泄漏重大危险事故的发生情景分析，参考国外同类标准，颁布了《重大危险源辨识》（GB18218-2000），将危险物质的辨识分为生产场所临界量与库区临界量。

（三）隐患分级研究

环境隐患分级评估方面的研究较少，主要从安全状态、源头和后果分析及危险源的控制等方面单独进行研究，很少考虑环境影响。石化行业是集易燃易爆、有毒腐蚀、高温高压等危险因素为一体的高危群体，一旦发生事故，极易对周边人群造成直接危害及环境和生态系统的重大损失。

张国顺根据事故致因理论，对事故隐患的评估是依据系统的未受控系数，将隐患分为五级：车间或分厂级事故隐患、工厂或总厂级事故隐患、主管局级事故隐患、总公司级事故隐患和国家级事故隐患。未受控系数可通过人、机（物）、环境三个子系统的安全评价值、安全标准值及其发生事故的权重计算得来。

林宏源根据事故隐患潜在的危害能量、程度的大小、致因转化的紧急程度，以及可能造成后果的严重程度（波及范围、伤亡人数、经济损失程度、恢复生产时间长短等），将事故隐患分成五级：安全的、一般性事故隐患、临界事故隐患、重大事故隐患和特别重大事故隐患。

吴宗之分析了重大危险源与重大事故隐患两者之间的关系，认为重大事故隐患是指针对重大危险源所采取的防范控制措施出现的缺陷。或者说，以对重大危险源的控制是否到位来进行其是否构成重大事故隐患的认定。

还有学者根据事故隐患的危险程度、危害范围和消除时间的轻重缓急，将事故隐患分为4级：Ⅰ级（安全的）、Ⅱ级（临界的）、Ⅲ级（危险的）、Ⅳ级（破坏性的）。

就事故隐患而言，事故隐患的分级是根据作业场所、设备及设施的不安全状态，人的不安全行为和管理上的缺陷，可能导致事故损失的程度进行划分的。上海市针对其具体情况，通过火灾、爆炸、毒物泄漏重大事故隐患分级评价方法（PLR 事故隐患分级法）对上海市重大事故隐患进行综合评价，在初步的危险源辨识后，通过确定事故隐患易发性（P）、事故导致损失程度（L）和事故后果影响范围（R），将 P、L、R 三项指标量化分级，组合成分级评价表，分为Ⅰ级隐患（稍有危险，需要注意）、Ⅱ级隐患（可能危险，密切注意）、Ⅲ级隐患（比较危险，及时整改）、Ⅳ级隐患（高度危险，立即整改）。并分为两个系列：系列Ⅰ以提出火灾、爆炸、毒物泄漏重大事故隐患分级评价方法为主；系列Ⅱ为系列Ⅰ提出方法的应用与验证，进一步完善 PLR 事故隐患分级法。

针对目前化工园区环境隐患受到极大重视，以及环境隐患分级标准和方法尚未形成系统的现状，为控制或缓减环境危害，应建立区域环境隐患分级标准体系及分级方法，对不同级别的环境隐患单元进行有效控制，从根源上控制或消除环境污染事故的发生。

第二节 化工园区环境隐患分级

一、化工园区环境隐患的特征

（一）石油、化工企业特征

随着技术的发展，现代石油、化工生产过程多具有生产装置大型化、生产过程高度连续、工艺过程和辅助系统庞大、自动化程度高、生产过程危险性大等特点。与其他行业相比，石油、化工生产在作业活动中生产、储存和使用的危险物质多具有易燃易爆、有毒有害、腐蚀性强等诸多危险特性。一旦操作条件变化，工艺过程受到干扰产生异常，或者人为因素造成误操作，潜在隐患将发展成事故。

以南京为例，南京是全国重要的重化工基地。2009 年南京市发生一般（Ⅳ级）等级以下突发环境事件 26 起，与上年同比上升了 271%。其中，石油化工行业突发环境污染事故 26 起，占 100%，如图 4-2 所示。

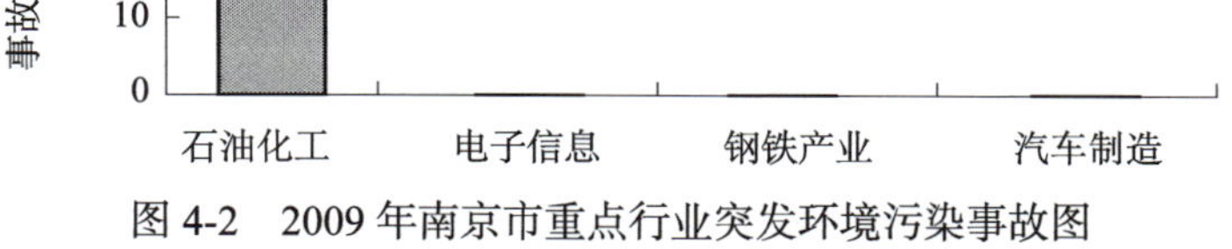

图 4-2　2009 年南京市重点行业突发环境污染事故图

2009年南京市石油化工行业突发环境污染事故中，主要是由安全生产、非法倾倒、运输等引起的突发环境污染事故，见表4-1和图4-3。

表 4-1 南京市石油化工行业 2009 年污染事故统计

污染事故	引发原因	数量
安全生产引发事故	反应釜爆炸、物料泄漏、自燃现象	14
交通事故引发事故	化学品试剂泄漏	2
非法倾倒污染事故	非法倾倒、遗弃化学品	5
非法运输污染事故	危险品、物料泄漏	5

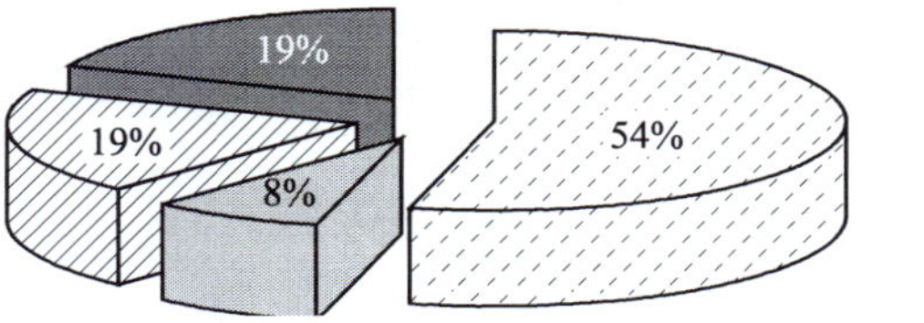

图 4-3 2009 年南京市石油化工行业突发环境污染事故饼状图

（1）生产过程危险性高

石油、化工企业生产所要求的工艺条件苛刻，处于高温高压等条件下，并且生产中使用的原辅材料，以及中间产物和产品，绝大多数是易燃易爆、有毒有害、有腐蚀性的危险化学品，因此生产过程中稍有不慎，就容易发生有毒有害物质的泄漏、爆炸、火灾等事故。

（2）生产设备、设施复杂性高

石油、化工企业厂区内管道纵横交错，生产过程中需要经过各种装置、设备的化合、聚合等程序，生产过程中涉及的设备、设施数量多，并且结构复杂，一旦发生故障就会引发各种安全生产事故。

正是由于石油、化工企业生产条件苛刻、潜在危险大，因而对生产设备设施的安全运行、生产装置的安全布置、化工生产的岗位操作、环境污染的防控提出了很高的要求。化工生产的设备设施必须满足足够的强度、密封可靠，并且配套相应安全保护装置；生产装置的布置必须满足相关安全设计规范的要求；企业须编制生产的工艺规程、安全操作规程等，关联性强的复杂重要岗位要建立操作票制度，并且定期对员工进行培训；企业须配套污染处理设施并确保其正常运行、污染物达标排放。

（二）化工园区环境隐患特征

基于石油、化工企业生产过程的特殊性，石油、化工企业聚集的环境隐患与其他企业相比具有以下特征。

（1）普遍存在布局隐患

因生产用水、排污、运输等的较高需求，石油、化工企业大多沿水源布置，一些石化企业甚至布设在城市水源上游或紧邻居民集中区，对环境和居民生活安全构成威胁。2006年的石化行业环境风险排查结果显示，全国7555个石化建设项目中，81%布设在江河水域、人口密集区等环境敏感区域，45%为重大风险源。在全部项目中，布设于城市附近或人口稠密区的项目为2489个，占全部项目总数的32.9%；布设于饮用水水源保护区上游（10km）内的项目为280个，占全部项目总数的3.7%；布设在江、河、湖、海、水库沿岸的项目为1354个，占全部项目总数的17.9%；布设于大江大河干流的项目为535个，占全部项目总数的7%。由此可见，石油、化工行业布局隐患是普遍现象，这对企业安全和环境污染防控提出了很高的要求。

（2）不同规模的企业环境隐患差异显著

与大型的石油、化工企业，如中石油、中石化等大型国有企业相比，中小企业工艺水平和设备装置较落后，技术和管理水平较低，企业受经济利益的驱动，重产量轻环保，在环境污染防控方面的投入不足。另外，中小企业员工的流动性较高，缺乏必要的、系统的教育培训，部分企业从业人员的素质和环保意识较差。综上所述，中小企业的环境隐患较多，由此触发环境污染事故的概率高于大型企业。在环境隐患的潜在危害性上，大型石油、化工企业生产储运中使用的化学品的量大，装置更复杂，危险源众多，一旦发生连锁事故，在同样的环境条件下，其对环境的危害性要远远大于中小企业。因此，对不同规模的企业进行环境隐患的监管均不能忽视。

（3）人的行为隐患是因素之一，减少环境污染控制隐患可以有效降低环境污染事故的风险

对相关管理部门记录的环境风险事故案例，以及文献资料中汇编的近几年石油、化工企业危险物质相关生产事故典型案例进行统计分析，由不同类别的环境隐患引发的环境污染事故的情况见表4-2，很显然，监管隐患引发的环境污染事故占绝大多数。

表 4-2　重大环境污染事故中环境隐患类别的分布

隐患类别	数量/个
人的行为隐患	73
技术维护隐患	27
作业环境隐患	14

环境污染事故的引发原因不是单一的，而是不同因素的叠加，通过某一因素可以引发另一因素，或者几个因素的共同作用等。造成的危害主要是对受体的危

害，包括大气环境污染、水环境污染、人群吸入或食入中毒、生态环境破坏等。

即使存在了污染事故根源和引发原因也并不一定能够发生环境污染事故，若石油化工企业的环境污染控制措施实施有效，大多数情况下可以避免环境污染事故的发生。控制措施是环境污染事故发生的次级阻碍，事故后果的扩大都是由于控制措施不到位而造成的，很显然企业加强环境污染控制，可以有效地降低环境污染事故的风险。根据案例分析，控制措施的失控主要分为监管不严、制度不完善、设计不合理、评价建议不到位、防范意识淡薄。其中，以监督管理不严最为多发，企业操作和工作人员防范意识薄弱处在第二位。

（4）应急救援常常忽视事故对环境的影响

石油、化工企业发生火灾、爆炸等安全生产事故后，安检、消防是进行现场应急的主体，安全处置方法等由石油化工专家现场监督，通常情况下环境保护部门起到的仅仅是辅助应急的作用，负责现场的环境监测及事后的现场环境清理和修复。因而在事故应急过程中往往忽视了应急处置方法对环境的影响，尤其是消防废水常常得不到有效控制，导致消防废水泄漏到周边环境中，造成次生的水体污染。

（5）环境隐患中可以导致危险物质大量泄漏或爆炸的安全生产隐患主要分布于生产区、储罐区和管道

主要表现为：生产区的反应釜由于在高温、高压的条件下运行，容易发生火灾爆炸事故导致危险物质泄漏；储罐区普遍存在有毒有害气体通过大呼吸、小呼吸进行无组织气体排放；管道阀门、法兰处容易造成有毒气体泄漏。

压力容器隐患：生产中的压力容器是发生爆炸事故的设备。通常这种设备有安全阀、爆破片、压力表、液面计、温度计等安全附件。高压气瓶的安全附件有瓶帽、防震胶圈、泄压阀。为了防爆，国家规定，压力容器每年至少进行一次外部检查，每 3 年至少进行一次内部检验，每 6 年至少进行一次全面检验。当压力容器发生下列任一情况时，应立即报告有关部门：压力容器的工作压力、介质温度或壁温超过允许值，采用各种方法仍无效时；主要受压元件发生裂隙、鼓包、变形、泄漏等缺陷时；安全附件失效、接管断裂、紧固件损毁时；发生火灾直接威胁容器安全时。

管道泄漏隐患：管道的腐蚀穿孔、突发性的自然灾害（如地震、滑坡、河流冲刷等）及人为破坏等都会造成管道泄漏乃至破裂。按损失程度的不同，管道泄漏可分为小漏（低于正常流量的 3%）、中漏（为正常流量的 3% ～ 10%）、大漏（超过正常流量的 10%）三种。产生的原因主要有几种：管材、管件质量不过关，随时间推移密封不严；管材、管件焊接质量不合格，焊接参数和焊接

方法不正确等。

通过对近年来化工、石化行业的典型事故案例分析，得出事故产生的原因及后果，见表 4-3 和图 4-4。

表 4-3　事故原因、控制手段分析总结表

序号	事故名称	引发物质	原因							控制					受体	
			操作	动改	人为失误	设备腐蚀	储罐	爆炸	泄漏	监督管理不严	制度不完善	设计不合理	评价建议不到位	防范意识淡薄	人群	环境
1	井喷特大事故	甲烷、硫化氢、二氧化碳等	√		√					√	√	√		√	√	
2	新丰农化储罐泄漏	液氯			√	√	√		√	√				√	√	√
3	乌海市氯气泄漏事故	氯气			√				√	√					√	√
4	天原泄漏爆炸事故	液氯	√			√		√	√	√	√	√			√	√
5	吉林石化硝基苯爆炸	硝基苯	√					√		√				√	√	√
6	广维危险品爆炸	甲醇、乙炔、醋酸乙烯、液氯等					√	√	√	√		√	√		√	√
7	环氧乙烷储罐爆炸	环氧乙烷				√	√	√	√	√		√	√		√	√
8	某厂加氢反应釜爆炸事故	氢气	√					√				√			√	
9	某公司管道泄漏事故	氯气				√			√	√		√			√	√

续表

序号	事故名称	引发物质	原因							控制					受体	
			操作	动改	人为失误	设备腐蚀	储罐	爆炸	泄漏	监督管理不严	制度不完善	设计不合理	评价建议不到位	防范意识淡薄	人群	环境
10	石油公司储罐坍塌事故	轻质柴油		√			√				√			√	√	√
11	氧化釜泄漏事故	乙酸	√					√	√	√		√		√	√	√
12	化工制品厂火灾事故	丁烷、戊烷	√		√			√	√		√			√	√	
13	某炼油厂爆炸事故	无铅汽油	√		√		√	√	√		√			√	√	√
14	日本某树脂厂爆炸	苯乙烯	√					√	√					√	√	√
15	石化助剂厂爆炸事故	柴油		√	√		√	√		√	√				√	
16	苯低位槽爆炸事故	苯	√		√		√	√	√		√			√	√	
17	某化工厂储罐爆炸	丙烯腈			√		√	√		√		√		√	√	√
18	美国某公司炼油厂爆炸事故	可燃气体、石脑油、燃料油	√		√	√	√	√	√	√		√		√	√	√
19	日本化工厂爆炸事故	丁二烯聚合物	√			√		√	√	√	√			√	√	√
20	染料厂气体泄漏事件	光气、氯化氢、氨气				√			√	√					√	√

续表

序号	事故名称	引发物质	原因							控制					受体	
			操作	动改	人为失误	设备腐蚀	储罐	爆炸	泄漏	监督管理不严	制度不完善	设计不合理	评价建议不到位	防范意识淡薄	人群	环境
21	农药厂光气泄漏中毒事故	酯化甲苯光气	√		√				√	√		√	√	√	√	√
22	化工厂氯气泄漏中毒事故	液氯		√	√				√	√	√	√		√	√	√
23	电化厂事故	液氯			√				√	√		√		√	√	√
24	有机化学厂泄漏事故	二氧化硫	√		√	√	√		√	√	√	√		√	√	√
25	化工厂液氯泄漏事故	液氯	√			√	√		√	√	√	√		√	√	√

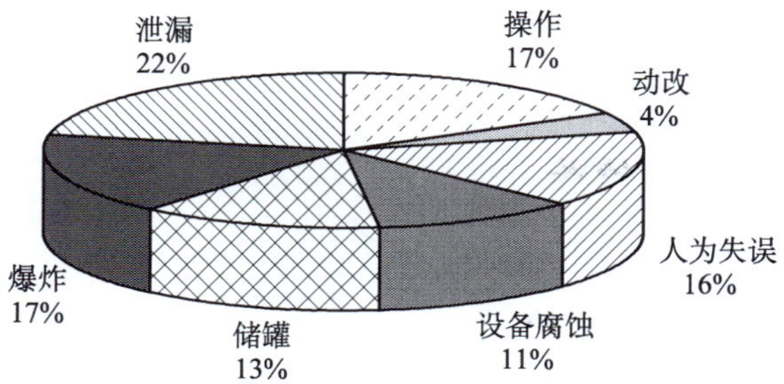

图 4-4　石油、化工事故发生原因饼图

二、环境隐患触发过程及概念模型

突发环境污染事故的直接根源动作是危险源的触发，造成危险因素扩散到介质中，在传播过程中危险因素未受到阻止或拦截力量过小，作用到周边环境敏感受体，从而对周边环境敏感受体造成危害。环境污染事故的发生不是单一因素造成的，而是各种因素综合作用的结果。环境污染事故的发生机理如图 4-5 所示。

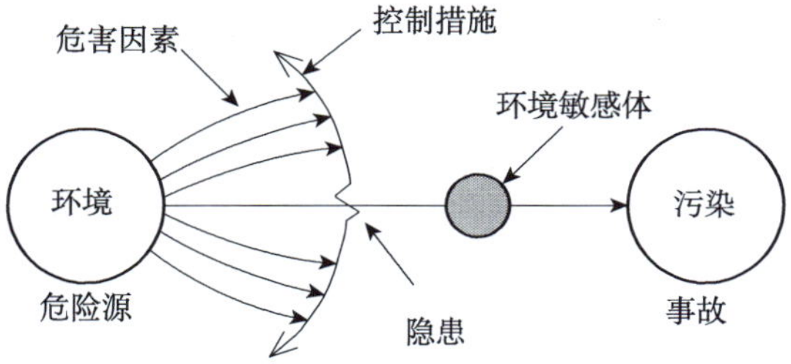

图 4-5　环境污染事故的发生机理

（一）事故触发特性

在化工生产活动中，人类为了让能量按人的意志在系统中传递、转换和做功，必须采取限制和屏蔽措施控制能量逸散，即控制危险源。而实际上这些控制措施在各种因素的作用下，可能造成屏蔽失效，那么，这种屏蔽失效就是一种触发因素。在触发因素的作用下，使系统能量逸散和失控，触发危险源转化为危险状态，进而转化为事故。而这些引起能量逸散失控转化为事故的触发因素为事故隐患。

（1）因果性

因果性指事故由相互联系的多种因素共同作用的结果。引起污染事故的原因是多方面的。在古希腊时代，亚里士多德首先对因果性进行了广泛的研究，认为要说明事物的存在，必须在现实事物之内找原因。当今社会，在安全和环境事故调查过程中，同样应弄清事故发生的因果关系，找到事故发生的主要原因，进而才能对症下药，如典型案例 4-1 所示。

典型案例 4-1：美国墨西哥湾原油泄漏事故（海上溢油事件）

2010 年 4 月 20 日，在美国路易斯安那州海岸 64km 处，英国石油公司租赁的“深水地平线”海上石油钻井平台在墨西哥湾水域发生爆炸并沉没，爆炸起火大约 36h 后，“深水地平线”沉入墨西哥湾，9 名钻台员工和 2 名工程师死亡，约 440 万桶原油流入墨西哥湾。

（1）事件因果性

英国石油公司在 9 月公布墨西哥湾漏油事件内部调查报告中称，漏油是由包括机械问题、人员判断失误及任务执行不当等多个失误共同引发。有评论认为最直接的原因是在事故油井发生爆炸后，作业人员试图启动用于油井出现意外时阻止原油泄漏的防喷阀没有成功，导致大量原油外泄。

（2）事件生态环境危害

漏油事件给整个墨西哥湾沿岸造成了巨大的生态灾难，最直接的就是墨西哥湾遭受大面积污染。路易斯安那州野生动物和渔业部称，浮油威胁到约 445 种鱼类、134 种鸟类和 45 种哺乳动物，以及 32 种爬行和两栖动物。到 6 月 2 日，墨西哥湾美国专属经济区内禁渔水域达 22.8 万 km^2，占该区域面积的 37%。漏油事件不仅直接打击墨西哥湾沿岸年产值为 18 亿美元的渔业，其影响还将延伸到美国其他地区，因为墨西哥湾地区提供的海产品占到全美消费的海产品总量的 15%。旅游业的损失同样巨大，密西西比州墨西哥湾旅游委员会透漏，取消的旅游订单已占订单总量的一半。

（2）潜伏性

事物的发展都要经历开始、发展、壮大、衰退、结束这个过程，这个过程必然要有一定的时间积累，事故各种诱因从量变到质变的过程也肯定有一定的时间积累，也就是说有些事故从表面上看是一种突发性事件，如化工、石化污染事故，实质上在事故发生之前，已经存在着一定的危险诱因，处于孕育状态和生长状态，经过一定的、没有被人察觉的潜伏期后，完成了量变到质变的转化，使人误认为是突发事故。这段时期，人、机、环境系统所处的这种状态是不稳定的，也就是说存在隐患，具有危险性。若此时有一触即发的因素出现，就会导致事故的发生，如典型案例 4-2 所示。

典型案例 4-2：紫金矿业污染事件

2010 年 7 月 3 日福建省上杭县紫金山（金）铜矿污水池水位异常下降，池内酸性含铜污水出现渗漏，导致 9100m^3 的污水顺着排洪涵洞流入汀江，汀江部分河段污染及大量养鱼死亡。

（1）事件的原因

事件的原因有以下三点：

一是企业防渗膜破损直接造成污水渗漏。经查，企业各堆浸场、富液池、贫液池、萃取池、防洪池、污水池均采用HDPE衬垫防渗膜作为防渗漏措施，但由于各堆场及各池底未进行硬化处理，防渗膜承受压力不均，导致各堆场及各溶液池底垫防渗膜均出现不同程度的撕裂，污水渗漏问题严重，加之近期紫金山矿区受持续强降雨影响，水大量聚集，污水池底部压力发生变化，致使7月3日污水池防渗膜发生突然破裂，污水大量渗入地下并外溢至汀江。

二是人为非法打通6号集渗观察井与排洪洞，致使渗漏污水直接进入汀江。调查发现，6号集渗观察井与排洪洞被人为非法打通，井内渗滤液涌水量超过回抽量时可直接通过排洪洞排入汀江。2009年9月福建省有关环保部门检查时发现排洪洞有超标污水排入汀江，要求企业立即进行整改，但直至本次事件发生企业仍未整改到位。

三是监测设备损坏致使事件未被及时发现。经调查，因设在企业下游的汀江水质自动在线监测设备损坏且未及时修复，致使事件发生后污染情况未能被及时发现。

（2）隐患潜伏

据村民称，村旁的汀江河里总能看到有死鱼出现。6月初，村民发现村旁汀江河的鱼死了很多，从上游随着河水冲下来的死鱼白花花的一片，死鱼最多的一天是6月15日。

当地居民猜测，死鱼一定与紫金矿业的污染有关。有一些居民开始划船打捞死鱼，有村民用了7天时间就打捞死鱼2000多千克，但根本不敢食用。

（3）可预防性

石油、化工行业的生产系统是一种人造系统，这种客观实际给预防事故提供了基本的前提。客观上，任何事故都是可以预防的。认识这一特性，对坚定信念、防止事故发生有促进作用。因此，预防事故的前提是探讨事故的因果关系，消除导致事故发生的原因，不仅要消除物质方面、人的方面的原因（如典型案例4-3所示），而且特别要注意克服管理方面的缺欠，消除因管理不善而导致发生事故的各种原因。从根本上消除事故发生的隐患，把突发环境污染事故的发生降低到最小限度。

典型案例 4-3：北京市怀柔区京都黄金冶炼有限公司氰化氢泄漏

2004 年 4 月 20 日 18 时许，位于怀柔区雁栖镇的北京市京都黄金冶炼有限公司发生了氰化氢泄漏事故，造成现场操作工人 3 人死亡，1 人中毒，抢救中毒人员过程中由于处置不当又造成数人中毒，共计造成 3 人死亡，18 人中毒。现场救援部门将 60 余名学生及其他群众共计 210 人全部疏散到安全地点。

（1）工艺情况

该厂采用湿法冶炼工艺，工艺设备属于国内先进水平。其主要生产工艺流程为原矿石—破碎—磨矿—氰化浸出—吸附—解吸电积、冶炼铸锭、尾矿压滤—尾矿库存放。由于生产过程中含氰溶液中有杂质不断积累，会降低浸金效率，因此必须定期净化除杂。该厂是采用酸化处理，其方法是向含氰贫液中加入浓硫酸，将贫液的 pH 降至 2.8 ～ 3，使杂质沉淀，这时候贫液中的氰化钠生成氰化氢（沸点仅 26℃，极易挥发），然后再对挥发的氰化氢用氢氧化钠碱液（NaOH）中和吸收，使游离的氰化氢还原成氰化钠溶液后返回工艺流程中浸金使用。上述过程全部是在密闭系统中循环进行的，正常情况下氰化氢气体不可能发生泄漏。

（2）事故原因

经现场勘查，事故发生的原因是在酸化过程中，操作人员在中间槽内加碱量不足，导致含有大量氰化氢的酸性溶液流入敞开的泵槽，而循环泵未及时开启，致使含有氰化氢的酸性溶液由泵槽向外大量溢出，产生的氰化氢蒸气浓度很高，且事发地通风不畅，造成工作人员中毒。事故中心区染毒面积大约 $250m^2$，染毒浓度为 45 ～ $150mg/m^3$。

（二）环境隐患分级方法

一般情况下，我们把造成能量逸散失控的触发因素的主要原因可归纳为人的差错、物的原因、环境条件及管理缺陷。把人、机、环境匹配上的缺陷称为事故的直接隐患，把管理缺陷称为间接隐患。

概括起来主要有以下三类：①根据同系统或类似系统的以往事故经验教训，指定分类等级；②利用安全系数或安全阈值来评价危险性；③评价者根据过去的经验，按自己的见解，指定一系列数值尺度评价危险性。

环境隐患的分级属于风险评价的范畴，常见的风险分级方法有概率风险评价法、伤害（或破坏）范围评价法和危险指数评价法。

伤害（或破坏）范围评价法用于分析事故对人员的伤害范围或对环境的破

坏范围，没有对污染程度进行评价，因此不能够对环境隐患进行全面的评价以获得可靠的分级结果。

概率风险评价法是建立在大量的实验数据和事故统计分析的基础之上，可以评价不同致因因素的可能性，评价结果的可信程度较高，但是该类方法要求数据准确、充分，特别需要准确给出基本致因因素发生的概率，概率分析的工作量大，难以评价复杂、存在不确定因素的系统。

危险指数评价法通过构建指数模型，使得复杂、难以用概率计算隐患可能性的问题，通过划分为若干个功能单元的办法得到解决。该方法针对评价单元逐步推算事故的可能损失、事故各类致因因素的危险性，以及采取的防控措施的有效性，再比较不同评价单元的评价结果，进而确定不同单元隐患的危险性。

层次分析法是20世纪70年代中期由美国著名运筹学家匹兹堡大学教授萨蒂提出的，它合理地将定性与定量的决策结合起来，按照思维、心理的规律将决策过程层次化、数量化，被广泛应用于环境风险的评估。进行层次分析法计算的主要步骤如图4-6所示，虚线框内部的判断计算由计算机辅助完成，当两两比较矩阵不能通过一致性检验时，需对矩阵进行调整。

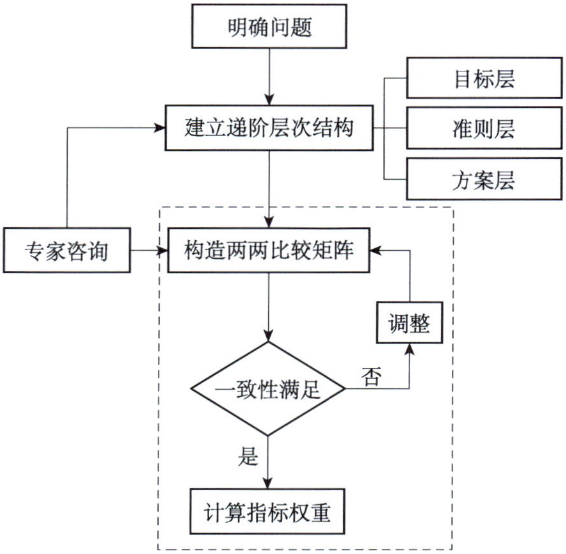

图4-6 计算流程图

（三）石油、化工行业环境隐患分级概念模型

1. 评价单元的确定

以化工园区中涉及生产、储存和使用危险化学品的独立的装置系统或库区

为分级单元进行评估。

2. 概念模型

石油、化工行业环境隐患的危险程度通常取决于四个要素，如图 4-7 所示。第一是危险源的自身特性，这包括危险化学品有毒有害的程度及量的大小，有毒有害程度高的化学品即使较小的量也有可能造成大的环境污染危害，而有毒有害程度较低的物质如果量很大也有可能造成大的环境污染危害。第二是装置单元存在的安全状态，这与决定危险化学品的生产装置、储存设备等的运行、控制状态，以及使用者的环境意识等种种因素有关，安全状态好的单元，其危害性再大也不易发生环境污染事故，相反，安全状态差的单元则易发生事故导致环境污染事件。第三是环境阻断现状，环境阻断越完善的单元，其发生环境污染事故的可能性越小，并且事故发生后，能够及时采取相应的应急措施，降低事故对环境的危害。第四是单元的周边环境状况，周边环境敏感受体越多，易损性和价值越大，一旦发生污染事故其危害程度就越高，反之亦然。

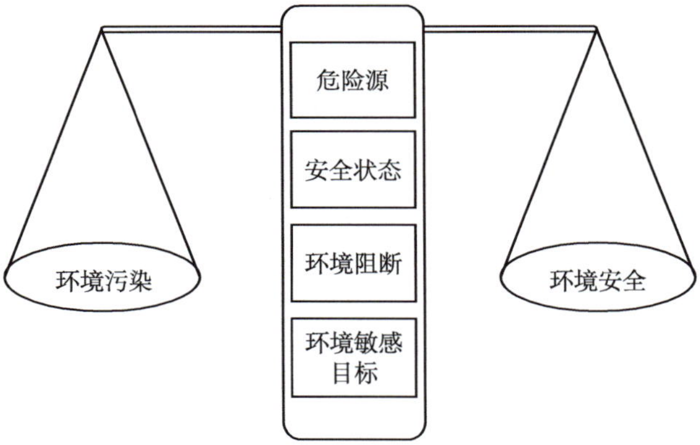

图 4-7　环境污染与环境安全指标示意图

基于以上分析，根据石油、化工行业环境隐患危险程度的四个影响要素，构建环境隐患概念模型，可由下述公式表达：

$$HD=f(Ha,\ Sa,\ Eb,\ Er)$$

式中，HD 为评价单元的环境隐患；Ha 为评价单元自身的危险特性；Sa 为评价单元的安全状态；Eb 为评价单元对应于外界环境的阻隔手段；Er 为周边的环境敏感受体状况；f 为 Ha、Sa、Eb 和 Er 四个自变量的函数。

（1）危险源 Ha

本节所指危险源为根据2004年12月11日国家环境保护总局发布实施的《建设项目环境风险评价技术导则》（HJ/T169−2004）的有关规定，长期或短期生产、加工、运输、使用或储存危险物质，且危险物质的数量等于或超过临界量的功能单元。危险源具有毒性、燃烧危险、反应活性等特性。

$$Ha=f(P, F, I, \cdots)$$

式中，P 为危险源的毒性；F 为危险源的燃烧危险；I 为危险源的反应活性。

1）毒性（P）：指外源危险源与机体接触或进入体内的易感部位后，能引起损害作用的相对能力，对机体的损害能力越大，其毒性就越高。

2）燃烧危险（F）：指是否存在火灾的威胁，其发生火灾的程度，一般包括不燃、可燃、易燃等，即是在何种温度、何种压力下燃烧。其引发的条件越易见，其燃烧危险就越大。

3）反应活性（I）：指危险源的稳定性，如在常温常压下，自身能迅速发生爆轰、爆炸性分解或爆炸性反应或者在常温常压下对局部受热和机械撞击敏感的物质都是极不稳定的。

（2）安全状态 Sa

安全状态为评估单元本身的安全性，可以包括设备安全状态（EQS）、生产工艺状态（PTS）与人的安全状态（PSS）三部分。

$$Sa=f(EQS, PTS, PSS)$$

$$EQS=f(u_1, u_2, \cdots, u_n)$$

$$PTS=f(v_1, v_2, \cdots, v_n)$$

$$PSS=f(a_1, a_2, \cdots, a_n)$$

式中，u、v、a 代表相关的影响因素。

1）设备安全状态（EQS）：如在设计方面疏忽或遗漏，采用的标准有误使得设计偏离使用；或者在使用方面超负荷使用，磨损、腐蚀、泄漏；或者缺乏定期维护及检验，检修前未彻底吹扫等都是设备的不安全状态。

2）生产工艺状态（PTS）：在生产工艺投产运行前设计的生产技术不成熟，某些高危生产由人工现场操作；缺乏监控措施，难以控制进料速度、反应速度与反应温度；警告设置不合理或报警失效等都是生产工艺的不安全状态。

3）人的安全状态（PSS）：有学者统计石化事故起因中，人的不安全因素占首位，可以说人的不安全因素是石油、化工生产系统中主要的事故隐患。人的行为受自身素质、性格和外界条件的影响，难以预知其规律，也使得人的不安全因素难以准确地分析和预测，但是人的不安全因素是不能忽视的。

（3）环境阻断 Eb

环境管理、污染处置技术与设施（包括工艺处置与控制技术）等方面的缺陷都可能导致事故范围扩大，危及环境。

$$Eb=f(EMS, EES, SES)$$

$$EMS=f(m_1, m_2, \cdots, m_n)$$

$$EES=f(n_1, n_2, \cdots, n_n)$$
$$SES=f(b_1, b_2, \cdots, b_n)$$

式中，m、n、b 代表相关的影响因素。

1）环境管理（EMS）：英国曼彻斯特大学心理学家Reason认为，在事故的所有贡献因素中，危险最大的是系统中最不容易察觉的管理错误，即管理隐患。可以通过管理制度的执行程度、操作规程的完善程度、环境安全责任制的普及，以及应急预案和应急处理能力等进行体现。

2）环保设施（EES）：如是否配有三废处理装置，其装置是否是全程运行的，以及是否有排口的在线监测系统和记录，维护检查记录都是环保设施方面的隐患问题。

3）安全设施（SES）：在源头阻断事故的发生，包括自动控制系统、紧急切断装置及视频监控等安全设施。

（4）环境敏感目标Er

$$Er=f(x_1, x_2, x_3)$$

1）保护区（x_1）：保护区包括自然保护区、风景名胜区、世界文化和自然遗产地、饮用水水源保护区。

2）敏感与脆弱区（x_2）：敏感与脆弱区包括基本农田保护区、基本草原、森林公园、地质公园、重要湿地、天然林、珍稀濒危野生动植物天然集中分布区、重要水生生物的自然产卵场及索饵场、越冬场和洄游通道、天然渔场、资源型缺水地区、水土流失重点防治区、沙化土地封禁保护区、封闭及半封闭海域、富营养化水域。

3）社会关注区（x_3）：社会关注区是以居住、医疗卫生、文化教育、科研、行政办公等为主要功能的区域，文物保护单位，具有特殊历史、文化、科学、民族意义的保护地。

3. 分级

参照《国家突发环境事件应急预案》中对突发环境事件的分级标准，将企业环境隐患也分为4个等级，即存在破坏性的环境隐患（Ⅰ级）、存在危险的环境隐患（Ⅱ级）、较安全的环境状态（Ⅲ级）和安全的环境状态（Ⅳ级）。

其中，Ⅳ级属允许接受范围；Ⅲ级要列入石油、化工企业环境隐患防范范围，如企业资金许可即列入整改范围内；存在Ⅱ级、Ⅰ级隐患的企业或单位需由专门机构对其环境隐患进行全面评估，并经专家评审后形成正式评估报告，落实隐患整改措施。凡存在环境隐患的企业或单位均需由专门机构对其隐患整改情况，以及环境风险应急救援预案的制定、演练和维护实行定期跟踪、监察和检查。

第三节 化工园区环境隐患排查

一、化工园区环境隐患排查主体

生产经营的企业和环保部门是隐患排查的两个主体，环境隐患排查以企业自查和环保部门督查相结合的方式进行。不同级别的企业应由相应级别的环保部门负责环境隐患的排查，环保部门分为三级，分级标准如下。

企业（或事业）单位出现以下情形之一时为Ⅰ级，由省级环保部门组织排查：

1）《统计上大中小型企业划分办法（暂行）》规定的大型石油化工企业。

2）周边存在特殊敏感保护目标的企业，特殊敏感保护目标包括学校、图书馆、医院、疗养院、养老院、有历史价值的建筑物、特殊生境等。

3）企业主要危险化学品中存在依据《职业性接触毒物危害程度分级》中表1和表2所判定的极度危害和高度危害的化学品，或存在依据《建设项目环境风险评价技术导则》（HJ/T169-2004）附录一表1所判定的剧毒物质。

4）发生事故后极易造成跨省级行政区、跨领域（行业和部门）的环境污染事故的企业。

企业（或事业）单位出现以下情形之一时为Ⅱ级，由市级环保部门组织排查：

1）《统计上大中小型企业划分办法（暂行）》规定的中型石油化工企业。

2）周边存在重要敏感保护目标的企业，重要敏感保护目标包括居民区、自然保护区、风景名胜区、饮用水水源保护区等。

3）主要危险化学品中存在依据《职业性接触毒物危害程度分级》中表1和表2所规定的中度危害的化学品的企业。

4）发生事故后极易造成跨市、跨地级行政区的环境污染事故的企业。

企业（或事业）单位出现以下情形之一时为Ⅲ级，由县级环保部门组织排查：

1）《统计上大中小型企业划分办法（暂行）》规定的小型石油化工企业。

2）周边不存在特殊和重要敏感保护目标的其他企业。

3）主要危险化学品中存在《职业性接触毒物危害程度分级》中表1和表2所规定的轻度危害的化学品的企业。

4）发生事故后极易造成县、乡行政区的环境污染事故的企业。

二、化工园区环境隐患排查内容

（一）调查方法与技术路线

环境隐患调查采用普查和详查相结合的方式进行，首先通过普查摸清调查区域内各类污染单位的基本信息，在同类污染企业中，选择污染物排放量大、影响范围广、危害程度大的企业作为重点调查对象进行详查。调查的依据是环境隐患调查表，便于进行数字化管理。环境隐患调查的技术路线如图 4-8 所示。

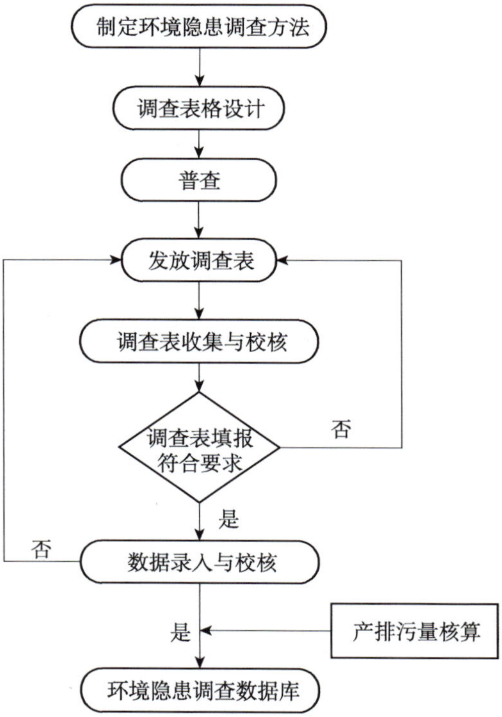

图 4-8　环境风险调查的技术路线

调查表的设计应全面反映调查对象的基本情况，做到不重复、不遗漏。根据隐患分级方法，利用调查表进行规范的环境隐患调查内容包括以下方面。

1. 危险源方面

企业基本情况登记；企业风险源登记（生产与存储车间、生产与存储设备、工艺流程等）；企业危险化学品登记（原辅料用量、产品产量）。

2. 安全状态

车间设备管理登记；员工环境安全管理、教育培训登记。

3. 环境阻断

风险防范与减缓措施的登记；污染事故应急处置措施与事故污染物排放去向等的登记；应急监测计划登记；区域风险救援物资储备、周围其他企业和社会救援力量、可利用的应急疏散道路和避难所等方面信息的登记。

4. 环境敏感目标

区域社会、经济、环境及敏感保护目标（人口密集区、饮用水水源、江河湖海、自然保护区、风景名胜区、交通干线等）登记。

（二）查表的设计

根据石油、化工行业环境隐患分级研究方法，设计石油、化工行业环境隐患调查套表（表 4-4），主要分为五大类：①企业基本情况，包括位置信息、经济规模、登记注册类型、行业分类、所有制、事故发生情况等；②主要产品、主要有毒有害原辅材料消耗量；③设备设施、工艺流程和人员管理的状况；④环境管理与应急，以及“三废”产排污和治理情况；⑤周边环境保护目标的分布情况。

表 4-4　石油、化工行业环境隐患调查套表

表号	名称
F101	环境隐患调查单位基本情况表
F201	企业危险品调查表
F202	危险固废产生和处置情况调查表
F301	企业环境隐患单元调查表
F302	企业人员管理状况表
F401	企业环境风险防范措施调查表
F402	风险应急和救援资源调查表
F403	风险应急指挥系统调查表
F404	废水处理设施调查表
F405	废水污染物产生和排放情况调查表
F406	废气处理设施调查表
F407	废气污染物产生和排放情况调查表
F501	水环境状况及环境保护目标调查表
F502	大气环境状况及环境保护目标调查表

1. 环境隐患调查单位基本情况表［F101］

环境隐患调查单位基本情况表的调查项目见表 4-5，主要指标的界定及填报

时的注意事项如下：

表 4-5 环境隐患调查单位基本情况表的指标设置

序号	指标名称	序号	指标名称
1	单位名称	10	企业规模
2	单位法人代码	11	建厂时间
3	法定代表人	12	最新改扩建时间
4	单位所在地的行政区划	13	年运行天数
5	地理坐标	14	日运行小时数
6	所在工业园区的名称	15	厂区面积
7	联系方式	16	环评审批文号
8	行业类别	17	“三同时”竣工验收文号
9	登记注册类型	18	环保事故发生情况

单位名称：指经有关部门批准正式使用的单位全称，以工商部门登记或法人登记的名称为准。凡经登记主管机关核准或批准，具有两个或两个以上名称的单位，只填写一个法人单位名称，同时用括号注明其余的单位名称。

单位法人代码：指根据国家标准《全国组织机构代码编制规则》（GB11714-1997），由组织机构代码登记主管部门给每个企业、事业单位、机关、社会团体和民办非企业单位颁发的在全国范围内唯一的、始终不变的法定代码。参照技术监督部门颁发的《中华人民共和国组织机构代码证》上的代码填写。

地理坐标：指调查对象厂区中心的经纬度。该地理坐标在地理信息系统中用于唯一标识环境风险源，其准确程度直接关系到环境风险预警的可靠性。由调查单位提供的地理坐标，往往由于使用的测定方法、工具的不同，数据的准确性难以保证，因此调查对象的地理坐标应由调查人员采用统一的工具进行测定。

行业类别：根据企业从事的社会经济活动性质对企业所处的行业进行分类。一般按正常生产情况下生产的主要产品（在工业总产值中占比重较大的产品及重要产品）的性质，把整个企业划入某一工业行业小类内。行业代码参照国家标准《国民经济行业分类》（GB/T4754-2002），由调查机构统一进行填写。

登记注册类型：按照调查对象在工商行政管理机关登记注册的类型，由调查机构统一进行填写。划分的依据为国家统计局、国家工商行政管理局制定的《关于划分企业登记注册类型的规定》（国统字［1998］200 号），包括内资企业、港澳台商投资企业和外商投资企业三类。

企业规模：按照国家统计局颁发的《统计上大中小型企业划分办法（暂行）》（国统字［2003］17 号），以企业从业人员数、销售额和资产总额三项指标为划分依据将调查对象划分为大、中、小型企业。

环保事故发生情况：需要调查了解的内容包括：环保事故发生和结束的时

间；事故发生的工段；事故的财产损失、人员伤亡和影响范围；事故的处置和发生后采取的整改措施；事故的经验教训。

2. 企业危险品调查表［F201］

石油、化工行业企业危险品调查表调查的主要内容为：主要产品的名称及其年产量；主要原辅材料的名称、实际年消耗量；风险物质的有害特性、储存方式和最大储存能力。指标设置情况见表 4-6，重点关注有毒有害物质、易燃物质、易爆物质、活性化学物质等，见《危险化学品名录（2002 版）》。

表 4-6 企业危险品调查表

序号	指标名称	序号	指标名称
一、主要产品（含副产品和中间体）			
1	产品名称	4	储存方式
2	产品代码	5	最大储存量
3	实际产量	6	有害特性
二、主要原辅材料			
1	原辅材料名称	4	储存方式
2	原辅材料代码	5	储存量
3	实际消耗量	6	有害特性

3. 危险固废产生和处置情况调查表［F202］

危险固废是指列入《国家危险废物名录》或根据国家规定的危险废物鉴别标准和认定方法认定的，具有爆炸性、易燃性、易氧化性、毒性、腐蚀性或者感染性等一种或者几种危险特性的固体物质。

危险固废产生和处置情况调查表（表 4-7）中，需详细填写危险固废的运输和处置单位，用以判断危险固废的处置单位是否具备相应的资质，以及危险固废的运输是否有可能对沿途的环境敏感受体造成危害。

表 4-7 危险固废产生和处置情况调查表指标设置

<table>
<tr><th>序号</th><th colspan="2">指标名称</th><th>序号</th><th colspan="2">指标名称</th></tr>
<tr><td>1</td><td rowspan="2">危险固废</td><td>名称</td><td>8</td><td colspan="2">厂内临时储存量（t）</td></tr>
<tr><td>2</td><td>代码</td><td>9</td><td colspan="2">厂内储存方式</td></tr>
<tr><td>3</td><td colspan="2">主要危险成分</td><td>10</td><td rowspan="3">危险固废处置单位</td><td>名称</td></tr>
<tr><td>4</td><td rowspan="3">废物特征</td><td>颜色</td><td>11</td><td>经营许可证号</td></tr>
<tr><td>5</td><td>形态</td><td>12</td><td>地址</td></tr>
<tr><td>6</td><td>包装方式</td><td>13</td><td rowspan="2">危险固废运输单位</td><td>名称</td></tr>
<tr><td>7</td><td colspan="2">产生量（t/d）</td><td>14</td><td>车（船）型</td></tr>
</table>

4. 企业环境隐患单元调查表［F301］

企业环境隐患单元调查表主要指标的界定及填报（表4-8）时的注意事项如下。

表 4-8 企业环境隐患单元调查表指标设置

<table>
<tr><th>序号</th><th colspan="2">指标名称</th><th>序号</th><th colspan="2">指标名称</th></tr>
<tr><td colspan="6">一、生产区</td></tr>
<tr><td>1</td><td colspan="2">生产工艺简述</td><td rowspan="2">5</td><td rowspan="2">风险特征</td><td>反应条件高温高压</td></tr>
<tr><td>2</td><td colspan="2">厂区平面布置图</td><td>反应物质泄漏</td></tr>
<tr><td>3</td><td colspan="2">主要隐患设备</td><td>6</td><td colspan="2">有害特性</td></tr>
<tr><td>4</td><td colspan="2">所在生产单元</td><td></td><td colspan="2"></td></tr>
<tr><td colspan="6">二、储罐区</td></tr>
<tr><td>1</td><td colspan="2">产品/原辅料名称</td><td>3</td><td colspan="2">有无氮封</td></tr>
<tr><td rowspan="3">2</td><td rowspan="3">储罐形式</td><td>固定顶</td><td>4</td><td colspan="2">储罐规格</td></tr>
<tr><td>浮顶</td><td>5</td><td colspan="2">储罐数量</td></tr>
<tr><td>卧式</td><td></td><td colspan="2"></td></tr>
</table>

生产工艺简述：简述企业生产工艺流程，突出主要风险设备的运行和风险物质的使用、产生等重要环节。通过工艺流程图可以确定污染物产生和排放的环节、主要的污染因子，从而为物料衡算核定污染物排放情况提供依据。

厂区平面布置图：图示主要的生产装置、公用工程、污染源位置（排气筒、排污口、固废储存场地）等。为了尽可能地直观显示环境风险的存在和分布情况，突出风险物质的储存地（包括储罐区、危险化学品等）、风险设备的位置、危险废物储存地、应急设施的位置（包括事故池、应急物资堆放地、救援/疏散通道等），以及雨水、清下水、污水的收集和排放管网，管道输送风险物质的阀门、加（减）压站的位置等。

储罐形式：按结构将储罐分为固定顶储罐、浮顶储罐和卧式储罐。浮顶储罐又细分为外浮顶储罐和内浮顶储罐，浮顶储罐是由漂浮在介质表面上的浮顶和立式圆柱形罐壁所构成，浮顶随罐内介质储量的增加或减少而升降，因而罐内介质始终被内浮顶直接覆盖，从而减少介质挥发。相比而言，固定顶储罐的无组织排放要大得多，无组织排放的形式为大、小呼吸。

大呼吸是指储罐进出料时的呼吸。储罐进料时，由于液面逐渐升高，气体空间逐渐减小，罐内压力增大，当压力超过呼吸阀控制压力时，一定浓度的物料蒸汽便从呼吸阀呼出；而当出料时，由于液面不断降低，气体空间逐渐减小，罐内压力减小，当压力小于呼吸阀控制真空度时，储罐开始吸入新鲜空气，因液面上方空间物料混合气没有达到饱和，促使物料蒸发加速，待重新饱和后，罐内压力再次上升，造成部分物料蒸汽从呼吸阀呼出。

储罐在没有进出料作业的情况下，随着外界气温、压力在一天内的升降周期变化，罐内气体空间温度、物料蒸发速度、物料蒸汽浓度和压力也会随之变化，此种情况下物料蒸汽的排出方式为小呼吸。

5. 企业人员管理状况表［F302］

企业人员管理状况的主要指标见表 4-9。

表 4-9　企业人员管理状况表

序号	指标名称	序号	指标名称
1	外来人员的环保知识培训、合格上岗	4	现场职业危害因素检测
2	指定特种作业管理制度	5	职业健康监护档案
3	特种作业人员持证上岗	6	员工工作时长（平均加班时长）

6. 企业环境风险防范措施调查表［F401］

风险防范和应急是企业环境风险管理的两大重要内容，其中又以风险防范为主，以便从源头上遏制环境污染事故的发生。为了降低环境风险，除了在风险单元周边设置围堰、地沟、地面防渗，以及排水缓冲池和事故应急池外，还需要建设完备的泄漏监控和报警系统。

风险单元名称：至少应包括一个（套）危险物质的主要生产装置、设施（储存容器、管道等）及环保处理设施，或同属一个工厂且边界距离小于 500m 的几个（套）生产装置、设施。每一个风险单元要有边界和特定的功能，在泄漏事故中能有与其他单元分割开的地方。按生产场所和储罐区分别进行填写（表 4-10）。

表 4-10　企业环境风险防范措施调查表指标设置

序号	指标名称		序号	指标名称
1	风险单元名称		11	清下水排放切换阀门
2	有无围堰		12	废水排放在线监测仪
3	有无地沟		13	废水监测是否接入远程监控网络系统
4	有无地面防渗		14	排气筒名称
5	气/液体泄漏侦测、报警系统		15	废气排放在线监测仪
6	是否接入远程监控网		16	废气监测是否接入远程监控网络系统
7	事故应急池		17	有无风险评价
8	事故应急池建设方式	单独建设	18	有无应急预案
		与原水池合建	19	是否定期环境应急培训和演练
9	清下水排水缓冲池		20	培训和演练的频率
10	清下水在线监测仪			

7. 风险应急和救援资源调查表［F402］

应急和救援资源分为应急救援设施（备）和应急救援物资（表 4-11）。常见的应急救援设施（备）包括医疗救护仪器、个人防护装备器材、消防设施、堵漏收集器材、应急交通工具、应急监测设备等；应急救援物资是指发生突发环境事件时，处理泄漏物，消解和吸收污染物的各种吸附剂、中和剂等，如黄沙、隔油棉、活性炭、干锯末、石灰、吸油毡、围油栏、消油剂等。

表 4-11　风险应急和救援资源调查表指标设置

序号	指标名称	序号	指标名称
一、应急救援设施（备）			
1	设施名称	4	外部供应单位的名称
2	数量	5	外部供应单位的联系方式
3	设施来源		
二、应急救援物资			
1	物资名称	4	外部供应单位的名称
2	数量	5	外部供应单位的联系方式
3	物资来源		

8. 风险应急指挥系统调查表［F403］

风险应急指挥系统分为厂内应急指挥系统和应急救援队伍及外部应急救援力量（表 4-12）。厂内应急指挥系统应急救援队伍包含的部门包括总经理、副总经理、生产部、安全环保部、维护部、物流部、人力资源部、医务室、保安等；外部应急救援力量包括医院 / 急救中心、消防队、环保局、公安局等。

表 4-12　风险应急指挥系统调查表指标设置

序号	指标名称	序号	指标名称
一、厂内应急指挥系统和应急救援队伍			
1	部门/成员名称	4	值班电话
2	职能	5	手机
3	责任人姓名	6	是否接受区域统一调遣
二、外部应急救援力量			
1	单位名称	2	值班电话

9. 废水处理设施调查表［F404］

常见的废水处理方法主要分为五大类：物理处理法、化学处理法、物理化学处理法、生物处理法、组合工艺处理法。通过广泛的文献调研和专家咨询，对废水处理方法进行细分，并针对每种处理方法和污染物指定唯一的代码，详见表 4-13 和表 4-14。废水处理设施调查表指标设置见表 4-15。

表 4-13　废水处理方法和代码

代码	废水处理方法名称	代码	废水处理方法名称	代码	废水处理方法名称
1000	物理处理法	3600	其他	4330	A2/O工艺
1100	过滤	4000	生物处理法	4340	A/O2工艺
1200	离心	4100	好氧生物处理	4400	其他
1300	沉淀分离	4110	活性污泥法	5000	组合工艺处理法
1400	上浮分离	4111	普通活性污泥法	5100	物理＋化学
1500	其他	4112	高浓度活性污泥法	5200	物理＋生物
2000	化学处理法	4113	接触稳定法	5210	物理＋好氧生物处理
2100	化学混凝法	4114	氧化沟	5220	物理＋厌氧生物处理
2110	化学混凝沉淀法	4115	SBR	5230	物理＋组合生物处理
2120	化学混凝气浮法	4120	生物膜法	5300	化学＋物化
2200	中和法	4121	普通生物滤池	5400	化学＋生物
2300	化学沉淀法	4122	生物转盘	5410	化学＋好氧生物处理
2400	氧化还原法	4123	生物接触氧化法	5420	化学＋厌氧生物处理
2500	其他	4200	厌氧生物处理法	5430	化学＋组合生物处理
3000	物理化学处理法	4210	厌氧滤器工艺	5500	物化＋生物
3100	吸附	4220	上流式厌氧污泥床工艺	5510	物化＋好氧生物处理
3200	离子交换	4230	厌氧折流板反应器工艺	5520	物化＋厌氧生物处理
3300	电渗析	4300	厌氧/好氧生物组合工艺	5530	物化＋组合生物处理
3400	反渗透	4310	两段好氧生物处理工艺	5600	其他
3500	超过滤	4320	A/O工艺		

表 4-14 表 4-14　废水处理的主要污染物

代码	污染物名称	代码	污染物名称	代码	污染物名称
1010	生化需氧量	1011	化学需氧量	1020	汞
1022	镉	1023	总铬	1024	六价铬
1026	砷	1027	铅	1060	氨氮
1070	氰化物（总氰化合物）	1080	石油类	1110	挥发酚
1990	其他水污染物				

表 4-15　废水处理设施调查表指标设置

<table>
<tr><th>序号</th><th colspan="2">指标名称</th><th>序号</th><th>指标名称</th></tr>
<tr><td colspan="5">一、处理设施基本情况</td></tr>
<tr><td>1</td><td rowspan="2">废水处理设施</td><td>编号</td><td>4</td><td>运行小时（h/a）</td></tr>
<tr><td>2</td><td>名称</td><td>5</td><td>废水实际处理量（t/d）</td></tr>
<tr><td>3</td><td colspan="2">设计处理能力（t/d）</td><td>6</td><td>排水去向代码</td></tr>
<tr><td colspan="5">二、处理方法及主要污染物</td></tr>
<tr><td>1</td><td rowspan="2">处理的废水污染源名称</td><td>编号</td><td>3</td><td>处理方法</td></tr>
<tr><td>2</td><td>名称</td><td>4</td><td>处理的主要污染物</td></tr>
</table>

10. 废水污染物产生和排放情况调查表［F405］

在“三废”污染物排放情况的调查中，污染物排放量的核算方式有实际监测、产排污系数和物料衡算三种方法。核算时以实际监测和产排污系物法为主，物料衡算法只在上述两种方法无法采用时使用。

（1）实际监测法

实际监测法是根据实际监测普查对象产生和外排废水、废气（流）量及其污染物浓度，计算出废气、废水排放量及各种污染物的产生量和排放量。

监测数据包括普查监测数据、历史监测数据和在线监测数据。其中，历史监测数据包括环保部门对该企业进行监督的监测数据（简称监督监测数据）、建设项目环保竣工验收监测数据（简称验收监测数据）、企业委托监测数据和企业自测数据。普查监测数据、监督监测数据由当地普查机构提供。

监测数据优先采用的顺序为：普查监测 > 历史监测 > 在线监测，进一步的，历史监测数据优先采用的顺序为：监督监测 > 验收监测 > 委托监测 > 企业自测。另外，对于近 3 年内的监测数据，优先采用最近 1 年的数据，如最近 1 年没有符合要求的监测数据，可逐年后推，最多推至第 3 年。

（2）产排污系数法

产排污系数法是指根据《第一次全国污染源普查工业污染源产排污系数手册》提供的工业行业产排污系数，核算普查对象污染物的产生量和排放量。根据产品、生产过程中产排污的主导生产工艺、技术水平、规模等，选用相对应的产排污系数，结合本企业原辅材料消耗、生产管理水平、污染治理设施运行情况，确定产排污系数的具体取值。对于《第一次全国污染源普查工业污染源产排污系数手册》中没有涉及的行业，可根据企业生产采用的主导工艺、原辅材料，类比采用相近行业的产排污系数进行核算。

（3）物料衡算法

物料衡算法是指根据物质质量守恒原理，对生产过程中使用的物料变化情况进行定量分析的一种方法。物料衡算的基本公式如下：

投入物料量总和＝产出物料量总和＝主副产品和回收及综合利用的物质量总和 + 排出系统外的废物质量（包括可控制与不可控制生产性废物及工艺过程的泄漏等物料流失）

废水污染物产生和排放情况调查表（表 4-16）中的“数据来源”即是污染物排放量的核算方式，其作用是标明数据的来源途径，以便对数据的准确性进行考证（表 4-17）。

表 4-16　废水污染物产生和排放情况调查表指标设置

序号	指标名称		序号	指标名称
1	数据来源		7	处理设施名称
2	废水污染源名称		8	去除率（%）
3	废水量		9	排放去向类型代码
4	主要污染物	污染物名称	10	受委托处理单位名称
5		产生量（kg/d）	11	联系方式
6		排放量（kg/d）		

表 4-17　废水排放去向类型代码

代码	排水去向类型	代码	排水去向类型
A	直接进入海域	F	直接进入污灌农田
B	直接进入江河湖、库等水环境	G	进入地渗或蒸发地
C	进入城市下水道（再入江河、湖、库）	H	进入其他单位
D	进入城市下水道（再入沿海海域）	L	工业废水集中处理厂
E	进入城市污水处理厂	K	其他

11. 废气处理设施调查表［F406］

常见的工艺废气净化方法和废气处理中的主要污染物见表 4-18。废气处理设施调查表（表 4-19）与废水处理设施调查表类似。

表 4-18　废气处理工艺

工艺废气净化方法					
代码	净化方法名称	代码	净化方法名称	代码	净化方法名称
J1	冷凝法	J4	直接燃烧法	J7	催化还原法
J2	吸收法	J5	催化燃烧法	J8	冷凝净化法
J3	吸附法	J6	催化氧化法	J9	其他净化方法
废气处理的主要污染物					
代码	污染物名称	代码	污染物名称	代码	污染物名称
2001	烟尘	2002	二氧化硫	2003	氮氧化物
2006	氟化物	2100	粉尘	2099	其他气污染物

表 4-19　废气处理设施调查表指标设置

序号	指标名称		序号	指标名称	
一、处理设施基本情况					
1	废气处理设施名称	编号	5	废气实际处理量（万m^3/a）	
2		名称	6	处理的废气污染源名称	编号
3	设计处理能力（m^3/h）		7		名称
4	运行小时（h/a）				
二、处理方法及主要污染物					
1	废气处理设施编号		3	处理的主要污染物	
2	处理方法				

12. 废气污染物的产生和排放情况调查表［F407］

正常工况下废气污染物的排放方式分为有组织排放和无组织排放。有组织排放指的是污染物经过排气筒或高空烟囱等的有组织排放。无组织排放是指污染物不经过排气筒或高空烟囱等的无规则排放。常见的无组织排放源见表 4-20。

表 4-20 废气无组织排放源

位置	无组织排放方式	排放源
储罐区	“大呼吸”和“小呼吸”过程	如固定顶储罐、浮顶罐等
生产装置区	易逸散废气的工艺过程；管道、设备的“跑冒滴漏”等	如常减压蒸馏、脱臭、萃取等工艺过程中的反应容器及其他易导致气体散发的反应装置
装卸区	“类大呼吸”和残留化学品挥发	槽罐、装卸鹤嘴等
污水预处理装置	易逸散废气的处理工艺过程	收集池、酸化处理池、好氧厌氧池、污泥处理装置等

废气污染物产生和排放情况调查表按有组织排放和无组织排放分别进行调查，调查项目见表 4-21。

表 4-21 废气污染物产生和排放情况调查表指标设置

<table>
<tr><th>序号</th><th colspan="2">指标名称</th><th>序号</th><th colspan="2">指标名称</th></tr>
<tr><td colspan="6">一、有组织废气的产生和排放</td></tr>
<tr><td>1</td><td colspan="2">数据来源</td><td>8</td><td colspan="2">去除率（%）</td></tr>
<tr><td>2</td><td colspan="2">废气污染源名称</td><td>9</td><td rowspan="2">排放状况</td><td>浓度（mg/m^3）</td></tr>
<tr><td>3</td><td colspan="2">排气量（m^3/h）</td><td>10</td><td>速率（kg/h）</td></tr>
<tr><td>4</td><td colspan="2">污染物名称</td><td>11</td><td rowspan="3">排气筒参数</td><td>排放高度（m）</td></tr>
<tr><td>5</td><td rowspan="2">产生状况</td><td>浓度（mg/m^3）</td><td>12</td><td>内径（mm）</td></tr>
<tr><td>6</td><td>速率（kg/h）</td><td>13</td><td>排放温度（℃）</td></tr>
<tr><td>7</td><td colspan="2">处理设施名称</td><td>14</td><td colspan="2">排放时间（h/a）</td></tr>
<tr><td colspan="6">二、无组织废气的排放</td></tr>
<tr><td>1</td><td colspan="2">无组织污染源名称</td><td>2</td><td colspan="2">无组织排放污染物名称</td></tr>
</table>

13. 水环境状况及环境保护目标调查表［F501］

企业废水排放实行“一企两管”，对废水和清下水排管单独设置，分类排放，因此两种污水的受纳水体的水环境状况有所不同。在水环境状况及环境保护目标调查表（表 4-22）中对两种污水的受纳水体分别进行调查，并考虑了污水对地下水的影响，主要指标的界定和填写时的注意事项如下：

废水受纳水体所属水系：指调查对象产生的废水直接排入水体，或经过城市污水管网、集中式污水处理厂后最终排入水体所属的水系类别。

废水受纳水体功能类别：调查对象产生的污水最终排入的水体所执行的环境标准。地表水执行Ⅰ类、Ⅱ类、Ⅲ类、Ⅳ类、Ⅴ类标准；海水执行第一类、第二类、第三类、第四类标准。

保护目标名称：指以调查对象产生的废水最终排入水体的排放点为中心，上下游3km范围内存在的国家法律、法规、行政规章及规划确定或经县级以上人民政府批准的需特殊保护的地区、生态敏感与脆弱区的名称。区域内所关注的水环境保护目标见表4-23。

规模：指保护目标的规模大小或保护级别。按以下方式填写：取水口说明日供水量，水产养殖区说明水产养殖种类（鱼、虾、蟹等）和重量，鱼虾产卵场、重要湿地和天然渔场填写面积。

3km范围内水环境保护目标分布图：指以调查对象废水最终排放点为中心上下游3km范围，调查对象废水最终排放点位置、主要河流、湖泊、水库、流向（主、次）、水工设施、取水口、水产养殖区等。

表4-22　水环境状况及环境保护目标调查表指标设置

<table>
<tr><th>序号</th><th colspan="2">指标名称</th><th>序号</th><th>指标名称</th></tr>
<tr><td colspan="5">一、水环境基本状况</td></tr>
<tr><td>1</td><td colspan="2">废水主要排水去向类型代码</td><td>5</td><td>清下水受纳水体名称</td></tr>
<tr><td>2</td><td colspan="2">废水受纳水体所属水系</td><td>6</td><td>清下水受纳水体功能类别</td></tr>
<tr><td>3</td><td colspan="2">废水受纳水体名称</td><td>7</td><td>是否取用地下水</td></tr>
<tr><td>4</td><td colspan="2">废水受纳水体功能类别</td><td>8</td><td>取用地下水用途</td></tr>
<tr><td colspan="5">二、水环境保护目标分布（3km范围内）</td></tr>
<tr><td>1</td><td colspan="2">保护目标名称</td><td>5</td><td>环境功能</td></tr>
<tr><td rowspan="2">2</td><td rowspan="2">规模</td><td>单位</td><td>6</td><td>服务范围（取水口填写）</td></tr>
<tr><td>数量</td><td>7</td><td>联系方式</td></tr>
<tr><td>3</td><td colspan="2">方位</td><td rowspan="2">8</td><td rowspan="2">3km范围内水环境保护目标分布图</td></tr>
<tr><td>4</td><td colspan="2">距离（m）</td></tr>
</table>

表4-23　水环境重点保护目标

序号	环境保护目标名称
1	受纳水体（河流、湖泊、海域）
2	岸边及附近下游的取水口（饮用水取水口、地下水补给区、农业灌溉取水点、工业取水口）
3	岸边及附近下游保护区（养殖区、洄游产卵保护区、特殊种群保护区、湿地保护区、陆地动植物保护区等）
4	岸边及附近下游的城镇中心区

14. 大气环境状况及环境保护目标调查表［F502］

大气环境状况及环境保护目标调查表（表 4-24）与水环境状况及环境保护目标调查表类似。

区域大气质量功能类别：指调查对象所在区域的大气环境执行的环境标准，执行一级、二级、三级标准。

保护目标名称：指以调查对象为中心，5km 范围内存在的国家法律、法规、行政规章及规划确定或经县级以上人民政府批准的需特殊保护的地区、生态敏感与脆弱区、社会关注区的名称。区域内所关注的大气环境保护目标见表 4-25。

规模：指保护目标的规模大小或保护级别。按以下方式填写：自然保护区、风景名胜区、森林公园、世界遗产地说明面积或保护级别（按国家级、省级、市级填写），国家重点文物保护单位、历史文化保护地填写保护级别（按国家级、省级、市级填写），农田种植、珍稀动物栖息地或特殊生态系统填写面积，居民点、自然村、学校、机关填写人数，医院填写床位数。

表 4-24　大气环境状况及环境保护目标调查表指标设置

<table>
<tr><th>序号</th><th colspan="2">指标名称</th><th>序号</th><th>指标名称</th></tr>
<tr><td colspan="5">一、大气环境基本状况</td></tr>
<tr><td>1</td><td colspan="2">区域大气质量功能类别</td><td></td><td></td></tr>
<tr><td colspan="5">二、大气环境保护目标分布（5km范围内）</td></tr>
<tr><td>1</td><td colspan="2">保护目标名称</td><td>4</td><td>距离（m）</td></tr>
<tr><td rowspan="2">2</td><td rowspan="2">规模</td><td>单位</td><td>5</td><td>环境功能</td></tr>
<tr><td>数量</td><td>6</td><td>联系方式</td></tr>
<tr><td>3</td><td colspan="2">方位</td><td>7</td><td>5km范围内水环境保护目标分布图</td></tr>
</table>

表 4-25　大气环境重点保护目标

序号	环境保护目标名称
1	医院、疗养院、养老院
2	风景游览区（公园、游乐场及旅游胜地等）、自然保护区
3	居民点（区）、自然村
4	学校、党政机关、科研单位、体育场馆
5	广场、码头、火车站、汽车站、机场
6	商场、市场、商业办公区
7	农业、养殖业生产场所
8	工业生产场所

三、化工园区环境隐患排查程序

在确定了调查范围和调查对象后，根据企业的分级情况由相应级别的环保部门组织成立环境隐患排查小组，必要时可聘请环保、化工行业专家参与排查。在排查前事先对企业的规模、生产状况、工艺过程、周边环境状况等基本情况进行调查了解，据此编制环境隐患检查表，并辅以查阅相关资料、现场调查、询问交谈和环境监测等方法对企业的环境隐患进行辨识排查。根据环境隐患排查结果，以及企业提供的相关数据进行环境隐患的分级，确定需要进行重点监控的隐患因子，作为环境隐患监管的依据。最后按相关要求编制环境隐患排查报告，对重大环境隐患进行备案。石油、化工行业环境隐患排查的工作流程如图 4-9 所示，其中条件 1 指的是企业是否可能产生重特大环境污染事故，对于可能产生重特大环境污染事故的单元，需进一步利用事故法对该单元的环境隐患进行深入辨识。

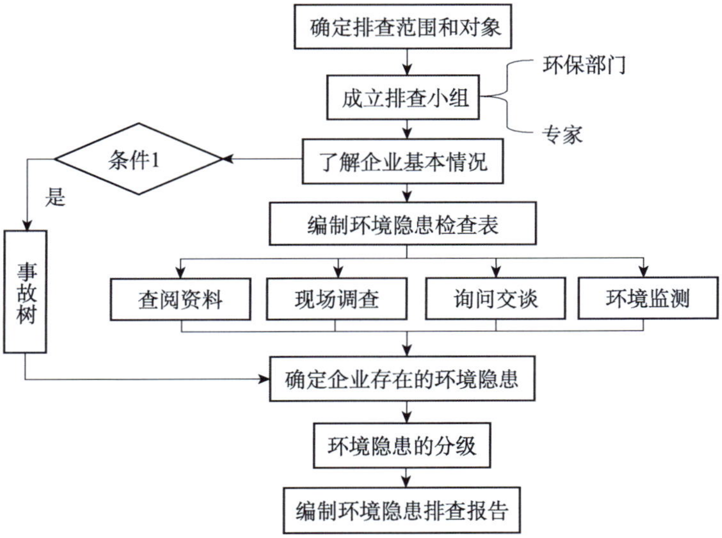

图 4-9　石油、化工行业环境隐患排查的工作流程

（一）查阅资料

（1）项目建设过程存在的环境隐患

项目建设过程存在的环境隐患只能通过查阅历史文件进行检查，需要查阅的文件资料情况具体如下：

1）企业单位各项目环境影响评价批复、安全设立评价批复、职业卫生预评价批复、发改委（或经贸委）项目批文等文件的完备性；

2）企业单位各项目初步设计评审记录、消防初步设计审查意见、安全设施初步设计审查意见等审查意见的完备性；

3）企业（或事业）单位各项目施工队伍与监理队伍的资质，建设项目与环境风险事故危险源（特别是压力容器、压力管道等）的质监局的合格验收文件；

4）企业单位各项目安全试生产许可、环保试生产许可、消防竣工验收报告等文件的完备性；

5）企业单位各项目安全竣工验收报告与安全生产许可证、环保竣工验收报告与排污许可证等文件的完备性。

（2）企业运营过程中的管理技术文件的查阅

对企业运营过程中的管理技术文件的查阅，可以获知企业是否存在管理缺陷，这些文件具体如下：

1）企业单位环境安全制度的制定和落实情况，环境保护奖惩制度的制定和实施情况，环保通报的编写情况；

2）企业单位环境污染事故危险源的建档情况，环境污染事故危险源安全检查书面报告制度；

3）企业单位环境污染事故危险源相关装置（设施）、场所安全管理制度和应急预案编制情况；

4）企业单位建立环保投入保障制度情况，建立环保、环境污染事故防范，以及应急救援费用台账情况；

5）环境污染事故危险源相关生产设施安全管理制度的制定和落实情况，事故管理制度的制定与落实情况；

6）企业单位环境安全检查制度的制定和落实情况；

7）企业单位安全检维修管理制度的制定和落实情况，企业单位维修规程的制定和执行情况，以及检修、维修作业时，动火作业安全管理制度的建立和执行情况；

8）危险点检查和事故隐患治理等操作记录。

（3）查阅安全教育、操作规程、安全考核、操作登记等资料

通过查阅安全教育、操作规程、安全考核、操作登记等资料，间接排查企业是否存在错误操作等人的不安全行为，这些资料具体如下：

1）企业单位根据生产工艺、技术、设备特点和原材料、辅助材料、产品的危险性，编制的环境污染事故危险源相关岗位安全操作规程情况；

2）企业单位环境安全有关法规政策和环境监管制度的落实情况，包括环境安全检查制度、职工环境安全教育培训制度、环境安全事故管理和整改制度、

环境安全生产档案管理制度、环境安全及监管的奖惩制度等；

3）企业环境安全教育制度和外来务工人员的管理制度；

4）企业安全生产责任制度的制定情况，关键装置和重点生产部位的安全管理制度；

5）环境安全考核和奖惩制度。

（二）现场调查

现场检查的内容具体如下：

1）企业单位的厂容厂貌，以及厂区周边的环境现状；

2）抽查关键装置、重点车间、罐区、重点设备、安全装置与警示标志的使用现状；

3）抽查员工的精神状态、操作纪律的执行情况；

4）抽查监控预警装置、联锁保护系统的运行情况；

5）抽查污染处理和事故应急设施的运行情况，应急物资的储备情况；

6）抽查企业单位主要负责人、各职能部门负责人、环境污染事故危险源相关岗位负责人与从业人员的环境安全职责是否明确。

（三）询问交谈

1）随机找现场人员，包括车间负责人、班组长、操作人员，询问或核实安全生产和环境保护状况、管理水平等；

2）召开座谈会，听取一线干部和员工的意见反馈。

（四）环境监测

监测企业废水、废气的排放情况。

第四节 案例分析

以某沿江化工园区为例，分析园区内企业存在的环境隐患类型及级别。

一、指标体系定量化

根据化工园区的现状，建立环境隐患分级指标体系如图 4-10 所示。

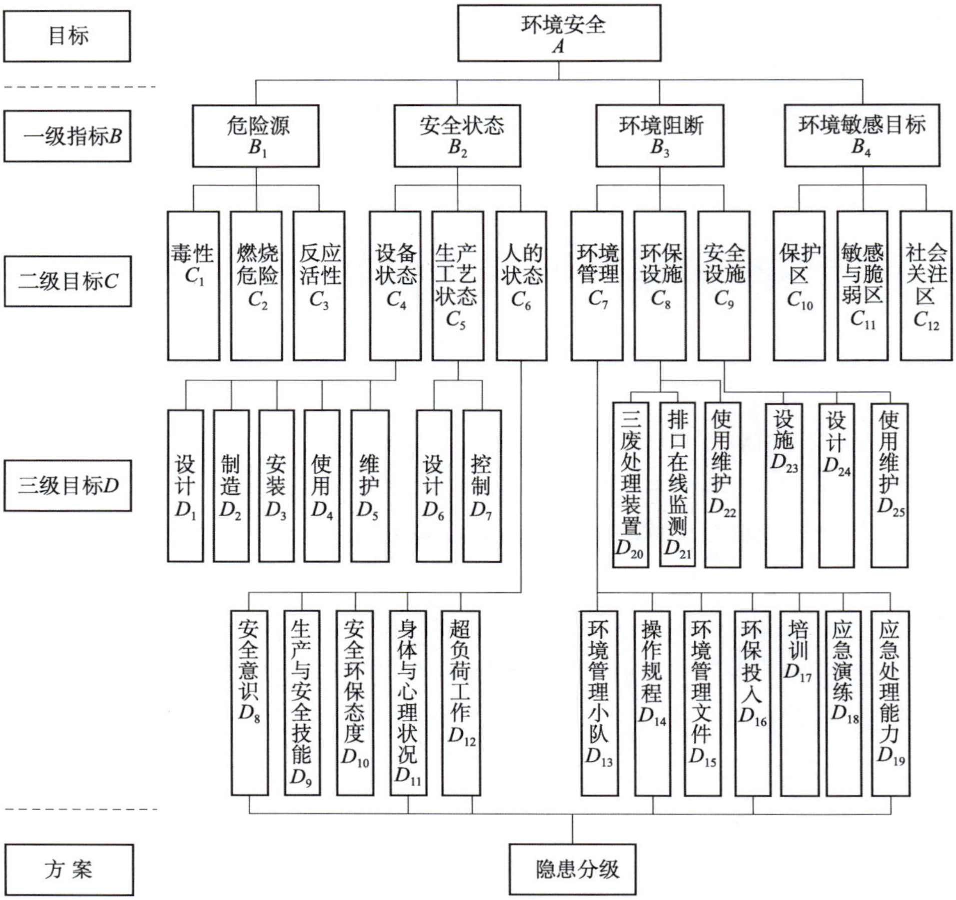

图 4-10　隐患分级指标体系

（一）危险源（B_1）指标

危险程度借鉴 NFPA（美国防火协会标准）和 HMIS（危险物质鉴别系统）中提供的危险物质鉴别因子（毒性、燃烧危险和反应活性）（表 4-26）。

表 4-26　危险源指标列表

危险源指标	描述	来源
C_1	毒性	NFPA
C_2	燃烧危险	NFPA
C_3	反应活性	NFPA

对指标进行分级设置（表 4-27），主要分为 0、1、2、3、4 五种程度的级别，按顺序危害程度依次严重，指标值越高，说明物质在该因子方面越具有危害性，4 为最高值；指标值越低，物质在该因子方面的危害性越小，0 为最小值。例如，

毒性的级别为无毒（0）、低毒（1）、中毒（2）、高毒（3）和剧毒（4）。

表 4-27 危害程度分级标准表

物质危害程度	0	1	2	3	4
毒性	无毒	低毒	中毒	高毒	剧毒
燃烧危险	不燃	可燃	易燃	高度易燃	极易燃
反应活性	稳定	较不稳定	不稳定	很不稳定	极不稳定

对于评估单元来说，一个评估单元有多种物质，可能存在多种对环境有威胁的物质，因此，在辨识出物质对环境有威胁的前提下，对单元进行危险源危险程度的评估。

$$B_1=\sum_{i=1}^{n}[\sum_{j=1}^{3}\varpi_j C_j]\varpi_i \quad (i=1, 2, 3, \cdots, n)$$

式中，B_1 为危险源危险程度值；ϖ_j 为危险源指标的权重值；C_j 为危险源指标的分级值，j=1，2，3；ϖ_i 为有毒有害物质的质量分数；n 为有毒有害物质的数量。

（二）安全状态（B_2）指标

安全状态指标包括设备状态（C_4）、生产工艺状态（C_5）和人的状态（C_6），则安全状态指标评估如下：

$$B_2=\varpi_1\cdot C_4+\varpi_2\cdot C_5+\varpi_3\cdot C_6$$

即

$$B_2=0.4C_4+0.2C_5+0.4C_6$$

式中，0.4、0.2、0.4 分别为 C_4、C_5、C_6 的权重值。

1. 设备状态（C_4）

设备状态分级标准见表 4-28。

表 4-28 设备状态分级标准

设备状态（C_4）	0	1	2
D_1设计	验收文件齐全	验收文件不齐全	无验收文件
D_2制造	验收文件齐全	验收文件不齐全	无验收文件
D_3安装	验收文件齐全	验收文件不齐全	无验收文件
D_4使用	两年一次	三年一次	三年以上
D_5维护	≤2h/次	3h/次～6h/次	＞6h/次

设备使用的安全状况通过“安全评价频率”表示，其中国家规定安全评估为每两年一次；维护状况通过“巡检记录的频率”进行表示。

针对评估单元多个设备的情况，对设备状态（C_4）的评估如下：

$$C_4=\frac{\sum_{i=1}^{n}\sum_{j=1}^{5}\varpi_j D_j}{n}\quad (i=1,\ 2,\ 3,\ \cdots,\ n)$$

式中，C_4为设备状态值；　　为设备状态指标的权重值；D_j为设备状态指标的分级值，j=1，2，3，4，5；n为单元内设备的数量。

2. 生产工艺状态（C_5）

生产工艺状态分级标准见表4-29。

表4-29　生产工艺状态分级标准

生产工艺状态（C_5）	0	1	2
D_6设计	验收文件齐全	验收文件不齐全	无验收文件
D_7控制	完全自动化控制	自动化水平低	无自动化控制

设计包括生产工艺设计文件、验收文件及环评批复等，具备所有文件表明该生产工艺具有理论的安全性，赋值为0；不齐全的赋值为1；无上述文件的赋值为2；完全自动控制指生产工艺的控制性能好，自动化程度高；自动化水平低指生产工艺中的液位以及温度等波动频繁时，参数未实现自动调节等情况。

生产工艺状态（C_5）评估如下：

$$C_5=0.167D_6+0.833D_7$$

式中，D_6为生产工艺设计方面的完整性与完善性；D_7为生产工艺的控制水平；0.167与0.833分别为两个评估指标的权重值。

3. 人的状态（C_6）

人的状态分级标准见表4-30。

表4-30　人的状态分级标准

人的状态（C_6）	0	1	2
D_8安全意识	半月一次	半月到三个月一次	三个月以上
D_9生产与安全技能	全部人员持证上岗	不严格的持证上岗	均无上岗证
D_{10}安全环保态度	齐全的生产责任制文件	不齐全的生产责任制文件	无生产责任制文件
D_{11}身体与心理状况	全体人员的健康监控档案	不严格的档案	无
D_{12}超负荷工作	0	0～3h	＞3h

安全意识是人的心理意识，难以用定性的指标进行表示，石油、化工企业在员工安全意识上多是进行安全学习或安全宣传，安全宣传为不定期的，安全

学习为定期规定的，因此，用安全学习 / 活动代替安全意识指标。齐全的生产责任制文件包括：主要负责人安全生产责任制、分管负责人安全生产责任制、环境安全管理人员生产责任制、岗位安全生产责任制和职能部门安全生产责任制文件；超负荷工作主要包括超工作时间、超工作能力、工作紧张程度等，本研究以超工作时间作为超负荷工作指标的体现指标，根据国家规定，每日加班不能超过 3h。因此，以 3h 为界进行划分。

人的状态分级公式为

$$C_6 = \sum_{i=8}^{12} \varpi_i D_i \quad (i=8，9，\cdots，12)$$

式中，C_6 为人的状态值；ϖ_i 为人的状态指标的权重值；D_i 为人的状态指标的分级值。

（三）环境阻断（B_3）指标

环境阻断指标包括安全设施（C_9）、环保设施（C_8）、环境管理（C_7），所以环境阻断指标评估如下：

$$B_3 = \frac{1}{3}(C_7 + C_8 + C_9)$$

式中，1/3 为安全设施、环保设施和环境管理的权重值。

1. 安全设施（C_9）

安全设施分级指标见表 4-31。

表 4-31 安全设施分级指标列表

安全设施（C_9）	0	1	2
D_{23}设施	完善的安全设施	安全设施不齐全	无安全设施
D_{24}设计	验收文件齐全	验收文件不齐全	无验收文件
D_{25}使用维护	≤2h/次	3h/次～6h/次	>6h/次

安全设施包括：自动控制装置、事故管理系统和视频监控装置。若评估单元具备所有事故管理设施，则赋值为 0；并不具备全部设施，赋值为 1；以上设施均没有，赋值为 2；设计：由于设施选型错误与设定级别错误难以定量进行分级评估，因此，将其合并为设计指标进行评估，权重值为两项的加和。

安全设施分级评估公式为

$$C_9 = \varpi_1 D_{23} + \varpi_2 D_{24} + \varpi_3 D_{25}$$

式中，C_9 为安全设施的值；ϖ_i 为安全设施指标的权重值，i=1，2，3；D_j 为安全设施指标的分级值，j=23，24，25。

2. 环保设施（C_8）

环保设施指标分级见表 4-32。

表 4-32 环保设施指标分级列表

环保设施（C_8）	0	1	2
D_{20}三废处理装置	齐全的三废处理	处理装置不齐全	无环保设施
D_{21}排口在线监测	全天在线监测	偶尔在线监测	不监测
D_{22}使用维护	定期检验	不定期	无

三废处理装置：指废水、废气、废渣的处理设备或装置，表征环保设施的源头处理程度。三废处理装置齐全的赋值为 0；不齐全的赋值为 1；完全无环保设施的赋值为 2；排口在线监测指监测设备在线时间，表征环保设施在评估单元中是否起到了末端控制的作用。

环保设施分级评估公式为

$$C_8 = \varpi_1 D_{20} + \varpi_2 D_{21} + \varpi_3 D_{22}$$

式中，C_8 为环保设施的值；ϖ_i 为环保设施指标的权重值，i=1，2，3；D_j 为环保设施指标的分级值，j=20，21，22。

3. 环境管理（C_7）

环境管理指标分级见表 4-33。

表 4-33 环境管理指标分级列表

环境管理（C_7）	0	1	2
D_{13}环境管理小队	有专门部门、目标和规划	无专门部门，但有环境管理	无专门部门，无目标和规划
D_{14}操作规程	有有效的操作规程，并进行至少1次/月业务培训	有操作规程，并进行至少0.5次/月业务培训	有操作规程，无培训
D_{15}环境管理文件	全部	不全部	无
D_{16}环保投入	充足	不足	无
D_{17}培训	定期	不定期	无
D_{18}应急演练	半年一次	一年一次	大于一年
D_{19}应急处理能力	应急设施齐备；物资充足	应急设施或物资不足	无

环境管理小队：评估单元是否成立了专门的环保管理部门，有专人负责环保管理工作，有明确的环保目标及工作规划。

环境管理文件：指评估单元是否具有排污许可证、通过了清洁生产审核和ISO14000 质量体系认证，并具有相关文件。如果以上环境管理文件全部持有，则赋值为 0；若部分没有，则赋值为 1；若都没有，赋值为 2。

操作规程：一般企业都有对操作工人进行正确操作设备的有关规定和程序，但是有无定期的培训是表征操作规程是否对员工具有潜意识的影响的一个重要因素，对员工有影响，员工在操作时就会考虑到环境安全的因素而注意实施，进而能有效降低污染事故的发生。

环境管理分级评估公式为

$$C_7 = \sum_{i=13}^{19} \varpi_i D_i \quad (i=13，14，\cdots，19)$$

式中，C_7 为环境管理的值；ϖ_i 为环境管理指标的权重值；D_i 为环境管理指标的分级值，i=13，14，…，19。

（四）环境敏感目标（B_4）

环境敏感目标评估的是与评估单元的最近直线距离。《石油化工企业防火设计规范》《石油库设计规范》等专业标准中最高规定的为 60m。较严格的《小量火药、炸药及其制品危险性建筑设计安全规范》专业标准规定的为 95m。环境敏感目标分级见表 4-34。

表 4-34　环境敏感目标分级列表　（单位：m）

环境敏感目标（B_4）	0	1	2
C_{10}保护区	＞3000	1000～3000	＜1000
C_{11}敏感与脆弱区	＞2000	1000～2000	＜1000
C_{12}社会关注区	＞95	60～95	＜60

评估公式如下：

$$B_4=0.6C_{10}+0.2C_{11}+0.2C_{12}$$

式中，B_4 为企业周边环境敏感目标的评估值；C_{10} 为保护区与评估单元的最短直线距离，m；C_{11} 为敏感与脆弱区的最短直线距离，m；C_{12} 为评估单元与社会关注区的最短直线距离，m；0.6、0.2、0.2 为各个指标的权重值。

根据分值范围与子指标的赋值范围，对各个子指标进行归一化，得出的环境隐患（ES）的分级模型为

$$\text{ES}=11.025B_1+6.2(B_2+B_3)+15.6B_4$$

式中，B_1 为危险源指标；B_2 为安全状态指标；B_3 为环境阻断指标；B_4 为环境敏感目标指标。

对隐患级别进行划分，见表 4-35。

表 4-35　隐患级别列表

级别	Ⅰ级	Ⅱ级	Ⅲ级	Ⅳ级
内容	存在破坏性的环境隐患	存在危险的环境隐患	较安全的环境状态	安全的环境状态
分值	[75，100]	[50，75)	[25，50)	[0，25)

二、隐患排查与分级

对某化学工业园区 12 家主要大气污染企业进行了隐患排查（表 4-36）。

表 4-36　园区大气污染源隐患排查

企业	大气污染隐患排查	污染物	隐患排查现状
企业A	工业水杨酸装置	苯酚、水杨酸	部分设备老化、腐蚀严重，厂内操作环境较差，存在较严重的“跑、冒、滴、漏”现象，有组织和无组织废气的治理设施不到位，污染在较大范围内对周围环境产生较大影响
	水杨酸酰胺装置	NH_3、甲醇、水杨酸酰胺	
	其他生产装置	水杨酸、甲醇、水杨酸甲酯	
企业B	异丙醚吸收尾气	异丙醚	对有组织废气和储罐的呼吸排放气均采取了较为完善的防治措施，厂区无明显的“跑、冒、滴、漏”现象，污染较小
	酚类吸收尾气	酚类	
	包装尾气	苯二酚	
	焚烧尾气	异丙醚、酚类	
	苯酚卸料区	苯酚	
企业C	水杨酸装置	苯酚、水杨酸	未采取治理措施而直接无组织排放，车间和罐区的污染较大，厂界苯酚超标排放
	水杨酸甲酯装置	甲醇、硫酸、水杨酸甲酯	
企业D	氯化合成尾气	HCl、Cl_2	设备陈旧、厂区不整洁，企业环境管理较差，员工环保意识薄弱，用于处理废气的碱洗塔不能够做到与生产装置同步运行，氯气超标排放严重
	氯化合成车间	Cl_2	
	厂区道路与成品仓库	HCl	
	液氯罐暂存库房	Cl_2	
企业E	硫黄制酸装置	SO_2	设备维护不周，部分设备腐蚀较严重；硫黄制酸装置的废气处理装置基本不能正常运行；N-甲基苯胺装置没有任何治理措施，排放的苯胺产生较严重的污染
	N-甲基苯胺装置	苯胺、甲醇	
企业F	母液浓缩尾气	三乙胺	草甘膦装置产生的含三乙胺的废气未经处理而直接排放，三乙胺储罐也未采取有效的防治措施；母液浓缩调配车间和罐区的污染较大
	产品包装尾气	三乙胺	
	三乙胺回收精馏不凝气	三乙胺	
	三乙胺储罐	三乙胺	
企业G	单体合成不凝气	氯甲烷、HCl、Cl_2	针对主要的污染源，采取了较为完善的治理措施，生产装置无明显的“跑、冒、滴、漏”现象，厂区道路清洁，污染较小
	氯甲烷合成不凝气	氯甲烷	
	储罐区	氯甲烷、HCl、甲醇	
	单体合成除尘废渣、暂存库房	氯甲烷、HCl	
	甲基单体装卸车间和厂区道路	HCl	

续表

企业	大气污染隐患排查	污染物	隐患排查现状
企业H	次钠反应尾气	Cl_2	针对主要的污染源，采取了较为完善的治理措施，液氯灌装车间有轻微氯气味道，厂界氯气短时间内出现部分超标现象
	HCl合成尾气	HCl、Cl_2	
	电解装置停车检修废气	Cl_2	
	盐酸槽车装车	HCl	
	液氯钢瓶灌装	Cl_2	
	液氯储槽和氯气泵检修	Cl_2	
企业I	丁二烯回收不凝气	丁二烯	针对主要的污染源，采取了较为完善的治理措施，部分车间有较浓的苦杏仁味，但厂界污染不大
	丙烯腈回收不凝气	丙烯腈	
	盐析、干燥尾气	丙烯腈	
	生物滴滤塔废水处理池	丙烯腈、NH_3	
	生产车间	丙烯腈	
	储罐区	丙烯腈、丁二烯	
企业J	冷凝、精馏不凝气	二甲苯、烃类	针对主要的污染源，采取了较为完善的治理措施，厂界影响不大
	储罐区	二甲苯、苯乙烯	
企业K	对二乙苯装置	乙苯、对二乙基苯	针对主要的有组织排放源和无组织排放源，采取了较为完善的治理措施；厂界酸味较大，醋酸的无组织排放是主要的污染源
	偏苯三酸酐装置	醋酸	
企业L	酯化废气	甲醇	公司有两个桶装原料油过滤车间，均为开放式，无废气处理设施，也没有设置排风扇，现场的影响较大；油储罐和甲醇储罐未加氮封，存在一定的呼吸气排放
	醇回收废气	甲醇	
	原料油过滤车间	油脂的酸败味	
	生物柴油精馏不凝气	油脂味	
	油储罐和甲醇储罐	油脂的酸败味、甲醇	

12家主要企业隐患分级见表4-37。主要隐患为物质强环境危险性、设备维护、三废处理装置欠缺、员工环境保护意识薄弱，以及相应的环境监管措施不到位等。

表4-37 工业园大气污染源隐患分级

企业	隐患	物质	隐患分值
企业F	草甘膦装置	三乙胺、甲醇、盐酸	47.981
	储罐区	三乙胺	56.658
企业A	工业水杨酸装置	苯酚、硫酸	44.785
	水杨酸酰胺装置	甲醇、液氨	44.212
企业I	生产装置	丁二烯、丙烯腈	42.526
企业L	生物柴油生产装置	甲醇	42.686
企业D	生产车间	HCl、Cl_2	41.111
	库房	Cl_2	41.111
企业C	水杨酸装置	苯酚	40.615
	水杨酸甲酯装置	甲醇、硫酸	38.675

续表

企业	隐患	物质	隐患分值
企业E	硫黄制酸装置	二氧化硫	35.837
	N-甲基苯胺装置	苯胺、甲醇	42.666
企业B	苯二酚生产装置	苯酚、异丙醚	33.671
	苯酚储罐区	苯酚	34.062
企业H	液氯储罐	氯气	32.888
企业G	生产装卸区	氯甲烷	32.427
企业J	苯酐生产装置	邻二甲苯、苯乙烯	31.159
	储罐区	邻二甲苯、苯乙烯	29.384
企业K	对二乙苯装置	乙苯	26.373
	偏苯三酸酐装置	醋酸	31.124

针对园区主要的大气污染源的隐患类型及隐患分值水平，对园区主要隐患存在企业提出整治建议，见表4-38。

表4-38　工业园大气污染源整改措施

企业	整改措施
企业F	三乙胺回收精馏不凝气、母液浓缩尾气和产品包装尾气采取活性炭吸附后高空排放；三乙胺储罐进行氮封，并将呼吸排放气引入活性炭吸收塔处理后高空排放
企业A	限期停产整改，并聘请行业专家核实整改情况，若整改后苯酚和臭气浓度仍长时间超标，应聘请行业专家再次调查并提出进一步的整改方案，多次整改后大气污染仍严重，应对相关装置予以淘汰。具体措施有：严格按照《企业改扩建项目环境影响报告书》的要求进行整改；对苯酚和成品储罐进行氮封，如无组织排放仍然严重，可考虑将呼吸气收集后，统一送往洗涤塔处理后排放；根据《产业结构调整指导目录（2011年本）》，对于“劳动保护、三废治理不能达到国家标准的原料药生产装置”应予以淘汰
企业I	采取措施尽可能收集车间无组织排放的丙烯腈废气，送往生物滴滤塔处理，同时推进清洁生产，从源头上减少丙烯腈的无组织排放；加强对生物滴滤塔进出口废气的监控，确保生物滴滤塔的处理效率，并对生物滴滤塔废水处理设施进行密闭处理
企业L	要求企业严格按照环评要求，采用槽车油，杜绝桶装油的使用，并拆除桶装油的预处理车间；对油储罐和甲醇储罐进行氮封处理，同时将呼吸排放气集中收集后用活性炭吸收处理；在企业停产大修或检修设备时，清理各类储存油脂的容器，以及对下水道和阴井进行清掏，并及时清运
企业D	限期停产整改，并聘请行业专家核实整改情况，多次整改后氯气排放仍超标应对生产装置予以淘汰。具体措施有：采用新设备，逐步淘汰旧设备；改造生产厂房，配套完善的吸风系统；建设包装厂房，并做好防潮防湿；加强环境管理，及时清扫道路；环保部门加强对碱洗塔运行情况的监管，核查碱购买凭证或者安装在线监控设备
企业C	工业水杨酸装置的成盐脱水真空尾气采取二级冷凝后高空排放；水杨酸甲酯成品减压精馏不凝气和甲醇回收减压精馏不凝气进行冷凝和水吸收后高空排放；苯酚和成品储罐进行氮封，并将呼吸排放气引入洗涤塔处理后排放；设置的排气筒高度需满足相关要求
企业E	对于硫黄制酸装置，禁止企业在未更新硫黄熔融装置并配套满足要求的熔融废气处理设施的情况下使用固体硫黄作为原料；要求企业将尾气吸收塔和排气筒的材质改为玻璃钢；根据《固定源废气监测技术规范》（HJ/T397-2007）的要求，在酸性气处理设施进出口开设采样口和采样平台；禁止新建30万t/a以下的硫黄制酸装置。对于N-甲基苯胺装置的有组织废气采取水吸收+活性炭吸附进行处理；对苯胺储罐加氮封及活性炭处理；装置建设情况与环评报告要求严重不符，视情况要求企业进行整改，或对环评进行修编及补做环评

第五章

化工园区环境风险监管体系

第一节　环境风险监管体系发展现状

一、国际化工环境风险监管体系

化工园区的主要特征是以产业空间集聚来合理配置生产要素，以实现化工产业的集约化发展和可持续发展。当前国际上著名的化工园区有：美国得克萨斯州墨西哥湾化工区、德国路德维希化工区、德国鲁尔化工区、德国勒沃库森化工区、比利时安特卫普化工区、荷兰鹿特丹港化工区、日本千叶、水岛和鹿岛化工区、韩国蔚山和丽川石油化工园区、沙特阿拉伯的朱拜勒石化基地等。这些化工园区建设规模大，如荷兰的鹿特丹化工园绵延几十公里，几乎集聚了世界上所有知名化工公司；化工装置实现优化配置，大部分沿江沿海而建，靠近原料地或市场，区位优势明显。但因行业聚集、化学品使用量大，化工园区也产生了危险源集中、事故隐患大的问题。因此，安全管理和环境风险防范成为各国化工园区健康发展的重要基础。

（一）欧洲

1. 塞维索指令（Seveso Directive）

重大化学危险源的安全控制是世界各国普遍关注的重大问题。第二次世界大战以后，随着工业复苏和城市重建，欧洲大规模的环境事件进入高发期。例如，1976 年位于意大利塞维索的一家农药工厂发生爆炸，致使该地区多年内的新生儿畸形率居高不下。1986 年瑞士巴塞尔附近的化工厂发生火灾，数十吨农药和至少 200kg 汞泄入临近的莱茵河，这次事故更被称为“水工业的切尔诺贝利事件”。2000 年多瑙河支流蒂萨河附近的一金矿污水沉淀池因积水暴涨发生漫坝，致使 10 多万升含有大量氰化物、铜和铅等重金属的污水冲泄到蒂萨河，最终进入多瑙河。为吸取多起工业事故教训，欧盟制定了预防和控制工业风险的塞维索指令（Seveso Directive）。Seveso Ⅰ指令于 1982 年颁布，随后欧盟又分别于 1996 年、2003 年两次对其进行修改，相应出台了 Seveso Ⅱ、Seveso Ⅲ指令。该法令对企业生产环节、事故发生后的处置与救助，以及对企业外部周边环境的影响和居民防护等各环节均提出了明确要求，对欧盟区域的化工安全产生了重要影响。

意大利政府实行 Seveso 指令后，从预防工业事故发生、尽量减少损失的角度，对企业的安保措施和检查监控等方面提出要求。1999 年从关注高危工业行业对环境影响的角度，确定了 1178 家环境风险重点监管单位，对其危险化学品特征、生产过程安全规定、相应的预防措施等进行规定并列表。2005 年意大利政府又以 238 号法令修订出台了 Seveso Ⅲ，对国家安全管理机制和突发公共事件联络机制，以及检查企业事故风险等方面的内容做了详细规定。

2. 企业是预防、控制工业风险的责任主体

高危工业企业必须制定突发事件应急预案，分析生产过程中存在的环境安全隐患，预测突发情况下污染事故对周围的危害、影响，以及应采取的处理处置措施等。企业至少每 5 年向主管部门提交报告，说明风险源位置、潜在危害程度、影响范围、预防事故及控制事故的措施、周围环境信息、工作人员培训、信息公开等情况；至少每隔 3 年联络地方政府，审查和测试应急计划，修改预案，组织应急处置演练；要将企业安全隐患及应对措施告知周围居民；要修建用于消防的蓄水池，严禁随意排放消防废水；发生突发事件时启动内部应急预案，并向上级单位和当地政府报告，即使对厂外无影响也要进行报告；要及时通知周围居民；对造成的损失出资补偿并予以修复。

欧盟立法规定对高危企业周边地区进行合理规划，尤其是工业隐患集中区周边一定要留出防护距离，保障其周围环境和人的安全。对现有的高危企业，要掌握其风险隐患及周边环境，提出预防、保障措施。根据“谁污染谁负责”“基层向上级负责”的原则，发生突发环境事件，首先由企业采取措施将损失降至最低，企业也可出资由专业公司进行处置；若企业负担不起或找不到责任单位，则由当地政府负责解决；地方政府解决不了可请求上级政府帮助解决。

3. 应急管理指挥体系

欧盟国家还建立起统一调度的应急管理指挥体系。例如，意大利 2002 年成立了国家应急指挥委员会，由海陆空三军代表、消防、警察、内政、交通、安全、环保、卫生等部门的最高长官组成，负责重大应急事件救援决策的协商。建立了应对突发公共事件决策指挥系统、应急救援信息共享系统、资源配置体系和联合办公机制等。根据意大利法律规定，突发事故现场只有消防和医疗部门具有指挥权。消防部门是开展应急现场处置的专门机构，具备应对各种突发事件的专业知识（尤其是环保专业知识）并配置了完备的专用设备，包括配备有化学、生物及核与辐射、病毒等定性、定量的应急监测设备。一旦发生突发事件，要第一时间赶赴现场，通过监测，确定事件性质、快速划定污染区

域范围并封锁现场，开展现场处置工作，同时通知相关部门提供支持。医疗队则根据污染物的危害性质来确定如何救护受污染的人员并对周边居民进行防护。环保部门负责环境损失评估和灾后恢复等工作，主要参与跟踪事态发展工作，对事故造成的损失进行评估，提出消除污染的处置方案及修复改造计划。

4. 重大突发性环境污染事故的跨区域协调

对于重大突发性环境污染事故的跨区域协调，欧盟也做出了大量努力。其要求成员国向欧盟委员会上报重大污染事故，以用于形成重大事故灾害数据库，主要包括事故的起因分析，吸取的经验教训及预防再次发生事故的措施等。在沿岸工业园区密布、高风险企业众多的多瑙河、莱茵河流域，建立起流域国际委员会的跨界管理模式，重点关注委员会的管理、协调工作。在流域预警方面，在易北河、莱茵河、多瑙河均开发建设了事故应急预警系统，重点放在流域内不同国家的跨界合作和预警信息的发布上，在发生突发性环境污染事件时，能够迅速向下游地区和部分有需要的上游国家发布事故信息，有助于下游国家及时制订应急预案，有效应对污染事件。其中，多瑙河事故应急预警系统（DAEWS）注重数据更新和警报模型升级，大大提高了系统预警的准确性，沿岸国家目前已经有 12 个警报中心，分别是设立在多瑙河上游国家德国、奥地利、捷克共和国的三个预警中心，设于多瑙河中游国家斯洛伐克、匈牙利、斯洛文尼亚、克罗地亚的四个预警中心，还有设立在下游国家罗马尼亚、保加利亚、摩尔瓦多、乌克兰的五个预警中心，从 1997 年 4 月投入使用后，已经为多起事故发布过有效的警报。

（二）美国

1. 实施风险管理计划（RMP）

在美国，与环境风险管理和环境应急相关的法律法规包括：《清洁空气法》《清洁水法》《石油污染法》《应急计划与公众知情权法》《危险物品运输法》《超级基金法案》，以及《综合环境响应、责任和赔偿法》等。为防范严重的化工污染事故，保障公众健康与环境安全，美国自 1996 年起对化工企业在内的工业企业实行风险管理计划，用以评估企业在操作使用危险化学品过程中的风险和潜在损害，并为突发事故做好应急响应准备。在具体操作上，规定所有使用、生产或储存任何列在 140 种危险物质名单上的化学品超过限量的企业，都需要对其生产过程按最严重事故情景进行风险评估，报告 5 年内的事故记录，向国家环境保护局递交风险管理计划，制定并落实事故预防方案和应急响应方案，并且在一定限度内向公众公开其风险管理计划。美国国家环境保护局还会同工业企业代表，专门针对丙烷储存设施、化学品输送设施、污水处理厂、仓库、氨制冷设施5类高风险设施制定了《风险管理计划操作手册》，提升高风险企业的风险管理计划执行能力，推进企业环境风险信息公开、完善事故防范与应急体系建设。

2. 危险化学品管理

在DDT和PCB等化学品造成严重环境问题和健康问题的影响下，20世纪70年代，以美国为代表的世界发达国家普遍建立了具有显著环境管理特征的专门性化学品管理法，并以此为基础形成了以化学品的风险评价与风险管理为基本框架的化学品环境管理制度体系。美国1976年发布的《有毒物质控制法》，对新生产、进口或入市的新化学物质进行申报、评估与审查，对市场现有化学物质按照特定的优先原则和顺序进行危害测试、风险评价和风险管理。同时，还在化学品生命周期的各主要环节建立起有害化学品的环境污染控制、污染事故防范和污染事故应急预案等多项基本化学品环境管理制度，控制有害化学品的环境和健康风险。

近年，美国、加拿大、欧盟等地又加快推行以“预先防范原则”和扩大化学品生产厂商的风险责任为主要内容的化学品测试、评价和优先性化学品风险管理制度。新化学物质生产厂商或进口商在生产、进口或销售一种新化学物质之前，须向政府主管部门申报新化学物质的基本性质和危害性信息，主管部门据此对该化学品的危害性及环境和健康风险进行评估和审查，并酌情给予许可登记、禁止或限制等管理措施。管理部门对具有高环境和健康风险的某些优先化学品采取风险管理措施，包括可以禁止或限制其生产和使用措施，逐步降低现有化学品的环境和健康风险。

3. 自愿协议（VA）

20世纪90年代以来，政府与化工产业界之间旨在实施化学品风险评价与风险管理的自愿协议（voluntary agreement，VA）在美国广泛开展，成为美国化学品环境管理政策和战略的主要实施手段之一。“33/50计划”是美国国家环境保护局早期开展的旨在削减17种有毒化学品污染排放的一项著名的VA计划，探索VA手段的运用是否会比单纯利用传统的“命令－控制”管理方式能显著增进环境污染控制的效果，并取得巨大成功。1998年美国提出旨在加速化学品环境和健康危害的测试及风险信息公布的“化学品知情权”（chemical right-to-know）的政府决议，并启动“HPV化学品挑战计划”（HPVCP）和“自愿性儿童化学品评价计划”（VCCEP），这两项计划成功建立了政府与社会上化学品产业和公共利益集团之间的伙伴关系，数百家社会利益相关方自愿承担了2800多种 HPV 化学品中绝大多数现有化学物质和某些优先性高风险有毒化学品的危害测试和风险评价。2006 年 1 月，美国国家环境保护局与杜邦等 8 家公司在达成的 PFOA 削减和淘汰的 VA 计划——“2010/15PFOA 责任管理计划”中，各家 PFOA 生产和加工企业承诺，到 2015 年前逐步消除 PFOA 及其相关前体物质的排放和在产品中的残留。

4.“绿色化学”（green chemistry）计划

“绿色化学”计划旨在主要通过政府与科技界及产业研发团体建立广泛的伙伴关系进行环境友好的化学产品和工艺的创新设计，减少化学品的环境和健康风险。1991 年美国国家环境保护局污染预防和有毒物质办公室（EPA/OPPT）发起的“预防污染的替代合成路线”计划，其主要包括四个领域（胡建信等，2007）：①绿色化学研究计划：1992 年和 1994 年，EPA/OPPT 与美国国家科学基金会签署谅解备忘录，建立伙伴关系，共同发起“可持续环境技术”计划资助绿色化学研究。②总统绿色化学挑战计划：旨在对在绿色化学方面取得突出业绩的化学工商业者给予高层认可和奖励，以促进绿色化学的推广。③绿色化学教育计划：美国国家环境保护局与美国化学学会（ACS）建立伙伴关系，推动绿色化学教育在化学工程师、大学或科研机构的学生和研究人员中的普及。④绿色化学的科学传播计划：“绿色化学”项目资助各种面向各行业、决策者和科学团体的绿色化学科学和技术宣传及普及活动。

二、国内化工环境风险管理体系现状

近年，我国石油和化学工业总量规模迅速扩张，已经形成了相对集中的产业布局，省级以上人民政府批准建设的化工园区就多达近百家，主要有：上海化学工业园区（漕泾）、南京化学工业园区、常熟国际氟化工园、江苏扬子江国际化学工业园（张家港）、中国精细化工（泰兴）园区、宁波化学工业园区、山东齐鲁化学工业园、福建泉港石化工业区等。但化工产业既有资金技术密集、产业链长、关联度高、经济总量大的优势，也有环保要求高、环境风险大的特点。解决化工园区污染问题、有效防范环境风险是一个现实而紧迫的重大课题。

1. 布局性环境风险突出

松花江水污染事故后，原国家环境保护总局曾于 2006 年对全国石化项目环境风险做大排查。排查结果显示，在全部 7555 个项目中，布设在江、河、湖、海、水库沿岸的项目为 1354 个，占全部项目总数的 17.9%；布设于城市附近或人口稠密区的为 2489 个，占比为 32.9%；布设于饮用水水源保护区上游（10km）内的项目为 280 个，占比为 3.7%；布设于大江大河干流的项目为 535 个，占比为7.1%；布设于南水北调水源地及沿线的项目为100个，占比为1.3%；布设于三峡库区的项目为86个，占比为1.1%。在127个国家级项目中，布设在江河湖海沿岸的为87个，占国家级项目数的68.5%，其中在长江沿线建设的项目为18个，占比为14.2%，在黄河沿线建设的项目为9个，占比7.1%；布设于城市附近或人口稠密区的项目为60个，占总数的42.7%；布设于生活（生产）水源取水口或自然保护区、重要渔业水域和珍稀水生物栖息地的项目为37个，占29.1%。排查结果显示，我国各大水域的化工石化项目存在较为严重的环境风险，相应的防范机制却存在明显缺陷，成为近年我国突发性水环境污染事故激增的根本原因。环境保护部表示，这些环境风险是过去数十年中因产业布局不合理累积而成的，无法在短时间内彻底解决，只能通过加强环境安全防范措施，调整产业结构逐步予以补救。

2011年8月8日，受强热带风暴“梅花”影响，大连地区出现暴雨大风，大连金州开发区福佳大化PX芳烃项目防波堤坝被冲毁，海水倒灌厂区，70万t级剧毒化工罐体陷入险境。此次事件将我国沿海化工产业布局的环境威胁再度暴露出来。在我国1.8万km海岸线上，密布石油、化工等诸多重型项目。截至2010年年底，全国一次原油加工能力突破5亿t，2010年国内新增炼油能力3000万t。而“十五”末，国内炼油能力仅为3.25亿t/a。作为石油工业龙头的乙烯产业亦不逊色，从2005年年底的785.9万t增加到2010年的1416.9万t，成为仅次于美国的第二大乙烯生产国。按照国家石化产业发展规划，未来我国将形成20个千万吨级炼油基地、11个百万吨级乙烯基地，集中在渤海、黄海、东海、南海等海区沿线，以大连、天津、上海、江苏、广东等地为最。石油泄漏、化工品外泄、炼厂爆炸等事故对沿海地区的生态环境安全构成潜在威胁。

2. 环境风险早期防范不足

当前，化工行业的环境风险隐患突出，但环境风险管理工作多为被动处置，早期防范明显不足，给后期监管带来很大难度。其中，环境影响评价工作存在弊端也是原因之一。一些化工建设项目，单独进行评价显示符合环境保护标准，但从区域环境容量或从整个区域规划上看，项目集聚可能形成重大风险隐患，造成了“先进环保项目”引发“重大环境事故”的悖论。

为此，《国务院关于落实科学发展观加强环境保护的决定》要求，对区域和化工石化行业的有关规划进行环境影响评价。使环境保护提前介入宏观决策，从消极被动变为积极主动，从事后补救走向事前预防。2006年原国家环境保护总局发布《关于防范环境风险加强环境影响评价管理的通知》，要求新布设化工集中区及其他存在有毒有害物质的建设项目的园区，必须进行规划的环境影响评价；对已经建成的化工园区，必须结合规划调整和后续开发进行规划环境影响评价，规划环评必须对化工园区的开发建设规划进行风险性论证。新建化工项目必须进行环境风险评价，环境风险评价结论要作为建设项目环境影响评价文件审批的主要依据之一，环境风险评价内容不完善或存在重大环境风险隐患的，环境影响评价文件不予审批。

《环境影响评价法》中虽然提出了规划环评的原则，但并未说明实施方法与操作细则，因此推行规划环评就必须克服体制性障碍。环境保护部也表示，目前规划与项目审批机制存在错位现象，一些重大规划由地方政府审批，而规划中的项目却由国家部门审批、核准，宏观规划和微观项目在审批机制上倒挂。规划环评优化生产力布局、指导项目环评的作用尚难以充分发挥。

此外，在我国，从政策和管理角度，环境风险管理起步较晚。目前化工园区环境风险监管体系还相对粗放，多集中于安全监管领域，对于突发性环境污染事故的防范和安全环保一体化建设的考虑不足，对敏感环境保护目标和风险受体的防护不能满足现实需要，因此，环境风险早期预防成效不显著。迫切需要建设更加精细、高效的化工园区环境风险监管体系，加快建立环境风险源分级标准、建立环境风险源评估制度、实现环境风险源动态管理，推进环境风险管理从粗放式向精细化转变，从被动处置向主动防控、全程化管理转变。

3. 环境应急能力迫切需要加强

自松花江污染事件后，我国对化工行业环境风险防范与应急的重视提高到一个全新的高度。但总体上，我国环境应急管理工作起步较晚。至 2010 年，全国还有 2/3 的省（区、市）还没有设立专职的环境应急管理机构，地市一级更少有专门的环境应急管理队伍。绝大多数的化工园区不具备独立的环境应急处置能力，突发环境污染事故下特殊污染物的快速检测监测、事故快速处理处置、污染场地修复等对技术、装备、人员等的要求超出了化工园区，乃至所在区域的现有应急能力范围，环境应急能力建设与现实需求还有较大差距。

此外，目前我国大量化工企业和化工园区已经编制了环境应急预案，但大量应急预案过于原则化和程式化，未与实际情况和区域环境条件相结合，可操作性不强。而政府的环境应急预案面向全辖区，无法顾及单个企业周边环境的应急防护，一旦发生事故，企业内部处置和外部保护很难较好地衔接。为了改善目前状况，迫切需要加强化工企业、化工园区环境应急预案的标准化、规范化建设，强化预案的可操作性和实用性。为此，2014 年 12 月 29 日，国务院办公厅以国办函［2014］119号印发《国家突发环境事件应急预案》；2016年6月5日，环境保护部正式颁布施行《突发环境事件应急预案管理办法》，以提高环境应急预案的科学性、针对性及可操作性，使其能够真正发挥作用。

化工园区的应急管理工作涉及安监、环保、公安、消防、交通、卫生，乃至海事、水利等众多部门。建立部门应急联动机制是提高应急效率的有效手段。意大利发生突发环境事件时，最先到达现场的是消防队和医疗队，如果事态严重，民事保护部也会参与。而在我国，由于消防部门缺乏必要的环保专业知识，在应急救援过程中往往因处置不当，不仅扩大了污染范围或污染程度，而且有可能产生新的污染，造成不必要的损失，2005年吉林石化爆炸事件的处置即为典型案例。为此，环境保护部在2009年发布的《关于加强环境应急管理工作的意见》中明确提出“大力推动环保部门与公安消防部门等综合性及专业性应急救援队伍建立长效联动机制”的要求，以便在处置突发环境事件时，环保、消防两部门联合达到整合资源、优势互补的效果。

现代突发事件一般隐性因素多于显性因素，离散性因素多于集中性因素，不确定性因素多于确定性因素，预测性因素多于现实性因素。现实中最先接触突发事件并受其伤害的往往是社会公众。近年，我国发生多起由化工园区或化工企业长期排污或突发环境事故引发的群体性事件，如2005年发生在浙江省东阳市化工区的恶性群体性事件、2006年陕西凤翔由于儿童大规模血铅超标引发的恶性群体事件等，严重危害了公众健康和社会稳定。因此，维护民众知情权是减少人员伤亡和环境损失的重要途径。欧美国家强调企业和政府有向公众通报相关信息的义务，告知周边居民该企业的危险性、发生事故的危害程度和影响范围，以及应采取的防护措施等。而我国的企业与工业园区在社会责任方面认知不强，信息公开和教育周边群众应急防护的工作不足。需要政府、园区、企业加大信息公开力度，提高公众的风险意识和自救能力，以便公众更好地关注、预防和应对突发环境事件。

第二节　化工园区环境风险监管体系的构建

环境风险防范的目标是最大限度地减少区域环境风险。由于诱发风险的原因在任何一个环节都可能存在，风险防控的节点应在时间、空间上全面覆盖，同时风险发生阶段、风险事故类型的差异，决定了风险防范工作的重点和方式也应有所区别，这就需要建立“分区、分级、分类、分期”的风险管理理念，在此基础上构建化工园区环境风险预防与控制体系（图 5-1）。

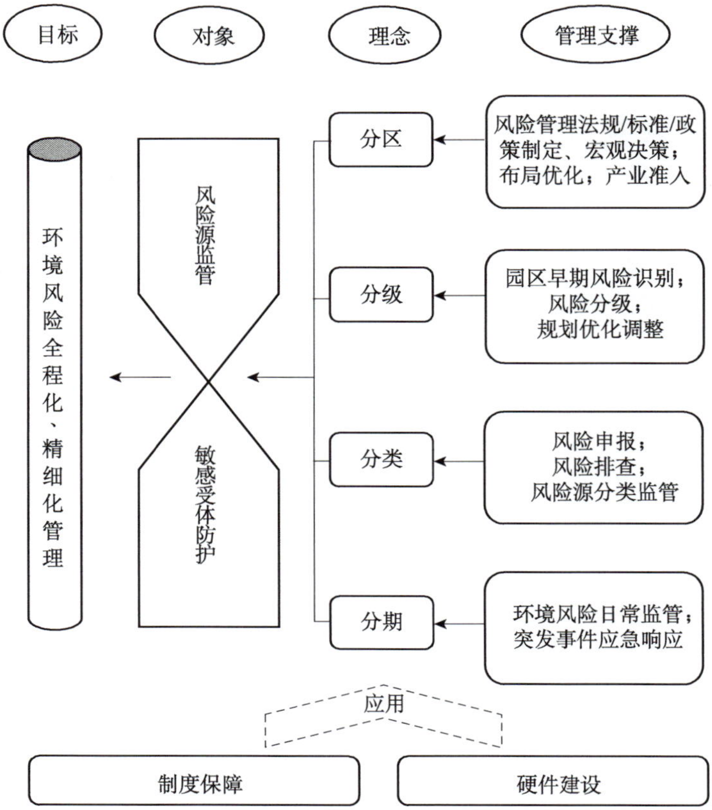

图 5-1 化工园区环境风险监管体系架构

一、化工园区环境风险监管的“四分”理念

化工园区环境风险体系的“四分”理念是指“分区、分级、分类、分期”的管理理念。“分区”即采用空间聚类分析方法在大空间尺度开展环境风险区划工作，研究确定省-市-县-园区环境风险管理的总体目标和重大风险控制策略，出台环境风险管理法律、法规、标准及政策，优化调整区域整体布局与产业准入，指导化工园区规划建设，从宏观决策源头有效控制环境风险；“分级”即采用化工园区规划环境风险分级评估等手段，对规划初期及开发建设过程中规划调整的化工园区环境风险度进行技术评估，进一步从环境风险早期预防角度对园区的产业结构、布局、规模进行优化调整；“分类”即采用环境风险隐患排查、建设项目环境风险评估等手段对园区的环境风险源进行分类管理，加强对重点风险源的监控管理；“分期”，即基于环境风险全程化管理的要求，在园区规划初期及规划调整期注重风险分级评估，加强早期预防，注重环境风险的日常监管工作；而在突发性环境污染事故发生期，科学运用应急决策支持技术，快速应急响应。

（一）“分区”管理

由于自然、社会、经济等的空间差异，各个区域的环境易损性存在着显著差异，而且各个区域风险受体所面临的环境风险问题和重点也会不同。当且仅当受体时空与环境风险场的时空重叠时，才可能出现风险危害。因此，在环境风险的防控手段上，可以通过避免在风险场内出现重要受体，而减少风险危害。即开展基于GIS的空间环境风险区划，根据区划结果，研究确定省－市－县－园区环境风险管理的总体目标和重大风险控制策略，出台环境风险管理法律、法规、标准及政策，优化调整区域整体布局与产业准入，指导化工园区规划建设，从宏观决策源头有效控制环境风险，就是环境风险的“分区”管理。

（二）“分级”管理

园区不同的规划方案和开发方式，带来的环境风险类型、传播过程和危害大小均不相同，需采取的管理措施和效率也不一致。“分级”管理，在园区层面，就是通过对规划初期及开发建设过程中规划调整的化工园区环境风险度进行分级评估，比较风险级别，确定风险管理的优先顺序和重点，进一步从环境风险早期预防的角度对园区的产业结构、布局、规模进行优化调整。在风险源层面，就是通过环境风险隐患分级评估，根据隐患级别，确定环境风险源日常监管的优先顺序和重点，提高监管的针对性和有效性。

（三）“分类”管理

化工行业生产、储存和使用的物质多具有易燃易爆、有毒有害、腐蚀性强等诸多危险特性，厂区内管道纵横交错，设备数量众多且结构复杂，同时化工生产多处于高温高压条件下，工艺条件苛刻，稍有不慎，就可能发生有毒物质泄漏、爆炸、火灾等事故。

不同类别环境风险隐患的事故类型、风险特征差异性较大。环境风险事故的发生原因也不是单一的，而通常是环境污染控制隐患、环境管理隐患、企业布局隐患、安全生产隐患等多种因素的叠加结果。“分类”管理就是基于风险隐患的多样性、复杂性提出的，是在对环境风险隐患进行全面排查和分类分级的基础上，在日常生产活动中实现对各类风险隐患有重点、针对性的监控和管理。

（四）“分期”管理

“分期”管理是环境风险全过程管理的细化，体现为“前端管理”、“中端管理”、“末端管理”。“前端管理”是在化工园区规划初期及规划调整期，注重风险评估，适当调整园区建设方式，以预防较大风险活动的出现；“中端管理”即在园区开发建设期，注重对潜在风险源的申报、排查、监管，以减小风险事件发生的可能性和规模；“末端管理”即在风险事件发生后，采取精细化、高效的风险预警、应急决策支持技术，快速应急响应，降低风险因子的危害和受体的暴露，最大限度地减少风险损失。

二、化工园区环境风险监管的两个对象

（一）风险源

根据环境风险系统理论，风险源是指可能产生环境危害的源头。环境风险源的存在是环境风险事件发生的先决条件。化工园区所涉及的环境风险源包括使用易燃易爆或有毒有害物质的企业、集中式仓储仓库、危险物质运输过程、危险废物转移等。

环境风险源的分类方式较多，有人为活动风险源，也有自然灾害源，本书根据化工园区的实际管理需要，将风险源分为固定源和移动源两类。并且根据化工园区的特性和我国化学品管理工作的新形势，将危险化学品也单列进行讨论。

（二）风险受体

风险受体即各类环境危害的风险承受者。在风险评价中，风险受体指生态环境系统中可能受到风险源不利因素作用的组成部分，包括人、敏感物种和区域环境中的敏感环境要素，如水体、土壤、大气等。

本书根据化工园区具体环保管理工作的特点，从饮用水水源地、大气环境、人群、生态系统四方面探讨敏感受体的防护工作，以突出重点，防范化工园区对敏感受体造成损害。

三、化工园区环境风险监管的两个阶段

根据环境风险事件发生发展的特点，环境风险的监管工作可以分为两个主要阶段，即日常监管阶段和事故应急阶段。

（一）日常监管

化工园区环境风险的日常监管阶段主要包括化工园区的规划建设期、项目建设期，以及化工园区建成后的日常风险监管等，主要工作重点为从源头排查和防范重大环境污染事件的发生，避免化工园区建设发展对敏感受体造成不利影响。

（二）事故应急

事故应急阶段主要是指突发性环境污染事件发生后的处理处置和后期修复期，期间的工作重点包括针对突发性污染事件的快速响应、特征污染物的快速

检测、事故快速处理处置、敏感受体的防护与紧急救援、污染场地修复等。

四、化工园区环境风险监管的两个基础

（一）制度建设

制度建设是化工园区环境风险监管体系建设的基石，重点体现为：在化工园区的建设和发展过程中，充分考虑环境保护要求；在环境管理工作中，引入风险管理工作思想，构建起环境风险源管理与监控制度、危险化学品监管制度、环境应急响应制度、环境信息公开制度等，使环境风险管理向制度化、规范化的方向发展。

（二）硬件建设

硬件建设是落实环境风险管理制度、切实提升化工园区环境风险管理水平的保障，主要包括培养园区和企业两个层面的环境风险管理专业工作队伍，落实环境风险监控资金，重点配备环境风险源监控设备、环境传感器、应急监测检测设备、应急处置装备、环境应急指挥车等应急物资和设施。

五、化工园区环境风险监管的目标

目前，我国化工园区的环境风险监管呈现出明显的被动性和滞后性，即在事故出现多发趋势后，监管力度加大；在干预措施实施一定时期后，干预作用得到显现，环境安全得到一定保障；此时，由于对环境事故发生风险没有客观分析预测，在形势好转后，前期压力缓解，监管力度下降，而随着经济高速发展和生产活动总量增加，导致环境风险再次增大，从而形成了周期性循环，始终成为化工园区发展的重要制约因素。

大量化工园区的调研表明，化工园区的环境风险监管应逐步实现由事故被动推动型向目标主动拉动型转变。即在园区规划初期与发展过程中，基于本研究提出的环境风险区划技术，主动设立总体的环境安全保障目标，综合园区经济社会发展等不同影响因素，采用本研究提出的化工园区环境风险分级评估技术、环境隐患排查技术，客观分析化工园区环境风险形势，识别环境风险隐患，制定系统性和有针对性的环境监管措施计划，真正做到预防为主，使环境监管驱动力与环境安全目标相一致，进而建立起化工园区的环境安全长效机制，使环境监管成为优化化工园区发展的重要推动力。

化工园区物质、能源使用、交换、排放等过程强度大、频率高，涉及生产调度、安全生产、环境保护等不同作业类型，必须做到跨部门的联合管理与应急处置，才能实现环境风险的科学管理与突发性环境事故的快速处置。根据化工园区的实际特点，本研究以“平战结合”为应用目标，开展了跨部门协同管

理体系的构建研究（图 5-2）。主要包含两个方面：一是在日常生产管理与协作方面，生产调度、安全生产、环境保护等相应管理部门在园区管理委员会的领导下，开展信息共享、共同执法，构建集风险登记、审核、排查、监控于一体的跨部门风险管理模式，节约管理成本，有效提升园区管理效率；二是在突发状态下，形成跨部门的园区应急协调中心，生产调度、安全生产、环境保护等相关部门间实现充分的信息交流与调用，在园区应急决策支持平台的辅助下，相互支撑、密切配合，形成生产调度、安全生产、环境保护的“三合一”体系，进而实现化工园区突发性环境事故的快速处理处置。

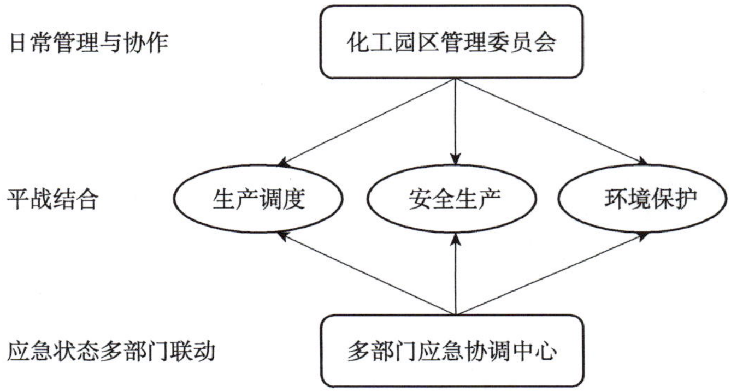

图 5-2　化工园区环境风险管理模式

环境风险监管的最重要目标即为从源头防范重大环境污染事件的发生，在化工园区的生产、加工、储运等各个环节实行全过程管理，排查环境安全隐患，强化风险管理重点，努力将环境隐患消除在萌芽阶段。其次，监管模式的改变促使园区实现精细化管理。即提升化工园区的环境风险管理效益，以较小的管理成本实现环境风险管理成效最大化，实现经济效益与社会环境效益的协调统一。这需要提高风险管理的定量化水平，综合应用地理信息技术、工程技术、网络技术等，提升化工园区风险管理工作的实时化、动态化和智能化水平。

第三节　风险源监管体系

一、风险申报

（一）环境风险申报概述

申报管理作为重要的管理手段，在税收、科技、教育、卫生管理等领域有着广泛的应用。在环保工作领域，申报管理的应用也逐渐增多。我国于1996年开始推行排污申报登记系统，对排污收费制度、排污许可制度、污染物排放总量控制制度的实施发挥了积极的推进作用。排污申报登记申报主体为工业企业等排污单位，要求在每年的1月1～15日，以纸质表单与电脑客户端填写两种方式完成信息申报，提交给环境监察部门，经过其审核通过后，企业污染物排放信息将录入排污申报数据库，提高了监管效率。2008年2月，我国针对工业源、农业源、生活源、集中式污染治理设施等，开展了首次大规模的污染源普查工作，也采用了自主申报与实地调查相结合的方式，对全面了解我国污染物排放的基本情况具有重要的实际意义。此外，我国对新化学物质实行分类管理，实施申报登记和跟踪控制制度，要求新化学物质的生产者或者进口者，必须在生产前或者进口前进行申报，领取新化学物质环境管理登记证。

近年，我国各类环境污染事故频繁发生，对公众健康和生态安全构成严重威胁，环境风险控制成为我国新的环保工作重点。然而，由于涉及范围广、危险物质种类繁多、敏感受体分散等，我国环境风险管理工作面临着基本环境风险信息掌握不足的难题，因此，环境风险申报进入了环境科技和管理工作者的视线。

“环境风险申报”是指环境风险源责任主体按照国家及地方管理规定，向所在环境应急与事故调查中心等环保管理部门申报危险物质的种类、数量、危险设备装置、周边敏感受体分布，以及现有防范、减缓和应急措施与相关资源等，并提供必要的资料。环境风险申报的应用，有助于全面掌握重点行业企业环境风险状况和化学品种类、数量、储存地点、监管现状，对于及时获取环境风险信息，实行环境风险分级分类管理，提高企业的环境监督管理意识和责任，保障区域环境安全具有积极意义。

为适应电子化、动态化管理的需要，环境申报的发展方向为智能化、可视化的信息系统。受国家“十一五”国家863计划课题资助，我国环境科技工作者已集成GIS技术、信息编码技术，开发出环境风险源申报管理系统，并具有信息申报、审核、评估分级和环境风险源分类分级管理等功能。目前，江苏省环境应急与事故调查中心已率先应用环境风险源申报管理系统开展工作，并逐步建立起环境申报与管理制度。

（二）环境风险申报表单设计

环境风险申报应满足动态、可视化、交互式、规范化管理的需要，操作主体应包括申报信息的企业用户和管理使用信息的管理用户。企业用户根据系统提示填报自身相关信息，维护企业管理员自身信息，可查询申报状态、审批状态、申报信息详情、进行修改及删除等操作。管理用户负责审核行政管辖范围内的企业填报信息，可查看企业申报状态，可进行查找、检索、统计、发布通知、审核通过、退回等操作。

按照环境风险系统的构成和环境管理工作的需要，风险申报信息主要包括："企业基本信息""化学品信息""设备设施信息""环境敏感受体信息""环境风险管理信息"。企业基本信息反映企业的基本概况、行业类型、地理信息、联系方式等。化学品信息反映企业化学品全过程流动特点。设备设施信息主要反映危险源的数量、分布、隐患类型等。环境敏感受体信息主要反映企业周边敏感受体的类型、分布等。环境风险管理信息反映企业的日常管理能力、监控体系建设水平、应急资源储备、应急能力建设等基本情况。

环境风险源申报管理系统具有风险源信息获取、信息处理、信息输出等功能。获取各类环境风险源基本信息及风险属性信息，通过信息审核后分析计算各类环境风险源总风险水平，再将风险源评价结果向申报企业和各级环境风险源管理机构输出。环境风险源申报管理系统能够汇总各类环境风险源信息，形成格式化、规范化的环境风险基础信息数据库（图 5-3）。使各工业园区、各类企业能够明确该单位环境风险水平，有利于实现安全生产的社会责任并采取措施降低事故发生频率及事故影响；环境风险管理部门（各级环境保护局）可以掌握不同空间尺度区域内的环境风险源分布及其风险状况，为环境风险源评价、监控和管理（日常防范管理、应急管理）提供基础数据，实现风险源的优先管理、全程化管理和动态管理，降低风险源管理成本，提高风险源管理工作效率。具体表单设计，见表 5-1 ～表 5-5。

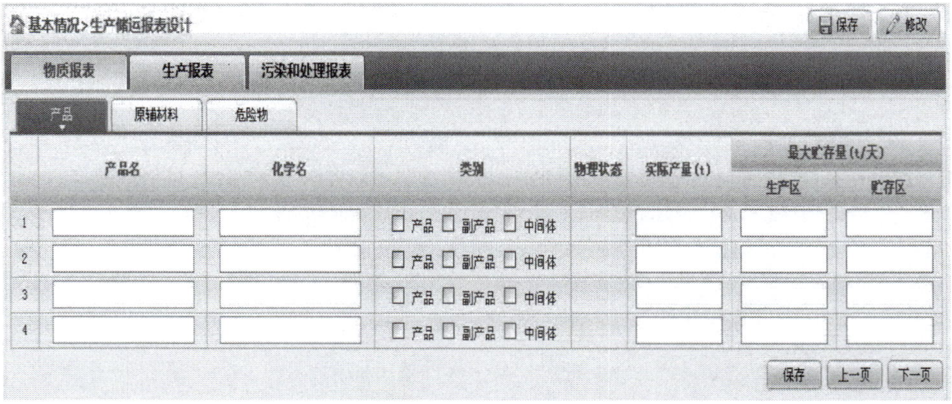

图 5-3 环境风险申报管理系统界面

表 5-1　企业基本信息

<table>
<tr><td colspan="4">1.单位名称
2.单位法人代码 □□□□□□□□ — □（□□）
3.法定代表人</td></tr>
<tr><td colspan="4">4.单位所在地及行政区划　　行政区划代码
____市（地级）____市/县/区 ________街、门牌号</td></tr>
<tr><td colspan="4">5.地理坐标 中心经度 ____°____′____″　　中心纬度 ____°____′____″</td></tr>
<tr><td colspan="4">6.所在工业园区名称____________________</td></tr>
<tr><td>7.联系方式</td><td colspan="3">区号 □□□□
电话号码 □□□□□□□□
值班电话 □□□□□□□□
传真号码 □□□□□□□□
邮政编码 □□□□□□
企业环境管理人员
姓名 □□□ 手机号码 □□□□□□□□□□□
姓名 □□□ 手机号码 □□□□□□□□□□□</td></tr>
<tr><td>8.行业类别</td><td colspan="3">（选项）：
1化学原料及化学品制造业；2石油加工及焦炼业；3电力、热力生产供应业；4采矿业；5有色金属冶炼及压延加工业；6造纸及纸加工业；7印刷及包装业；8纺织业；9设备制造业；10建材业；11橡胶与塑料制品业；12生物工程与制药业；13农副产品加工业；14食品和饮料制造业；15仓储业；16废物治理业；17其他</td></tr>
<tr><td>9.登记注册类型</td><td>选项：1国有企业2集体企业3私营企业4其他内资企业5港、澳、台商投资企业6中外合作企业、合营企业7外商独资企业</td><td>10.企业规模</td><td>大型 □　中型 □　小 □</td></tr>
<tr><td>11.建厂时间</td><td>□□□□ 年 □□ 月</td><td>12.最新改扩建时间</td><td>□□□□ 年 □□ 月</td></tr>
<tr><td colspan="2">13.厂区面积________ m^2</td><td colspan="2">14.职工人数________ 人</td></tr>
<tr><td colspan="2">15.环评审批文号</td><td colspan="2">16.“三同时”竣工验收文号</td></tr>
</table>

表 5-2　化学品（物料）信息

一、化学品（原辅材料）输入及使用

原辅材料名称	CAI编号	物质形态	危害特性	外界输入量/（t/a）	来源	输入方式	实际消耗量/（t/a）	储存方式		系统内最大存量/t	
								生产区	储存区	生产区	储存区
		□气□液□固	□易燃性□反应性…								
		□气□液□固	□易燃性□反应性…								
		□气□液□固	□易燃性□反应性…								

特性可选填：易燃性、反应性、腐蚀性、刺激性、急性毒性、浸出毒性

来源可选填：国外进口；所在区域外部输入；所在区域内部输入

输入方式可选填：水路；公路；铁路；管道；其他

储存方式可选填：罐储、槽储、池储、堆放、钢瓶、桶装等

二、主要产品（含副产品和中间体）及输出

名称	类别	CAI编号	物质形态	危害特性	实际产量/（t/a）	储存方式		系统内最大存量/t		输出量/（t/a）		
						生产区	储存区	生产区	储存区			
			□气□液□固	□易燃性□反应性…								
			□气□液□固	□易燃性□反应性…								
			□气□液□固	□易燃性□反应性…								
			□气□液□固	□易燃性□反应性…								

类别选填：产品、副产品、中间体

输出去向可选填：出口到国外；输出到其他地区；所在区域内部

输出方式可选填：水路；公路；铁路；管道；其他

续表

三、废物产生量				
数据来源	污染源名称	固废产生量/（t/d）	废水量/（m^3/d）	排气量/（m^3/h）
□	W1	W1		
□	W2			
□	W3			
□	W4			

数据来源选填：1产排污系数；2实际监测；3物料衡算

四、废水污染物产生和排放情况

数据来源	污染物类别	主要污染物			处理设施名称		排放去向类型代码		受委托处理单位名称（委托其他单位处理废水的企业填报）		联系方式		
		污染物名称	产生量/（kg/d）	排放量/（kg/d）							姓名	电话	
□	常规污染物类												
□													
□													
□	重金属类												
□													
□													
□	有机污染物												
□													
□													
□	其他												

1污染物类别：

常规污染物类：BOD、COD、SS、总氮、总磷、氨氮、其他可添加

重金属类：总汞、烷基汞、六价铬、总铬、总铅、总砷、总镉、其他可添加

有机污染物类：石油类、苯、硝基苯、苯酚、苯胺类、多环芳烃、多氯联苯、其他可添加

2排放去向类型可选填：直接进入海域；直接进入江河湖、库等水环境；进入城市下水道（再入江河、湖、库）；进入城市下水道（再入沿海海域）；工业废水集中处理厂；进入污灌农田；其他

续表

五、废气污染物产生和排放情况										
污染物名称	产生状况		处理设施名称	去除率/%	排放状况		排气筒参数			排放时间/（h/a）
	浓度/（mg/m^3）	速率/（kg/h）			浓度/（mg/m^3）	速率/（kg/h）	排放高度/m	内径/mm	排放温度/℃	
烟尘										
二氧化硫										
氮氧化物										
氟化物										
粉尘										
氯气										
甲醇										
甲醛										
苯										
苯胺类										
酚类										
氯乙烯										
铬酸雾										
硫酸										
…										

续表

六、危险固废产生和排放情况													
危险固废		主要危险成分	废物特征			产生量/（t/d）	厂内临时储存量/t	厂内储存方式	危险固废处置单位			危险固废运输单位	
名称	代码		颜色	形态	包装方式				名称	经营许可证号	地址	名称	车（船）型

表 5-3　设备设施信息

一、生产区

主要易发事故的设备名称		所在生产单元	风险特征		设计年限	使用年限	是否通过安监检查	设备年故障率	年维护频次	有无监控设施
			反应条件高温高压	反应物质泄漏						
1										
2										
3										
…										

二、储罐区

储存物料名称		储罐形式			有无氮封		储罐规格	储罐数量	设备年故障率	年维护频次	有无监控设施
		固定顶	浮顶	卧式	有	无					
1											
2											
3											
…											

表 5-4 环境敏感受体信息

<table>
<tr><th colspan="8">一、水环境状况及环境保护目标</th></tr>
<tr><td colspan="8">水环境基本状况</td></tr>
<tr><td>废水主要排水去向类型代码 □</td><td colspan="7">废水受纳水体所属水系 □长江 □淮河 □太湖 □黄海 □其他</td></tr>
<tr><td rowspan="2">废水受纳水体名称</td><td rowspan="2">废水受纳水体功能类别</td><td>地表水</td><td>□Ⅰ类</td><td>□Ⅱ类</td><td>□Ⅲ类</td><td>□Ⅳ类</td><td>□Ⅴ类</td></tr>
<tr><td>海水</td><td>□第一类</td><td>□第二类</td><td>□第三类</td><td>□第四类</td><td></td></tr>
<tr><td rowspan="2">清下水受纳水体名称</td><td rowspan="2">清下水受纳水体功能类别</td><td>地表水</td><td>□Ⅰ类</td><td>□Ⅱ类</td><td>□Ⅲ类</td><td>□Ⅳ类</td><td>□Ⅴ类</td></tr>
<tr><td>海水</td><td>□第一类</td><td>□第二类</td><td>□第三类</td><td>□第四类</td><td></td></tr>
<tr><td rowspan="3">是否取用地下水 □是 □否</td><td rowspan="3" colspan="3">取用地下水用途</td><td colspan="2">□生活饮用</td><td colspan="2">服务人口 ______</td></tr>
<tr><td colspan="2">□农田灌溉</td><td colspan="2">灌溉面积 ______</td></tr>
<tr><td colspan="2">□工业用水</td><td colspan="2">日取水量 ______</td></tr>
</table>

<table>
<tr><th colspan="10">水环境保护目标分布（3km范围内）</th></tr>
<tr><td colspan="2" rowspan="2">保护目标名称</td><td colspan="2">规模</td><td rowspan="2">方位</td><td rowspan="2">距离/m</td><td rowspan="2">环境功能</td><td rowspan="2">服务范围
（取水口填写）</td><td colspan="2">联系方式</td></tr>
<tr><td>单位</td><td>数量</td><td>姓名</td><td>电话</td></tr>
<tr><td>1</td><td></td><td></td><td></td><td></td><td></td><td></td><td></td><td></td><td></td></tr>
<tr><td>2</td><td></td><td></td><td></td><td></td><td></td><td></td><td></td><td></td><td></td></tr>
<tr><td>3</td><td></td><td></td><td></td><td></td><td></td><td></td><td></td><td></td><td></td></tr>
<tr><td>4</td><td></td><td></td><td></td><td></td><td></td><td></td><td></td><td></td><td></td></tr>
</table>

排放去向类型可选填：直接进入海域；直接进入江河湖、库等水环境；进入城市下水道（再入江河、湖、库）；进入城市下水道（再入沿海海域）；工业废水集中处理厂；进入污灌农田；其他

续表

二、大气环境状况及环境保护目标调查表								
大气环境基本状况								
区域大气质量功能类别　□一级　□二级　□三级								
大气环境保护目标分布（5km范围内）								
1.保护目标名称		2.规模		3.方位	4.距离/m	5.环境功能	6.联系方式	
		单位	数量				姓名	电话
1								
2								
3								
4								

表 5-5　环境风险管理信息

一、管理制度

企业环境管理系列认证	□ISO14000系列认证　□ISO18000系列认证　□其他		
是否落实安全管理责任制度	□是　□否	是否进行清洁生产审核	□是　□否
环评文件是否有风险防范说明	□是　□否	是否建立具备的应急预案	□是　□否
是否定期开展应急演练	□是　□否	是否定期开展职业技能培训	□是　□否
其他环境管理制度或风险防范措施	（文本描述）		

二、风险防范设施

风险单元名称		围堰			地沟		地面防渗		气/液体泄漏侦测、报警系统		
		有		无	有	无	有（材料）	无	有	无	是否接入远程监控网
		高度	面积								
1											□是　□否
2											□是　□否
…											

事故应急池　□有　□无	事故应急池建设方式	

清下水排水缓冲池　□有　□无	清下水在线监测仪　□有　□无
清下水排放切换阀门　□有　□无	
废水排放在线监测仪　□有　□无	废水监测是否接入远程监控网络系统　□是　□否
废气排放在线监测仪　□有　□无	废气监测是否接入远程监控网络系统　□是　□否

三、风险应急和救援资源

		1. 设施名称	2. 数量		3. 设施来源		4. 外部供应单位名称	5. 外部供应单位联系方式	
			单位	数量	厂内自备	外部供应		姓名	电话
医疗救护仪器	1								
	2								
个人防护装备器材	3								
	4								
消防设施	5								
	6								
堵漏、收集器材	7								
	8								
应急交通工具	9								
	10								
应急监测设备	11								
	12								
其他设备或物资	13								
	14								

二、固定风险源分级分类管理

（一）固定源类环境风险概述

按污染源类型，突发性环境污染事故可以分为固定源和移动源两大类。固定源类突发性环境污染事故主要是指位于固定点位的生产设施、装备、生产工艺发生故障或损坏而发生泄漏、燃烧、爆炸，或违反环境保护法律法规排放污染物，引起污染物质在环境系统中快速扩散，造成短时间内环境质量迅速恶化或威胁公众人身健康的事故。

随着我国社会经济的高速发展，环境污染突发事故也呈现高趋势（表 5-6）。1993 ～ 2008 年，全国共发生环境污染事件 26 809 起，其中特大事故 466 起，重大事故 712 起。2005 年 11 月 13 日，吉林石化公司双苯厂一车间发生爆炸，约 100t 苯类物质（苯、硝基苯等）流入松花江，造成了江水严重污染，沿岸数百万居民的生活受到影响，致使下游的哈尔滨市停水达 4 天。此次污染事件引起了国内外公众的广泛关注，也使我国开始注重环境风险的管理工作。

表 5-6 近年我国部分重大环境污染事故（固定源类）

污染事件	时间	地点	危害
松花江重大水污染事件	2005年11月	吉林	吉林石化公司双苯厂爆炸，致沿岸数百万居民的生活受到严重影响，哈尔滨停水达4天
凤翔儿童血铅超标事故	2009年8月	陕西凤翔	当地冶炼公司排污致615名儿童血铅超标，1人自杀，并引发群体性事件
紫金矿业污染事故	2010年7月	福建上杭	紫金矿业集团工厂铜酸水渗漏流入汀江，导致汀江污染及大量网箱养鱼死亡，居民断水
大连输油管道爆炸事故	2010年7月	辽宁大连	大量原油泄漏入海，近海和海岸受污染，渔业损失严重
蓬莱油田溢油事故	2011年6月	渤海湾	油田溢油事故形成劣四类海水面积840km^2，渔业损失赔偿纠纷严重
龙江镉污染事故	2012年1月	广西河池	企业排污致镉污染波及河段将达到约300km，最高超标80倍

以松花江水污染事件为代表的一系列严重的突发环境事件，对公众健康、社会稳定、经济发展造成威胁。环境保护部负责人曾表示，反思这些事故，已不仅仅是某个企业的过失问题，而是我国产业布局不合理、产业结构不平衡的整体性问题。随着我国经济持续的高速增长，在今后相当长的一段时期内，布局性的环境隐患和结构性的环境风险，将取代个体的污染，成为我国环境安全的头号威胁。预防应对环境风险，保护公众环境安全，是环保部门在新时期的首要任务。

松花江水污染事件后，为了迅速遏制环境安全事件多发势头，有效消除或减少环境安全隐患，避免类似的重大突发环境事件再度发生，环境保护部对全国重点区域进行了大规模的环境风险排查。结果显示，化工石化行业存在较明显的布局性、结构性环境隐患。在环境保护部直接抽查的78家化工石化企业中，有30家规划布局不合理；甚至一些高污染、高危险的建设项目布设在人口集中居住区域、江河湖海沿岸的饮用水水源地上游，一旦发生突发性污染事故，后果将非常严重。另外，近年来高速公路建设的飞速发展，也造成了噪声污染、生态破坏等严重问题。

环境保护部也为此专门针对化工石化等行业开展整顿行动：

1）对全国127个分布在江河湖海沿岸、人口稠密区、自然保护区等环境敏感区附近的重点化工、石化项目进行环境风险评价和应急预案排查。这127个重点排查的项目涉及25个省（自治区、直辖市），投资总额近4500亿元。其中，布设在江河湖海沿岸的项目为87个，占比为68.5%；布设于城市附近或人口稠密区的项目为60个，占比为42.7%；布设于生活（产）水源取水口或自然保护区、重要渔业水域和珍稀水生物栖息地的项目为37个，占比为29.1%。对排查中发现存在重大环境风险隐患的化工石化集中工业园区、基地和建设项目及其他存在有毒有害物质的建设项目，要求针对环境风险事故防范和应急预案，重新制定、完善、落实环境风险评价管理的有关措施。

2）环境保护部决定对布设在江河岸边的河北省邢台钢铁有限责任公司等11家环境问题突出的企业实行限期整改、挂牌督办。还分别对整改内容、整改期限提出具体要求，责成相关各省环保部门立即下达限期整改任务，一个月内提交整改方案并报国家环境保护总局审定后实施。对企业的整改情况进行逐一督查督办，对于没有按照期限整改到位的，依据《国务院关于落实科学发展观加强环境保护的决定》，对其实施下达停产整治决定和经济处罚，并联合监察部依照《环境保护违法违纪行为处分暂行规定》，对有关责任单位和责任人进行行政追究。

3）对投资总额达290亿元的十个违反“三同时”规定的化工、交通等建设项目进行查处。其中，要求河南汝阳县富达金属有限公司年产200t氧化钼加工等4个项目实施限期改正，逾期不改正的，责令停止其试生产；要求广湛高速公路阳江至茂名段工程等6个项目实施限期改正。

（二）工业企业环境风险评价

自松花江污染事件后，大量企业编制了环境应急预案，侧重于对事故发生后如何快速有效的处理，但忽视了事故的前期防范与控制。而环境风险评估则侧重于事故前对有毒有害、易燃易爆等因素对环境质量与人身安全的影响和损害进行评估，提出防范、应急与减缓措施。环境风险分析一方面可以提高企业的环境风险防范能力，另一方面也有利于提高企业突发环境应急预案的科学性、针对性和实用性，有助于企业和管理部门将工作重点由事后应急转变为事前防范（典型案例 5-1）。

典型案例 5-1：杭州试行企业环境风险评估

位于浙江省杭州市拱墅区总容量近 5 万 m^3 的康桥油库，日前通过了一种新型的评估——环境风险评估。评估通过模拟和计算，较为全面地预测了汽油泄漏发生火灾爆炸和火灾爆炸“二次效应”对人体安全和环境的影响，提出了环境风险管理对策，并以清单的形式明确了油库需要改进和增加的十余条风险防范措施，为油库在环境中的安全奠定基础。

此前，拱墅区先后已有杭州危险品转运站、杭州化工原料有限公司祥符桥危险品转运仓库、杭州永欣精细化工有限公司 3 家危化企业通过了环境风险评估，另有 26 家类似企业正在进行风险评估中。

拱墅区共有涉及危化的企业近 200 家，其中油库油料进、出量，占到杭州市的 45%，危险化学品的环境安全形势严峻。为此，管理部门对辖区内有可能使用危险化学品的单位进行了拉网式排查，重点检查了企业的危险化学品使用、储存和管理情况，以及环境事故应急预案的制订情况和污染事故应急措施的落实情况。确定其中进行化学品储运、化工生产使用的 30 家危化企业作为环境风险重点防范单位，要求试行环境风险评估。

拱墅环保分局借助具有相应资质的第三方来开展，探索性地提出“环保局提要求——企业提供现状资料——咨询单位分析评价——专家审核把关”的操作模式，试行环境风险评估。

咨询单位根据专家的意见并按照环保分局的要求，立足于解决企业实际问题，严格按照《建设项目环境风险评价技术导则》的要求，确定了风险识别、风险源项分析、风险后果计算、风险防范措施等 9 个章节，每个章节再分若干小项。如风险后果计算章节中，有发生事故对大气环境影响分析、对水环境影响分析、对次生火灾和爆炸影响分析等小项；在风险防范章节中，有企业已采取风险防范措施、需要改进和增加防范措施等小项。

试行的环境风险评估工作，帮助发现了问题，消除了隐患，明确了改进方向，提高了防范和处置能力，真正做到防患于未然，因此得到了多数企业的初步认可。

（资料来源：中国环境报，2006 年 11 月 16 日）

工业企业环境风险评价技术源于工程风险评价技术。而定量化的风险评价作为一项安全可靠的决策工具，已经在核电工业、航空航天工业等领域应用多年。在很多情况下，定量风险评价强调工厂及工业设施的可靠性和安全性，并综合考虑了危险工艺过程发生重大事故的后果及其对公众健康和环境的潜在影响。对于特定工业企业，其环境风险评价包含危害识别 / 污染物释放分析、暴露评价、后果评价、风险估算等要素。评价的目的可以概括为以下几点：

1）系统地从设计、建设、运行等各过程中考虑安全技术和环境管理问题，找出潜在的环境安全隐患，并提出相应的防范措施；

2）对潜在事故进行定性、定量分析和预测，寻求最佳的生产建设方案；

3）评价能否使收益与环境风险达到最优组合；

4）评价已判定的潜在风险事件是否消除或控制在相应的可接受水平，并为所提出的消除潜在危害或将危害减少到可接受水平的措施所需费用和时间提供决策支持。

该评价的基本程序如图 5-4 所示。

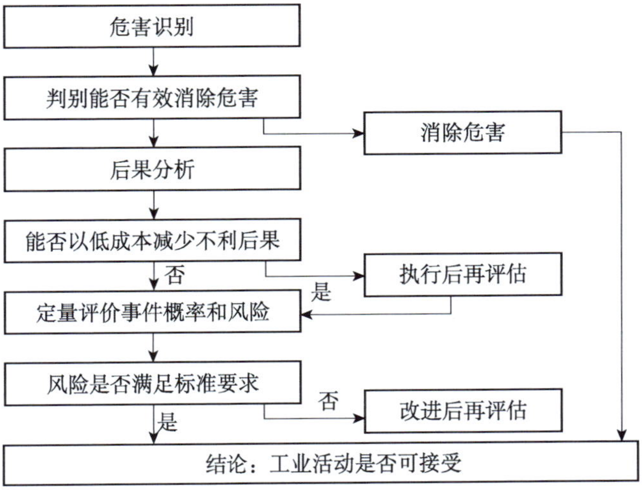

图 5-4　环境风险评价的操作流程

（1）危害识别 / 污染物释放分析

危害识别 / 污染物释放分析是贯穿企业生命周期的重要过程，尤其在工厂论证或工艺设计阶段进行最为有效。它的结果可以是对一特定危险物质发生泄漏的概率的定量分析，也可以为对某种事故可能性的定性描述。

常用的危害识别技术包括：①危害指数法，如陶氏化学公司的火灾和爆炸指数评价法，通过有限的数据识别工艺设计中的关键环节。②危险性和可操作性分析（HAZOP），是一种广泛应用于设计安全审核的技术，进行工艺危险识别，发现可能存在的安全隐患和操作问题，并找到设计中用于控制和限制这些问题的措施。③假设分析，是一种对工艺或操作流程进行的头脑风暴式的审查，通过提问的方式进行集体讨论，重点关注可产生不良影响的事故。④核查表分析，对照标准表单寻找可能产生的各种危害性后果，需要综合运用工业代码、历史事故数据和专家经验判断。⑤故障树分析（FTA），是一种用以揭示引起特定故障——“顶事件”的多种诱因及其组合的图示模型，实质上是一种逻辑框图。“树根”为主事件，而起因可以追溯到若干个初始事件。⑥事件树分析（ETA），用于评估设备失效或工艺故障等初始事件所导致的事故的可能性。事件树分析从初始事件开始，推理出引发潜在事故的一系列事件的发生顺序。

污染物释放分析是在危害识别的基础上，分析危险物质释放发生的方式和频率。对危险物质释放的可能性进行量化估算的方法可以归纳为两类：直接使用工业企业或生产系统统计数据的历史法，或应用模拟分析技术将整个系统分解为影响因素和成因。如可能通过计算机模拟来辅助解决应用故障树分析计算泄漏可能性时所涉及的复杂的数学问题。此外，数据的可用性对估算事件可能性十分重要，与被评价工厂直接相关的数据是最适合的数据，当这些数据不足时，则需使用类似工厂的数据，但将增加评价过程的不确定性。

（2）暴露评价

暴露评价用以在危害识别和污染物释放分析结果的基础上，确定有害事故的影响程度，以及危害影响受体的途径和迁移模式。这一阶段需要应用预测性的暴露模型，包括排放模型（因容器或管线泄漏导致的排放）、喷雾模型（液体飞溅、雾沫）、蒸发模型（陆域和水域）、扩散模型（高斯烟羽、重力排放）、热辐射模型（闪光型火焰、喷射型火焰、池型火焰、球型火焰）、蒸发云式爆炸模型（TNT爆炸模型、燃料气体爆炸模型、数值模拟模型），以及整合了地理信息系统（GIS）技术的人口地图模型等。

（3）后果评价

后果评价旨在对因接触到危害而对受体造成的潜在损害进行量化分析。在工业企业环境风险评价程序中，后果评价需要综合运用易损性模型，包括爆炸损害（对建筑物和人员的损害）、火灾损害（对建筑物和人员的损害）、毒性损害。此外，还可以应用环境质量评价模型和数据分析事故对环境质量的损害进行后果评价。

（4）风险估算

风险估算阶段将对事故发生概率的估计与后果评价的结果相结合，估计出特定工业活动的总体风险。例如，对于工业活动中事故泄漏造成的人群健康风险，可以表述为暴露在某一特定水平或范围的危害下发生伤害的可能性，或产生某特定伤亡概率范围下的暴露程度。而将区域内某一概率内的人数乘以相应的伤亡概率即可以得到某特定事故影响的总人数。

（三）固定风险源分级分类方法

1. 重大危险源的辨识

重大危险源的概念最早起源于20世纪初，是美国、英国、法国等工业发达国家在化学品生产、储存、使用、运输过程中屡屡出现重大火灾、爆炸、泄漏等安全事故，为强化安全管理而提出的。英国于1974年开始系统研究重大危险源控制技术，并且提出辨识重大危险源标准。此后，美国、澳大利亚、加拿大等也颁布了重大危险源控制标准。国际劳工组织（ILO）为推动和协调各国的重大工业事故防范工作，于1993年通过了《预防重大工业事故公约》(简称174号公约)，并界定了重大危险源概念，使重大危险源管理制度得以在世界各国普遍建立（苏华龙和蒋清民，2011）。根据174号公约的定义，“重大危险源”是指永久性或临时生产、加工、搬运、使用、处置或储存一种或多种数量超过规定的阈值的有害化学品的设施。174号公约规定，各成员国应当根据本国的立法、条件和规范，制定、执行和定期审查一项关于保护工人、公众和环境，防止重大事故风险的国家政策。

欧盟1996年颁布《关于防止危险物质重大事故危害的指令（96/ 82/ EC)》（简称塞维索指令Ⅱ），提出重大危险源鉴定标准，按照危害性质和危害程度对重大危险源进行详细划分，包括具有“环境危害性”的物质指标。同时，欧盟的这一重大危险源鉴定标准中分为两个级别阈值，根据不同量级及相应的危险程度而采取不同程度的管理措施。欧盟的重大危险源分类性鉴定标准具有广泛的指导意义。国际劳工组织已参照塞维索指令制订了180种（类）化学品的重大危险源鉴定阈值，供世界各国参考采用。重大危险源企业必须向政府主管部门报告其重大危险源相关的各种信息和资料，由政府主管部门进行动态信息管理。塞维索指令Ⅱ则根据不同量级及相应的不同危险程度分别采取“安全通报书”制度和“安全报告”制度。国际劳工组织推荐的重大危险源鉴定阈值见表5-7。

表5-7　国际劳工组织推荐的重大危险源鉴定阈值

物质名称	数量（>t）	塞维索指令Ⅱ的化学品序号
可燃气体	200	124
易燃液体	50 000	125
光气	0.75	15
氯	25	16
硫化氢	50	17

续表

物质名称	数量（>t）	塞维索指令Ⅱ的化学品序号
丙烯腈	200	18
氰化氢	20	19
二硫化碳	200	20
氨	500	22
氢	50	24
环氧乙烷	50	25
氟化氢	50	94
硝化甘油	10	132
三硝基甲苯	50	145
二氧化硫	250	148
氯化氢	250	149
硝酸铵	2 500	166

我国也已颁布了有关重大危险源辨识、分类的国家标准与法规，生产或储存单元内存在危险化学品的数量等于或超过《危险化学品重大危险源辨识》（GB18218-2009）中的表 1、表 2 规定的临界量，即被定为重大危险源。单元内存在的危险化学品数量根据处理危险化学品种类的多少分为以下两种情况：

1）单元内存在的危险化学品为单一品种时，则该危险化学品的数量即为单元内危险化学品的总量，若等于或超过相应的临界量，则定为重大危险源。

2）单元内存在的危险化学品为多种时，则满足下式的定为重大危险源：

$$R=\sum_{i=1}^{n}\frac{q_i}{Q_i}\geqslant 1$$

式中，R 为单元的危险系数；q_i 为单元中第 i 种危险化学品的实际存在量，t；Q_i 为单元中第 i 种危险化学品的临界量，t；i 为单元中危险化学品的种类数。

在实际安全管理工作中，多数企业中能达到重大危险级的危险源数量比较少，多数为涉及较小的危险源。因此，在危险源的安全监控工作中，需要建立起危险源分级的概念。其分级方法可将 R 值折减后对危险源评级，如表 5-8 所示的值量分级。

表 5-8　危险源简单辨识分级表

危险系数	分级	说明
$a\geqslant 1$	企业A级危险源	国标重大危险源
$0.5\leqslant a<1$	企业B级危险源	一般危险源
$0.25\leqslant a<0.5$	企业C级危险源	较小危险源

2. 环境风险源的识别

环境风险源是对环境产生危害的源头，指可能引起环境污染事故发生，从而对环境或生态系统或其组分产生不利作用的部分，其存在是环境风险事件发生的先决条件。它的内涵不仅包括污染事件对周边敏感受体所产生的危害性影响，还包括环境风险释放的不确定性。按照环境要素分，环境风险源包括水环境风险源、大气环境风险源、土壤环境风险源等；按受体类型分，可以分为饮用水环境风险源、人群健康风险源、生态风险源等；而按照行业类型，则涵盖了石化行业、矿产采掘加工业、造纸业、印染业等众多行业。区域范围内的环境风险源主要包括使用危险物质的企业、集中仓储仓库、储罐，危险物质的运输，毒害污染物的泄漏，废水废气事故性排放等。

安全危险因素与环境危险因素相互关联，安全事故往往同时引发环境事故。实际管理中，安全评价与环境风险评价中均涉及危险源的辨识。从辨识内容上看，二者都包括对工艺、设备及所涉及物料的危险性进行识别评价，都可根据物料、装置的危险性特点划分危险单元，对危险因素进行分析计算等，其中部分内容是相通的，可以相互借鉴。但二者的操作目的并不相同。安全评价旨在通过识别危险来源了解工业系统中的薄弱环节，发现危险因素和管理缺陷，为提出预防控制措施做准备，防止事故的发生，减少可能的人员伤害及设备、经济损失，达到系统的安全和最优化。而环境风险评价中的环境风险源辨识的目的是找出可能引发事故导致不良后果的原料、物质、系统、工艺过程或项目特征，进而筛选出最大可信事故，通过分析潜在的环境后果，评价项目风险是否超过可接受水平，减少事故引起的厂（场）界内外环境质量的恶化、生态系统损害和人群健康影响（典型案例 5-2）。安全管理领域的危险源与环境管理领域的环境风险源的具体差异对比见表 5-9。

典型案例 5-2：浙江省实施环境安全隐患定期排查报告制度

为进一步推行分级、动态、全过程的应急管理，完善预防为主的环境风险管理制度，加大突发环境事件预防预警，提高环境应急管理水平，浙江省制定实施了环境安全隐患排查制度，在全省范围内开展环境安全隐患定期排查整治工作。

《环境安全隐患定期排查报告制度（试行）》于 2012 年 3 月制定下发，主要有以下几个特点：一是重点突出。排查整治工作紧密围绕“污染风险源”和“敏感保护点”展开，以保护各地的饮用水水源地、人口聚集区、风景名胜区等“敏感保护点”为重点，对这些区域及其周边所有涉及危险化学品、重金属污染等环境安全隐患开展全面排查和整治。二是要点明确。排查整治要求对各环境安全隐患的应急体系建设情况和环境安全风险源进行全面检查，制定了专门检查表，建立了环境安全隐患排查整治数据库。包括应急预案、安全制度、应急演练、应急物资、应急设施建设情况和生产情况、危险化学品储存、污染物治理排放、危险废物处置等情况。对于发现的隐患，明确要求各级环保部门要下达整改意见书，明确整改要求、整治责任人和时限。三是分级负责。排查整治对省、市、县各级环保部门的角色定位予以明确。省环境监察总队对各地工作开展情况每年进行一次专项稽查；各市环境监察支队每年开展一次专项检查，每半年开展一次专项稽查；各县环境监察大队每季度进行一次定期巡查；同时督促企业要定期自查。这其中，定期巡查、专项检查和专项稽查均有不同的工作重点。四是分析预警。各级环保部门要汇总分析排查情况，每年年初向上一级部门报告环境风险源名录和前一年度环境安全隐患排查年报，全面反映辖区内环境安全隐患管理工作，提出下一阶段工作重点。每季度报告环境安全隐患排查季报，反映环境安全隐患动态变化和整改情况。该制度还对媒体搜索等其他渠道获知的突发环境事件信息预警提出了要求。五是形成制度。该制度的实施，明确了环境安全隐患排查整治制度、定期报告制度及其考核制度，使浙江省环境风险源的隐患排查、日常监管、数据分析有章可循，进一步推进了环境应急管理工作的制度化、精细化和规范化。

目前，浙江省第一次专项检查工作已经顺利完成，初步检查发现环境风险源企业 1301 家、隐患数 1084 个。下一步，将梳理分析环境风险源名录，建立电子化档案，纳入全省环境应急指挥管理平台，形成环境风险源数据库，实现风险源管理的信息化。同时，将进一步加强稽查力度，保障该制度的全面有效实施。

（资料来源：浙江省环境保护厅）

表 5-9　危险源与环境风险源的区别

项目	危险源	环境风险源
危害类型	人为和设备因素等引发的安全危害	通过环境介质传递的环境危害
范围界定	厂（场）界内	厂（场）界外
受体	生态环境及其周边的敏感目标	主要考虑职工、设备装置等
主管部门	安全监督部门	环境保护部门

国际上对于环境风险源的识别进行了较多研究。早在 20 世纪 80 年代，世界银行和亚洲开发银行就分别提出了一套针对其资助工业项目的污染事故风险评价技术，Colbournea 等对于危险物品储存和运输系统区域风险源识别及评价

方法进行了探讨。总体上，我国对环境危险源的研究尚处于起步阶段，在环境风险源识别、分类与分级等方面还需要开展大量工作。“十一五”期间，受国家863计划重大项目支持，已有研究人员对环境风险源的识别与分级方面开始了系统的研究工作。

环境风险源分级的基本原理是依据事故可能性和环境危害程度的风险水平进行分析。风险由环境事故可能性（频率）与事故后果严重度的乘积来表示，即

$$风险（R）= 频率（F）\times 严重度（C）$$

上式表明，风险随着事故可能性和事故后果严重度的增加而增大，通过风险评价可以获得定性或定量的风险值。表5-10是由定性的事故可能性和事故后果严重度划分得出风险源风险级别的示例。

表5-10　基于事故可能性和事故后果严重度的风险源风险水平分级

可能性＼严重度	特别严重	严重	轻微
很可能	不可承受风险	重大风险	中度风险
可能	重大风险	中度风险	可承受风险
极不可能	中度风险	可承受风险	可忽视风险

（四）固定风险源监管

1. 用制度从源头上防范环境风险

按环境保护部的最新要求：

一是全力推进规划环评，对未开展规划环境影响评价的化工石化集中工业园区、基地，以及其他存在有毒有害物质建设项目的园区、基地，各级环保部门原则上不得受理其范围内的建设项目环境影响评价文件。

二是对新建化工石化类建设项目与存在有毒有害物质的建设项目进行环境风险评价，其结论要作为建设项目环评审批的主要依据之一，评价内容不完善或存在重大环境风险隐患的，其环境影响评价文件不予审批。

三是在建设项目环保“三同时”验收时，凡是环境风险应急预案与事故防范措施未落实的项目，一律不予验收。

四是对排查中发现存在重大环境风险隐患的化工石化集中工业园区、基地和项目，开展环境风险后评价。

五是健全公众参与管理办法，完善环境信息披露制度，通过定期发布中国公众环保民生指数等手段，进一步唤醒全社会的环境安全意识。

2. 重点监控重大风险源

按照国家安全监管和环境保护主部门的要求，强化化工园区生产、加工、废物处理处置等全过程的重大危险源普查与监控工作。选择化工园区重点企业，加大监管频次，定期进行现场检查，不定期进行抽查；安装视频监控系统，在敏感区域根据实际需要布设光电传感器、生物传感器，形成重大环境风险源监控与风险预警网络。

应用网络技术、地理信息技术等，推进化工园区和重点风险源企业的风险监控实时化、智能化水平，并发挥决策支持作用。例如，2004 年南京市安全生产监督管理局与南京工业大学合作开发了“基于 GIS 的南京市重大危险源监管系统”，在 2007 年建立了集信息采集、调度、管理，安全监督、管理，应急指挥、救援为一体的重大危险源监管网络平台。谢槟宇等（2011）采用 ESRI 公司的 ArcGIS 系列开发软件，选用 ArcIMS + ArcSDE + ArcServer + ArcGIS Desktop 组合，充分将计算机技术、网络地理信息系统技术同环境风险源监控相结合，进行无缝集成，构建起化工园区环境风险源监控平台。

三、移动风险源监管

（一）移动型事故风险

危险品投入运输后形成多处流动的、潜在的风险源，既包括道路运输，也包括水上运输、海上运输和管道运输等，它们可能在运输过程中因交通事故或危险物质泄漏而引发突发性环境污染事故。相比于固定源风险事故，移动型风险事故发生地点不确定性强、危险物质易传播扩散、处理处置难度大、危害严重，因此，移动源的管理与监督难度更大。

据统计，我国 95% 以上的危险品涉及异地运输问题，曾多次发生由交通运输事故引发的危害饮用水水源地、生态敏感区、居民区安全的重大环境事件，如 2000 年 10 月 24 日福建省龙岩市上杭县发生了氰化钠罐车污染水体事故、2004 年杭甬高速公路绍兴段“8 • 19”液化气槽车泄漏事故、2005 年京沪高速公路江苏淮安段“3 • 29”特大液氯泄漏事故等，不但使人民的生命财产遭受重大损失，也对生态环境造成了严重污染。化工园区危险物质使用集中、原料和产品运输量大，移动型事故风险突出（典型案例 5-3）。为防范移动源事故风险，园区必须做好移动源的监管，建立起有效的应对机制。

典型案例 5-3：交通事故致洛河严重氰化钠污染

2001 年 11 月 1 日下午 2 时，洛阳市某公司的东风大货车从偃师某化工厂往河南洛宁一金矿送氰化钠，途经洛宁县兴华乡窑子屯村路段时，因司机疲劳驾驶和下雨路基塌陷等原因，发生交通事故，货车从路边滚入离涧河不远的沟壑中，车上装载的 11t 氰化钠顺涧河径直注入洛河，河水氰化钠超标高达 300 倍，受剧毒化学品污染的河水以 3000m3/s 的流量顺流而下，严重威胁了洛河下游沿岸数百万居民的生命财产安全。

事故发生后，司机逃离现场。下午 5 时，兴华乡政府因出现十几头牛羊中毒而发现灾情，立即向洛宁县政府、洛阳市政府作了报告。洛阳市政府召开紧急动员会，同时成立了事故紧急处置领导小组。组织出动驻军、民兵、干部群众数千人连夜赶赴现场，3h 之内在洛河中下游设立了 11 个定量检测点，分 3 处向洛河播散石灰、漂白粉，在洛河宜阳县甘棠村段和洛宁长水乡长水大桥建起两道堤坝，以防止被污染的河水进入市区。处置全程共调集各种机械车辆 100 多辆，水泥 100 多吨，编织袋 50 000 多条，消毒品漂白粉 50 多吨，次氯酸钠 94t，生石灰 80t。最终灾情基本得到控制，未发现人员中毒死亡，但造成直接经济损失 400 余万元。

（资料来源：计雷等，2006）

（二）移动型事故风险分析

危险品的运输和转移须遵守国家规定和相关国际公约协定，但是相应的风险仍然客观存在，需要实施定量的风险评价，尽管评价过程中存在着大量不确定性因素。英国危险物质、健康与安全委员会顾问委员会曾在《危险物质运输的重大危险问题》一书中研究了某些危险物质的潜在风险，分析了风险形成的原因，并使用“定量风险评价”方法估算了危险物质公路及铁路运输所引起的主要风险，研究结果表明公路运输风险不低于铁路运输。

在运输前后，环境风险源、风险因子转运机制和风险受体在时间、空间及性质等多方面均会发生变化，因此，需要不同的风险分析方法（表 5-11）。美国化学工程师协会（American Institute of Chemical Engineers）出台了《化学品运输风险分析技术导则》，推荐了完整的运输风险评价技术方法，包括事故频率分析方法、风险计算和风险度量方法等，也针对公路、铁路、海运和管道运输等特定运输方式进行案例分析。

表 5-11 危险物质运输前后环境风险系统要素的变化

类别		危险物质运输前	危险物质运输过程中
环境风险源	风险源位置	固定不变	随时间变化
	风险源相对位置	固定不变	随时间变化
	初级控制机制	就地储存设施	罐式车体、管道等
	初级控制机制失效原因	突发外部事件、机械故障等	路况、车况、天气、操作失误等
风险因子转运机质	转运空间组成	固定不变	随时间变化
	转运空间位置	固定不变	随时间变化
	诱发及次级控制机制	固定不变	随时间变化
风险受体	风险受体位置	固定不变	随时间变化
	风险受体组成及规模	固定不变	随时间变化
	风险受体的易损性	固定不变	随时间变化

资料来源：毕军等，2006

有害物质运输所导致的泄漏可能产生燃烧、爆炸、毒性损害和生态损害等后果，其风险分析应关注事故对人群、环境、财产和商业活动所产生的影响。目前，国际上已有多种专门用于进行移动型事故风险分析的专业工具。Leeming等（1996）开发出运输风险评价工具用于评价有毒有害物质和易燃物质在公路和铁路运输过程中因泄漏可能造成的风险。Mereys 和 Mudan（1996）基于 ERM 公司开发的适用于企业人群、环境和商业风险分析的方法，对北美某石化产品运输公司进行环境风险分析，并支撑其风险控制策略的制定（典型案例 5-4）。中国安全生产科学研究院学者也曾提出危险品道路运输过程定量风险分析方法，建立了定量风险评价的总体模型。

典型案例 5-4：化学品和石油产品罐车运输的风险分析

环境资源管理公司（ERM）下辖四个子公司，在持续的资金投入的基础上，开发出适用于企业人群、环境和商业风险的分析方法体系，并且成功应用于不同企业运输和配送系统的风险分析中。以下是 ERM 为某客户所做的风险分析案例。

（1）公司

该运输公司拥有 2000 个用于在北美地区运输化学品和石油产品的无压罐车，主要运输液体原料、中间品和最终产品，其中石油产品占 1/3。该评价将车队作为一个整体进行分析，而不评价某一特定罐车。

（2）罐车事故概率分析

确定事故或意外泄漏发生的概率是风险分析的关键环节。事故性泄漏可以看成是关于罐车行驶的总里程数、单位里程的事故发生率和事故产生泄漏的概率的函数。以此为基础，结合考虑物质溢出规模来综合判断事故泄漏的严重程度。

（3）后果和影响分析

事故后果通过危害区域进行表征。影响分析关注的是事故对人群、环境、财产和商业活动所产生的影响。总之，有害物质泄漏可能产生燃烧、爆炸、毒性损害和生态损害等后果。

（4）人群影响

该案例中的化学品和石油品虽然不具有高毒性、易燃易爆性，但罐车事故仍会导致人群伤亡。目前，有关罐车泄漏的RSPA数据库共包含12 000个泄漏事故，可用于分析事故对人群造成的损害。该数据库提供了高速公路泄漏事故导致的伤亡人数的概率分布。后果分析、历史案例评述及特定时期的报道等用于定性验证统计资料的可靠性。

（5）环境影响

泄漏会产生高额的清理和修复费用。为从经济角度对所有风险进行衡量，可以使用实际事故的数据估计总的环境损失。用单次泄漏事故造成的污染面积乘以清理费用来表征总的泄漏后果。对于泄漏后起火的事故，清理费用达到最小化，但财产损失则会增加。RSPA数据可用于确定泄漏后起火的事故比例。对于不起火的事故，则需评估其环境影响。

清理费用主要包括土壤修复、地下水清理、溢出水清理，以及有害物质的焚烧。分析过程中考虑了多种典型情景和应急响应因素。

（6）财产损失

应用历史数据确定财产损失的分布，进而建立模型估算事故财产损害程度。基于联邦高速公路管理局的数据估算成本分布。该数据库包含了5000多起事故和近1000起泄漏事故案例。

（7）运输风险评价结果

罐车运输队的年均损失估计为700万美元，构成如图5-5所示。其中，清理费用占总损失的比例最高，达到60%。分析结果被该运输公司用于研究制定风险控制方案，尤其针对一些出现相对频繁但损失较小的事故的风险控制方案。该运输公司通过自我保险和外部保险相结合的方式来转移高额损失的风险，并着手重新评判保险覆盖度。此项研究完成后，该公司决定大力扩展其在有毒有害物质运输市场中的业务。

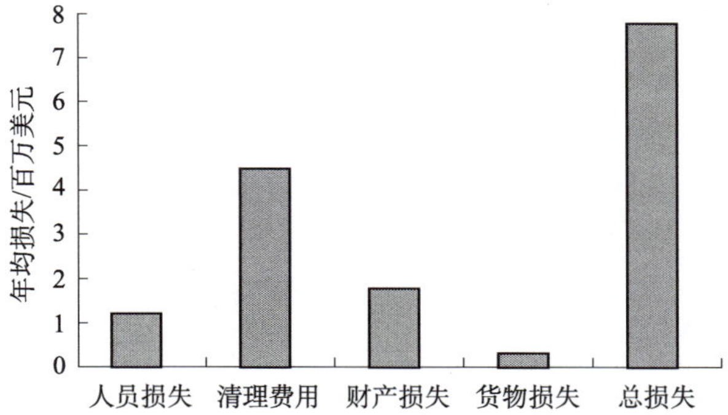

图 5-5 运输公司年均损失估算结果

（资料来源：Fairman et al.，1999）

运输风险分析与运输路线优化紧密相连。在选定的运输路线中，对路线范围内外的人群进行风险估计，进而通过“路线社会风险”来表征总风险。使用社会风险进行表征的原因在于某一事故会给某一人群整体造成潜在损害。运输风险评价法可对不同的风险进行比较和排序，如比较不同路线的风险、不同运输模式的风险，以及识别某一运输路线中的高风险点，从而为优化运输活动、控制移动型事故风险提供决策支持。相应的分析模型被研究人员归纳为以下几类（毕军等，2006）：

1）运输路线经过地区人群暴露的最小化模型；

2）运输路线经过地区人群暴露和运输费用线性组合的最小化模型；

3）运输过程中的总体风险、事故发生的可能性及运输费用的最小化模型；

4）总人群暴露、敏感风险受体（如学校）、运输费用及易受损社会财富的最小化模型；

5）根据运输线路所具有的网络结构特性，利用图论方法对运输费用、社会风险和风险分布的公平性寻优。

风险最小化是移动型事故风险分析员的基本目标，但在现实过程中，风险最小化不是社会决策过程的唯一依据。费用－效益分析也是重要的决策依据，即费用最小化也是运输选线过程中必须要考虑的问题。我国学者毕军提出“基元路段”的概念，并建立了具有总体运输风险和运输费用两个优化目标的优化决策模型，用于沈阳地区有害废物运输中的风险分析和线路优化。利用基元路段的道路服务水平（道路交通负荷与道路饱和容量之比、平均车速等指标）、基元路段周围地区性（人口密度、商服集贸点分布密度、公共场所密度等指标）、基元路段长度（路段越长，运输费用越高，发生事故的可能性也越大）等表征路段的基本特性，计算沈阳地区各个工厂有害废物的各运输方案的运输成本和相应的风险水平，在此基础上进行方案比选和优化，服务于沈阳市的有害废物运输管理，并尽可能地降低运输过程的风险。

（三）移动风险源监管

有研究人员从人－机－环境（H-M-E）的角度分析，危险品道路运输系统是由人（运输人员、随从人员、管理者和沿线影响人员）、机（运输车船、容器及设备）、环境（道路/水路特征、天气状况、风向条件、交通状况和自然地理条件等）及危险品构成的交互影响体系，各因素协调发展，一旦出现能量意外释放或受危险因素诱发就会导致事故发生。

根据系统安全基本理论，HE为运输线路邻近人员与运输环境的交互影响区；HM为人与运输车船和危险品的影响区，驾驶和从业人员可能遭受直接伤害；ME为危险品运输过程对环境的影响区，可能破坏环境，但环境对事故风险也有减缓作用，HME区为三者的交互区，相互影响（图5-6）。

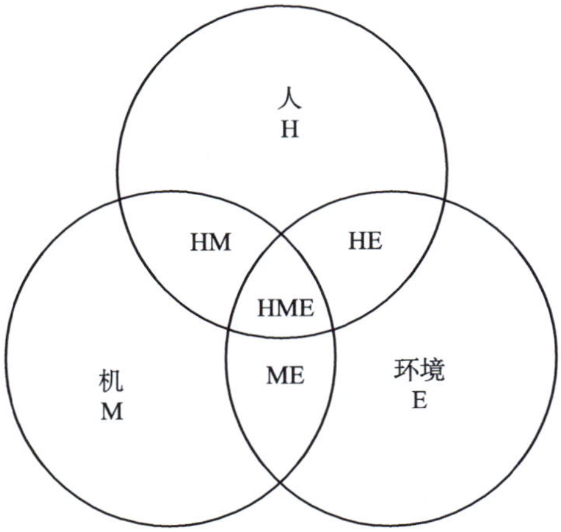

图5-6　移动型风险系统构成

运输的危险品为第一类危险源，可能发生意外的能量或危险物质释放；各种诱发危险因素，如容器破裂、疲劳驾驶、路面不良、交通流量大、天气恶劣等，为第二类危险源，约束限制能量措施失效或破坏等，最易诱导事故发生。因此，必须保持人、机、环境协调和谐运作，符合人适机、机宜人、环境宜人的基本协调原理。据此，化工园区移动风险源的监管从主体上划分，包括政府管理部门、运输企业和实际操作人员等几方面。

1. 政府管理部门

加强危险化学品、有毒有害废物运输转移的资质管理，科学规定车船运行路线和运行时间。认真检查危险化学品转移企业、产污单位及运输单位是否按

申报登记的化学品 / 污染物数量、种类、浓度、去向等进行转移。运输有毒有害物质、油类的车辆和船舶不得进入饮用水水源地保护区，绕避自然保护区、风景名胜区、居民集中区、医院学校等敏感目标。

2. 运输企业

重点关注装卸、包装等环节，避免超载、超高、过量充装、混装、包装有漏洞等；严格按照国家规定包装，设置明显标志。制定严格的日常出车检查制度和定期全面检查制度，加强车船日常维护。配备通信工具、人员防护和施救设备。

3. 实际操作人员

加强驾驶员和押运员的培训，接受安全知识、专业技术、职业卫生防护、应急救援知识的培训，严格持证上岗。严格按规定线路行驶，严禁超速、变更线路、违章客货混装。驾驶员、装卸人员、押运员须了解所运载的危险化学品或有害废物的性质、危害特性、包装容器的使用特性和发生意外时的应急措施。

在技术层面上，从源头上强化风险源管理、规避移动型环境风险的主要技术环节及最新技术应用趋势包括以下几方面。

（1）危险品运输的全过程监控管理及物联网技术的应用

为防范移动型环境污染事故的发生，需要对危险化学品运输车船进行动态监控管理，管理者可以通过物联网技术的应用，智能监控掌握风险源的位置和环境变化信息。目前，危险化学品运输车辆管理可采用先进的 RFID 识别技术，通过电子标签，基于 GIS 平台，解决对危险化学品运输车船的动态跟踪问题。

（2）封闭式园区管理

通过门禁系统、摄像头、电子屏等设备的运用，对工业园区进行封闭式、电子化管理，对进出园区的危险化学品运输车船、危险物质、操作人员等进行全方位跟踪管理，建立台账制度，使园区危险物质输入输出有据可查，提升日常监管规范化水平，同时提高应急反应能力和应急效率。

（3）管线泄漏定位与管道检漏预警技术

针对管线运输方式，目前我国已有科技工作者开发出管线泄漏定位与管道检漏预警体系，将物料平衡统计模型、管道机理模型和信号序列相关分析模型进行耦合，能进行实时的泄漏监测，也能进行长期的缓慢泄漏检测，可用于估算泄漏量，也可进行泄漏点定位，并且在天津临港工业集群区得到实际运用。

（4）应急预案编制与应急演练

园区应结合自身危险化学品的运输特点、线路周边环境状况，进行应急预案编制，建设园区环境风险应急演习计算机模拟平台。使用污染事件特征关系模型确定污染事件中需要进行检测的污染物，根据检测和处理处置技术集成关系模型确定检测方法和处理处置方法，通过数据库的关联确定检测仪器和应急物资，形成应急检测与处理处置的方案。如典型案例 5-5 所示。

典型案例 5-5：淮安经济开发区举行危险化学品运输事故应急演练

淮安经济技术开发区危险化学品运输频繁，开发区水厂取水口上游桥梁多、车辆多，存在水体污染隐患，移动型环境风险压力大。如果危险化学品运输污染饮用水水源怎么办？2012 年 6 月 28 日下午 3 时，一场应急模拟演练在淮安经济技术开发区水厂古黄河取水口拉开帷幕。

此次演练模拟取水口上游约 2000m 处的宁连路古黄河大桥上发生“交通事故”，一辆运输危险化学品的槽罐车发生泄漏。取水口上游的巡查人员迅速向水厂和淮安自来水公司汇报该警情，后者立即启动应急预案，采取暂停取水等措施。同时，将该情况迅速传递到市委、市政府、安监、环保、水利、公安、消防、卫生、市政等部门以及下游的涟水县自来水公司。

初步检测水样发现，水中污染物质为硝基苯。根据预案，开发区水厂继续停止取水，在确定污染物未进入厂内的情况下，减少对外供水量；北京路水厂和城南水厂则加大供水量，保证市民正常用水。进一步检测发现，距取水口 1000m 处，水中硝基苯浓度为Ⅳ类，根据预案，采取抛撒粉末活性炭的方法对受污染水源进行处理。再次检测发现，取水口水质已达到国家规定的地表水Ⅲ类水限值标准要求。鉴于此，总指挥长接市政府通知，解除应急状态，水厂恢复供水。演练就此结束。

（资料来源：江苏省环境保护厅）

四、危险化学品监管

（一）危险化学品的定义与分类

危险化学品通常意义上是指具有易燃、易爆、有毒、有害、有腐蚀性或放射性等危险特性，在生产、储存、运输、使用和废弃物处置过程中，容易对人员、设施和环境造成伤害或损害的化学品。严格意义上，危险化学品的定义是：“符合有关危险化学品（物质）分类标准规定的化学品”。国际上，联合国《关于危险货物运输的建议书》规定了 9 类鉴别危险化学品的指标；此外，危险化学品鉴别分类的国际协调系统（globally harmonized system of classification and labelling of chemicals，GHS）规定了 26 类危险化学品的鉴别指标和测定方法，在发达国家应用广泛。我国也发布了国标《常用危险化学品的分类及标志》（GB13690-1992），将危险化学品分为 8 类，并规定了相关指标。

实际操作中，通常将国家安全生产监督管理总局公布的《危险化学品名录》中的化学品作为危险化学品。名录中未列的化学品一般应经实验加以鉴别认定。符合标准规定的危险化学品一般以其燃烧性、爆炸性、毒性、反应活性、腐蚀性等为衡量指标。目前常见并用途较广的危险化学品达数千种，其危害性质各不相同，且往往具有多种危险性。针对有多种危险性质的化学品，通常依据“择重归类”原则，根据化学品的主要危险性进行分类。目前，我国法律规定的危险化学品分为九大类，具体见表 5-12。

表 5-12　危险化学品的分类

类别及名称		特性解释	分项	代表物质
1	爆炸品	在受热、撞击、摩擦等外界作用下能发生剧烈的化学反应，瞬间产生大量的气体和热量，使周围的压力急剧上升，发生爆炸，对周围环境、设备、人员造成破坏和伤害的物品	第1项，具有整体爆炸危险的物质和物品	叠氮（化）钡
			第2项，无	无
			第3项，具有燃烧危险和较小爆炸或较小抛射危险，或两者兼有	亚硝基苯
			第4项，无重大危险的爆炸物质	四唑并-1-乙酸
2	压缩气体和液化气体	压缩的、液化的或加压溶解的气体。受热、撞击或强烈震动时，窗口内压力急剧增大，致使容器破裂，物质泄漏、爆炸等	第1项，易燃气体	氢［压缩］
			第2项，不燃气体	氧［压缩］
			第3项，有毒气体	氟［压缩］
3	易燃液体	常温下易挥发，其蒸汽与空气混合能形成爆炸性混合物	第1项，低闪点液体，即闪点低于-18℃	汽油［闪点<-18℃］
			第2项，中闪点液体，即闪点在-18～23℃	汽油［闪点-18～23℃］
			第3项，高闪点液体，即闪点高于23℃	煤油
4	易燃固体、自燃物品和遇湿易燃物品	易于引起火灾	第1项，易燃固体	三氧化二磷
			第2项，自燃物品	黄磷
			第3项，遇湿易燃物品	锂
5	氧化剂和有机过氧化物	具有强氧化性，易引起燃烧、爆炸	第1项，氧化剂	过氧化氢
			第2项，有机过氧化物	2,2-过氧化二氢丙烷
6	毒害品和感染性物品	进入人或动物机体后，累积达到一定量能与体液和组织发生生物化学作用或生物物理作用，破坏机体正常生理功能，引起病理改变	第1项，毒害品	氰化钠

续表

类别及名称		特性解释	分项	代表物质
7	放射性物品	指放射性比活度大于7.4×10^4Bq/kg的物品	按物理形态分类	
			固体放射性物品	独居石
			粉末状放射性物品	夜光粉
			液体放射性物品	发光剂
			晶粒状放射性物品	硝酸钍
			气体放射性物品	85Kr
			放出α、β、γ射线的放射性物品	236Ra
			按射线类型分类	
			放出α、β射线的放射性物品	天然铀
			放出β、γ射线的放射性物品	60Co
			放出中子流的放射性物品	镭-铍中子流
			按放射性大小分类	
			一级放射性物品	
			二级放射性物品	
			三级放射性物品	
8	腐蚀品	能灼伤人体组织并对金属等物品造成损伤的固体或液体	第1项，酸性腐蚀品	发烟硝酸
			第2项，碱性腐蚀品	氢氧化钠
			第3项，其他腐蚀品	亚氯酸钠溶液
9	杂类			

资料来源：奚旦立，2008

（二）危险化学品的环境危害

随着人类经济社会的快速发展，各种化学品的生产量和使用量大幅增加，新化学品也不断涌现。人们在充分享用化学品带来的便利的同时，也产生了大量有毒有害的化学废物，对生态环境和人类自身健康造成损害。化学品进入环境的途径主要有以下四种：

1）生产废物排放。在工业生产、加工制造、储存、运输等过程中，以废水、废气、废渣等形式进入环境。

2）居民生活排放。居家生活（如清洁剂、灭蚊剂的使用）、家庭装饰（如装修、涂料等）、燃料燃烧等过程中直接排入或使用后作为废弃物进入环境中。

3）农业活动排放。农业生产活动中农药、化肥等化学物质的施用，通过降雨径流等在环境中迁移扩散。

4）事故性排放。在化学品生产、储存、运输过程中由于着火、爆炸、泄漏等突发性事故，致使有毒有害化学品进入环境系统。

化学品对环境的危害主要包括以下几方面。

（1）对水体的危害

我国七大水系、湖泊、水库、近岸海域和部分地区地下水受到不同程度的污染，其中辽河、海河、太湖、滇池、巢湖、渤海等污染较为严重。水体中的污染物主要包括无机盐、氮、磷等植物营养物质，重金属、氰化物等无机毒物，石油类、苯酚、多环芳烃等有机毒物。

含氮、磷等营养物质的生活污水、工业废水大量排入水体后，可造成水体中养分过多，使藻类大量繁殖，发生水华、赤潮等现象，影响鱼类等生物生存，甚至威胁饮用水安全。无机和有机毒物的排放，将直接影响水质，危害水生生物生存，破坏生态系统稳定。

（2）对大气的危害

大气污染的形成和危害机理较为复杂。当前我国大气污染呈煤烟型污染和交通型污染并存的状态，主要污染物是二氧化硫、氮氧化物等，华中、西南等地酸雨污染严重。以氯氟烃为代表的含氯化学物质对臭氧层有破坏作用，可以导致地面接收的紫外线辐射量增加，导致白内障和皮肤癌等疾病的发病率增加。此外，汽车、工厂等排入大气中的氮氧化物、碳氢化合物，在大气中会通过光化学反应生成臭氧、过氧乙酰硝酸酯（PAN）为主的光化学烟雾。

（3）对土壤的危害

有害废物堆放、填埋、渗漏等可造成大量化学废物进入土壤，可导致土壤酸化、土壤碱化、土地生产力下降等后果。据统计，我国每年约向陆地排放有害化学废物达2000余万吨，每年各类受污染的耕地约有1.5亿亩①，占18亿亩耕地的8.3%，其中固体废弃物堆存占地和毁田200万亩。而随着我国城市化进程的加快，大量城市中的工矿企业搬迁改建后，遗留下来大量的受污染土地，往往通过住宅开发进行再利用，其潜在的重金属、农药、多环芳烃、多氯联苯污染威胁不容忽视。

（4）对人体健康的危害

化学品可通过职业接触进入人体造成损害。据统计，我国每年职业中毒约5万例、农药中毒约10万例。此外，在日常环境中，化学污染物还可通过空气吸入、饮食摄入、皮肤接触等途径进入人体，形成急性或慢性健康损害。急性损害主要指短时间内大量有毒有害物质进入人体，造成快速健康反应，如发生在1952年12月5～9日的伦敦烟雾事件，数日之内便造成4000多人死亡。慢性损害主要指低浓度、少量的污染物质在较长时间内侵入人体所引发的累积性危害，往往需要经过长时间之后才能逐渐显现出健康效应。近年，我国陕西凤翔、

① 1亩≈666.7m^2。

盐城大丰、福建上杭等地发生儿童血铅超标事件，均为污染源长期排放含铅废物所致。

（三）危险化学品相关环境事故

化学品是国民经济建设的基础元素，在社会生产和生活中扮演着不可替代的角色。而化学品相关行业也是我国的支柱产业之一，然而在推动社会经济快速发展的同时，也给生态环境安全带来了极大威胁。近年来，化学品环境污染事件频发。环境保护部公开信息显示，环境保护部 2008 ～ 2011 年间共接报突发环境事件 568 起，其中涉及危险化学品 287 起，占突发环境事件的 51%，每年与化学品相关的突发环境事件比例分别为 57%、58%、47%、46%。化学品环境污染事故具有发生随机、途径多样、强度较大和破坏严重等特点，对人体健康、生态安全及社会稳定构成重大威胁，是环境污染控制和安全保障面临的重大难题。

由于社会经济发展的区域差异，化学品污染也日益呈现出区域集聚的特点。如我国以长江下游为代表的区域，化工行业集聚，工业园区密布。目前，长江下游（江苏段）沿江 8 市有十多个开发区均规划发展化工产业，还有多个化工集中区。长江（江苏段）作为全省的主要饮用水水源地和南水北调东线工程的取水口，其潜在水质下降将严重威胁到该流域乃至更广泛人群的生活安全、经济发展和社会稳定。长江（江苏段）地处长江下游入海口地段，全长 418km，流经南京、镇江、扬州、泰州、常州、无锡、苏州、南通八个省辖市。沿江两岸经济发达，人口密集，不仅是重要的商品粮基地，也是城镇化水平、工业化程度较高的地区。但是快速的工业发展和高度密集的化工园区布局也给长江的生态环境造成了巨大的压力。2006 年长江（江苏段）有机毒物污染源识别调查结果表明，江苏沿江各市共排放有机毒物废水 33850 万 t，化工行业排放的有机毒物废水占总量的 68.6%。沿江地区企业生产过程中涉及的有机毒物共有 700 余种，其中属于原辅材料的有 368 种，属于产品的有 348 种，使用量前 100 位的有机毒物都在 1000t/a 以上，使用量在万 t/a 以上的有机毒物有 45 种。工业上使用的有机毒物大都与环境水体中检出的有机物具有相近的结构。为保障人民群众的身体健康和环境安全，根据国务院的部署，环境保护部重点检查化工园区和化工企业集中区域，排查风险隐患，以遏制突发化学品污染事件的高发势头。

（四）危险化学品监管法律法规

20 世纪 60 年代起，欧盟就致力于化学品污染控制及风险管理，先后出台指令，详细规定化学品的分类、标签、包装及相关测试方法，以规范化学品的经营与使用。1998年欧盟委员会发起化学品政策检讨，在现有法规的基础上进行化学品管理革新，直至2006年正式出台REACH（Regulation Concerning the Registration，Evaluation，Authorization and Restriction of Chemicals）。该规章是2007年6月1日由欧盟正式全面实施，主要包括化学品注册、评估、许可与限制，其旨在控制欧盟范围外的有毒有害化学品的迁移，使欧盟成员国内公民免遭化学品带来的危害。REACH希望通过立法降低与化学制品相关的所有风险，这些风险存在于从化学制品的生产、使用到处理的整个过程中，形成了化学品生命周期全过程的风险控制与预警。REACH取代了现行的40多项涉及化学品管理的指令和法规，极大地扩展了现行欧盟化学制品法规的范围，并且把以职业保护为主的现行法律体系转变为包含消费者保护、产品安全、环境保护和职业健康等内容的法律体系。该体系将把欧盟化学制品法的范围从化学物质扩展到含有化学成分的产品。通过注册、评估、许可的程序对有毒化学品进行限制，使得政府主管部门将有力地控制化学制品“从出生到坟墓”的全过程，因此，在环境方面能够避免化学品对空气、水、土壤污染，控制持久性和生物积累性有毒物质，防止对生物多样性的破坏。

此外，美国于1977年公布TSCA（Toxic Substances Control Act），用动态化学物质清单（名录）的形式将化学物质分为在名录中的现有化学物质和不在名录上的新化学物质两类，对其区别对待和管理。法规开始时名录中约有62 000种物质，至今另约有20 000种物质经过评审并实际生产或进口后进入到名录中，现名录中约有82 000种物质。对于新化学物质，TSCA规定，如果美国国家环境保护局（EPA）认为已有数据不足够来认识、评估和防治健康和环境效应时；或者缺少这些数据，化学物质可能对健康和环境造成不必要的风险；或是这种化学物质可能会持续地增加，并且进入环境的量也会持续地增加，或是这种化学物质会对人体健康有显著的暴露影响时，EPA可能通过发布命令提出继续测试的管理要求，或是发布命令或寻求法庭指令来禁止或限制该化学物质的生产、加工、使用或处置。TSCA规定各类化学品需在生产前和进口前申报，即使量很小也需要经过小量申报，批准后才能进入生产。而这种申报制度，能够建立并动态更新化学品使用主体的信息、化学品的使用情况及可能的暴露信息等；同时能够支持EPA，通过包括化学审查、结构关系和暴露评估、经济综合分析等一系列评估会议的方式和程序对该化学物质进行评估，依据各阶段的评估结果为化学品管理决策提供支持，决定是否放弃管理、进一步评估、等待新测试信息、发布合意令限制生产、发布显著新用途规则，或是直接禁止生产。

可见，欧盟的REACH能够对化学品进行全过程的管理与限制，美国的TSCA通过源头的化学品申报，可以建立起化学品的追踪管理。而与欧盟、美国相比，我国化学品污染问题突出，所致的环境风险形势严峻。我国官方2013年发布的现有化学物质名录中收录了超过45 000种正在中国被生产、销售或进口的化学物质，每年还有超过100种新化学物质在申报。2002年1月9日国务院第52次常务会议通过了《危险化学品安全管理条例》，旨在加强对危险化学品的安全管理，保障人民的生命财产安全和保护环境。《危险化学品安全管理条例》确定建立起15项管理制度，包括1项公告制度、3项备案制度和11项审批、审查制度。其中，备案制度包括：①在役装置安全评价报告备案制度；②应急救援预案备案制度；③转产、停产、停业或者解散时危险化学品处置备案制度。11项审批、审查制度包括：①危险化学品生产、储存和使用企业设立审批制度；②危险化学品生产企业生产许可制度；③危险化学品包装物、容器生产企业的定点审批制度；④危险化学品经营许可制度；⑤危险化学品的进出口管理制度；⑥剧毒化学品准购、准运制度；⑦危险化学品运输企业资质认定制度；⑧危险化学品登记制度；⑨从业人员培训考核与持证上岗制度；⑩化学事故应急救援管理制度；⑪违规责任追究制度。

（五）新化学物质环境管理

新化学物质，是指未列入《中国现有化学物质名录》的化学物质。我国于2010年10月15日起施行《新化学物质环境管理办法》对新化学物质实行风险分类管理，实施申报登记和跟踪控制制度。新化学物质的生产者或者进口者，必须在生产前或者进口前进行申报，领取新化学物质环境管理登记证；未取得登记证的新化学物质，禁止生产、进口和加工使用，不得用于科学研究。

1. 申报程序

（1）申报类型

新化学物质申报，分为常规申报、简易申报和科学研究备案申报。

（2）常规申报要求

新化学物质年生产量或者进口量在1t以上的，应当在生产或者进口前向环境保护部化学品登记中心（简称“登记中心”）提交新化学物质申报报告，办理常规申报；但是，符合简易申报条件的，可以办理简易申报。

新化学物质申报报告，应当包括下列内容：

1）新化学物质常规申报表，并附具按照化学品分类、警示标签和警示性说明安全规范等国家有关标准进行的分类、标签和化学品安全技术说明书；

2）风险评估报告，包括申报物质危害评估、暴露预测评估和风险控制措施，以及环境风险和健康风险评估结论等内容；

3）物理化学性质、毒理学和生态毒理学特性的测试报告或者资料，以及有关测试机构的资质证明。生态毒理学特性测试报告，必须包括在中国境内用中国的供试生物按照相关标准的规定完成的测试数据。

（3）常规申报数量级别

常规申报遵循“申报数量级别越高，测试数据要求越高”的原则。申报人应当按照环境保护部制定的新化学物质申报登记指南，提供相应的测试数据或者资料。

依据新化学物质申报数量，常规申报从低到高分为下列四个级别：

一级为年生产量或者进口量在1t以上不满10t的；

二级为年生产量或者进口量在10t以上不满100t的；

三级为年生产量或者进口量在100t以上不满1000t的；

四级为年生产量或者进口量在1000t以上的。

（4）简易申报基本情形

新化学物质年生产量或者进口量不满1t的，应当在生产或者进口前，向登记中心办理简易申报。

办理简易申报，应当提交下列材料：

1）新化学物质简易申报表；

2）在中国境内用中国的供试生物完成的生态毒理学特性测试报告。

（5）简易申报特殊情形

生产或者进口的新化学物质有下列特殊情形之一的，应当办理简易申报：

用作中间体或者仅供出口，年生产量或者进口量不满1t的；

以科学研究为目的，年生产量或者进口量在0.1t以上不满1t的；

新化学物质单体含量低于2%的聚合物或者属于低关注聚合物的；

以工艺和产品研究开发为目的，年生产量或者进口量不满10t，且不超过两年的。

办理特殊情形简易申报，应当提交新化学物质简易申报表及符合相应情形的证明材料。

（6）科学研究备案申报要求

有下列情形之一的，应当在生产或者进口前，向登记中心提交新化学物质科学研究备案表，办理科学研究备案申报：

1）以科学研究为目的，新化学物质年生产量或者进口量不满0.1t的；

2）为了在中国境内用中国的供试生物进行新化学物质生态毒理学特性测试而进口新化学物质测试样品的。

2. 登记管理

（1）常规申报登记程序

新化学物质常规申报登记，按下列程序执行：

登记中心受理常规申报后，将新化学物质申报报告提交环境保护部化学物质环境管理专家评审委员会（简称“评审委员会”）。评审委员会由化学、化工、健康、安全、环保等方面的专家组成。

评审委员会依照环境保护部颁布的新化学物质危害和风险评估导则和规范，以及化学品危害特性鉴别、分类等国家相关标准，对新化学物质的以下内容进行识别和技术评审：名称和标识；物理化学、人体健康、环境等方面的危害特性；暴露程度及对人体健康和环境的风险；人体健康和环境风险控制措施的适当性。

评审委员会应当提出新化学物质登记技术评审意见，报送环境保护部。新化学物质登记技术评审意见包括：将新化学物质认定为一般类、危险类，以及是否属于重点环境管理危险类新化学物质的管理类别划分意见；人体健康和环境风险的评审意见；风险控制措施适当性的评审结论；是否准予登记的建议。

环境保护部应当对新化学物质登记技术评审意见进行审查，确定新化学物质管理类别，并视不同情况，做出决定：对有适当风险控制措施的，予以登记，颁发登记证；对无适当风险控制措施的，不予登记，书面通知申报人并说明理由。

（2）简易申报登记程序

新化学物质简易申报登记，按下列程序执行：

登记中心受理简易申报后，应当提出书面处理意见，报送环境保护部。

对按要求提交生态毒理学特性测试报告的，评审委员会应当对申报材料进行技术评审，并提出技术评审意见，报送环境保护部。

环境保护部对符合要求的，予以登记，颁发登记证；对不符合要求的，不予登记，书面通知申报人并说明理由。

（3）登记证内容

登记证应当载明下列主要事项：申报人或者代理人名称；新化学物质名称；登记用途；登记量级别和数量；新化学物质的管理类别。常规申报的登记证还应当载明风险控制措施和行政管理要求。

（4）新特性报告及处理

登记证持有人发现获准登记新化学物质有新的危害特性时，应当立即向登记中心提交该化学物质危害特性的新信息。登记中心应当将获准登记新化学物质危害特性的新信息，提交评审委员会进行技术评审。

环境保护部根据评审委员会的技术评审意见，采取以下措施：对于通过增加风险控制措施可以控制风险的，在登记证中增补相关风险控制措施，并要求登记证持有人落实相应的新增风险控制措施；对于无适当措施控制其风险的，撤回该新化学物质登记证，并予以公告。

3. 跟踪控制

（1）环评审批前置条件

环境保护部门应当将新化学物质登记，作为审批生产或者加工使用该新化学物质建设项目环境影响评价文件的条件。

（2）信息传递

常规申报的登记证持有人应当在《化学品安全技术说明书》中明确新化学物质危害特性，并向加工使用者传递下列信息：登记证中规定的风险控制措施；化学品安全技术说明书；按照化学品分类、警示标签和警示性说明安全规范的分类结果；其他相关信息。

（3）一般风险控制措施

常规申报的登记证持有人和相应的加工使用者，应当按照登记证的规定，采取下列一项或者多项风险控制措施：进行新化学物质风险和防护知识教育；加强对接触新化学物质人员的个人防护；设置密闭、隔离等安全防护，布置警示标志；改进新化学物质生产、使用方式，以减少释放和环境暴露；改进污染防治工艺，以减少环境排放；制订应急预案和应急处置措施；采取其他风险控制措施。

危险类新化学物质（含重点环境管理危险类新化学物质）的登记证持有人和加工使用者，应当遵守《危险化学品安全管理条例》等现行法律、行政法规的相关规定。

（4）重点风险控制措施

重点环境管理危险类新化学物质的登记证持有人和加工使用者，还应当采取下列风险控制措施：

在生产或者加工使用期间，应当监测或者估测重点环境管理危险类新化学物质向环境介质排放的情况。不具备监测能力的，可以委托地市级以上环境保护部门认可的环境保护部门所属监测机构或者社会检测机构进行监测。

在转移时，应当按照相关规定，配备相应设备，采取适当措施，防范发生突发事件时重点环境管理危险类新化学物质进入环境，并提示发生突发事件时的紧急处置方式。

在重点环境管理危险类新化学物质废弃后，按照有关危险废物处置规定进行处置。

（5）活动报告

常规申报的登记证持有人，应当在首次生产活动30日内，或者在首次进口并已向加工使用者转移30日内，向登记中心报送新化学物质首次活动情况报告表。

重点环境管理危险类新化学物质的登记证持有人，还应当在每次向不同加工使用者转移重点环境管理危险类新化学物质之日起30日内，向登记中心报告新化学物质流向信息。

（6）年度报告

简易申报的登记证持有人，应当于每年的2月1日前向登记中心报告上一年度获准登记新化学物质的实际生产或者进口情况。

危险类新化学物质（含重点环境管理危险类新化学物质）的登记证持有人，应当于每年的2月1日前向登记中心报告上一年度获准登记新化学物质的下列情况：实际生产或者进口情况；风险控制措施落实情况；环境中暴露和释放情况；对环境和人体健康造成影响的实际情况；其他与环境风险相关的信息。

重点环境管理危险类新化学物质的登记证持有人，还应当同时向登记中心报告本年度登记新化学物质的生产或者进口计划，以及风险控制措施实施的准备情况。

（7）监督检查

负有监督管理职责的地方环境保护部门，应当根据新化学物质监管通知的要求，按照环境保护部制定的《新化学物质监督管理检查规范》，对新化学物质生产、加工使用活动进行监督检查。发现生产或者加工使用新化学物质活动，造成或者可能造成即时性或者累积性环境污染危害的，应当责令生产者、加工使用者立即采取措施，消除危害或者危险，并将有关情况逐级报告至环境保护部。环境保护部可以根据报告情况，要求登记证持有人提供获准登记新化学物质可能存在的新危害特性信息，并按照本办法有关新化学物质新的危害特性报告和处理规定予以处理。

（8）列入现有化学物质名录程序

一般类新化学物质自登记证持有人首次生产或者进口活动之日起满五年，由环境保护部公告列入《中国现有化学物质名录》。

危险类新化学物质（含重点环境管理危险类新化学物质）登记证持有人应当自首次生产或者进口活动之日起满五年的六个月前，向登记中心提交实际活动情况报告。

环境保护部组织评审委员会专家对实际活动情况报告进行回顾性评估，依据评估结果将危险类新化学物质（含重点环境管理危险类新化学物质）公告列入《中国现有化学物质名录》。

简易申报登记和科学研究备案的新化学物质不列入《中国现有化学物质名录》。

（9）定期排查

环境保护部每五年组织一次新化学物质排查。

对 2003 年 10 月 15 日前已在中华人民共和国境内合法生产或者进口的化学物质，环境保护部列入《中国现有化学物质名录》。

对未取得登记证生产、进口或者加工使用新化学物质的，环境保护部门依法予以处罚。

（六）危险化学品监管方法

1. 危险化学品安全性评估

从事有毒有害化学品生产加工的企业应对化学品，尤其是新化学品进行安全性评估，对化学品的理化性质、环境行为、生态毒理学特点、流行病学特点等进行评价，并对人群暴露水平、人群健康危害程度和生态威胁做出预判，对不同化学品的重要性做出排序。通过替代、变更工艺或隔离等技术手段，减少高风险化学品的使用，降低潜在的安全隐患。

2. 危险化学品重大危险源的制度化监管

生产、搬运、使用或储存危险化学品，且数量等于或超过国家标准《危险化学品重大危险源辨识》（GB18218-2009）规定的临界量的单元（包括场所和设施），被认为是重大危险源。生产经营单位应对危险化学品重大危险源登记建档。登记的内容包括：危险化学品重大危险源的名称、性质、地点、可能造成的危害等。并对重大危险源进行定期检测、评估和监控，包括通过一定的技术手段，利用检测仪器对危险化学品重大危险源具体指标、参数等进行测量，对各种情况进行综合分析、判断，观察和控制其危险程度。通过健全管理机制和监督机制，减少或杜绝重大事故的发生。

3. 危险化学品的系统化监管

危险化学品的监管工作是一项复杂的系统工程，需要统筹规划、整体设计、规范运行。在执法监督、技术服务和企业管理三个层面建立科学规范的集成运行机制，对企业危险化学品的生产、储存、运输、使用、处置等各关键环节进行全过程的监管，全面考虑其安全管理和技术措施，如建立危险化学品出入库管理制度、养护管理制度等。

危险化学品出入库管理制度：危险化学品出入库前应明确货物的验收程序、方式、地点等，按合同进行检查验收（品种、数量、规格、包装、标志等）、登记，经核对后方可入库、出库。验收检查比例一般为 5% ～ 15%。明确不符合入库规定货物的处理原则，并对储存保管涉及资料登记管理。

危险化学品养护管理制度：危险化学品入库后，须建立必要的养护管理制度以明确对危险化学品应采取的养护措施，定期检查。严格控制库房温度、湿度，发现变化及时调整。对于有抵触性的危险化学品，不得同时同地进行工作；对易燃易爆物品避免日光暴晒，隔绝火种与热源，在搬运操作中，须防止撞击、摩擦。在防台风、防汛季节，应有组织地采取预防措施。

危险化学品运输的安全管理：危险化学品的运输实行资质认定制度，未经资质认定，不得从事危险化学品运输。运输企业必须符合交通部门规定的条件，并办理相关的认定手续。运输单位应指派专人押运，运输和押运人必须责任心强，熟悉危险化学品的性质、安全防护知识和异常情况的紧急处理方法。

危险化学品使用的安全管理：使用危险化学品从事生产的单位，必须符合国家有关规定取得相应的许可。使用单位应根据危险化学品的种类、特性，在作业场设置相应的监测、通风、调温、泄压、中和、消毒、防火、防爆、防雷、防潮、防渗漏、防护围堤及隔离操作等安全设施、设备，以及通信报警装置。企业对使用及操作人员进行安全培训，严格按照操作规程使用危险化学品。

危险化学品经营的安全管理：国家对危险化学品经营销售实行许可制度，未经许可，任何单位和个人不得经营销售危险化学品。危险化学品企业应坐落于交通便利、易于疏散之处。经营企业不得超过经营许可的范围。危险化学品储存的安全距离、消防设施、应急预案、应急器材均应符合法规要求。业务经营人员应经专业培训，持证上岗。

危险化学品处置的安全管理：危险化学品废弃处置应按《固体废物污染环境防治法》《危险化学品安全管理条例》的规定执行。危险化学品及使用后的包装物须严加管理，统一回收登记注册，专人负责销毁。危险化学品废弃处理须制订周密的安全保障措施，经管理部门批准后方可实施，并须明确该环节的实施地点、操作程序，对相关记录和资料进行登记管理。

4. 危险化学品的信息化监管

通过危险化学品安全管理数据库和智能分析系统的开发，建设危险化学品安全管理信息平台。管理部门介绍化学品安全管理工作的经验教训，定期发布辖区内企业安全监管工作动态，提供危险化学品危险防范与控制的技术支持与咨询服务，搭建企业间安全监管交流平台，提升区域整体的危险化学品监管工作的信息化水平。

5. 建立化学品事故处理应急预案

制订化学品事故处理应急预案，明确事故发生后的应急组织体系、处理处置方法、环境监测方法、急救措施和健康防护措施等内容。需要定期举行必要的应急演练，保证在事故发生或出现紧急情况时能够及时采取有效的应对措施。

第四节　敏感受体防护体系

一、饮用水水源地风险防范

（一）饮用水水源地环境风险概述

水是人类生存和生产建设的基本物资，饮用水安全历来受到高度关注（典型案例 5-6）。但人类生产生活产生的大量废物排入自然水体后，饮用水水源的水环境质量受到影响，进而影响到供水安全。我国曾多次发生化工污染饮用水水源地水质安全的重大事故，严重威胁了居民的正常生活。近年主要相关事故如下。

1）沱江“3. 02”特大水污染事故：2004 年 2 ～ 3 月，位于长江上游一级支流沱江附近的四川化工股份有限公司第二化肥厂，违规技改并试生产，设备出现故障，氨氮含量超标数十倍的废水倾泻而下，导致沱江流域严重污染，造成简阳市、资阳市、内江市、资中县等地近百万群众饮水中断 26 天。

2）松花江重大水污染事件：2005 年 11 月 13 日，吉林石化公司双苯厂一车间发生爆炸，约 100t 苯类物质（苯、硝基苯等）流入松花江，造成了江水严重污染，下游哈尔滨市停水 4 天，严重影响了几百万居民的正常生产生活，并引发了国内外媒体的高度关注。

3）江苏沭阳水污染：2007 年 7 月 2 日下午 3 时，江苏省沭阳县地面水厂监测发现，短时间、大流量的污水侵入到位于淮沭河的自来水厂取水口，城区生活供水水源遭到严重污染，水流出现明显异味。经过水质检测，取水口的水氨氮含量为 28mg/L 左右，远远超出国家取水口水质标准。由于水质经处理后仍不能达到饮用水标准，城区供水系统被迫关闭，城区 20 万人口吃水、用水受到不同程度的影响。

典型案例 5-6：饮用水安全政策回顾

1985 年 8 月 16 日卫生部发布《生活饮用水卫生标准》，1986 年 10 月 1 日开始实施。

1989 年 7 月 10 日国家环境保护局、卫生部、建设部、水利部、地质矿产部发布《饮用水水源保护区污染防治管理规定》，并开始实施。

2006 年 8 月 30 日国务院总理温家宝主持召开国务院常务会议，审议并原则通过《全国农村饮水安全工程“十一五”规划》。

> 2007 年 2 月 1 日国家环境保护总局制定颁布的《饮用水水源保护区划分技术规范》开始实施。
>
> 2008 年 6 月 1 日修订后的《中华人民共和国水污染防治法》开始施行。
>
> 2010 年 6 月环境保护部会同国家发展与改革委员会、住房和城乡建设部、水利部与卫生部 5 部门联合印发了《全国城市饮用水水源地环境保护规划（2008-2020 年）》。这是我国第一部饮用水水源地环境保护规划。
>
> （资料来源：广东环境保护公众网）

我国于 2005 年松花江水污染事故后开展了全国范围内的环境风险排查，结果显示，排查的重点化工、石化项目中有 68.5% 布设在江河湖海沿岸，29.1% 布设于生活（产）水源取水口或自然保护区、重要渔业水域和珍稀水生物栖息地。由此可见，我国先天布局性环境风险突出，存在重大环境风险隐患的化工石化集中工业园区、基地和建设项目，以及其他存在有毒有害物质的建设项目，对饮用水水源的安全构成了重大威胁。

其中，长江的环境风险隐患相对较为突出。长江是我国的最大河流，同时中下游也是我国经济较为发达，化工产业发展规模较大的区域。据环保部门 2011 年的相关统计，长江（江苏段）主航道 365km，有 33 个重点保护的饮用水水源地，但两岸共有化工园区 15 个，其中高消耗、高排放产业比重较大，仅登记在册的排污口就有 238 个，每年入江排量高达几十亿吨。10 年来，长江干流水质有下降趋势，总磷、氯化物、铜等部分常规指标都有不同程度的上升，检出多种有机污染物，水生动物逐步减少，水生态环境出现退化。2012 年上半年江苏省环保部门开展排查，发现 1100 多处环境安全隐患有 47% 在沿江地带，而密集的沿江企业和危险化学品码头成为两大主要风险。而根据江苏海事部门统计，长江（江苏段）危险货物码头有 187 座，其中散装液体危险货物码头为 171 座，船舶平均日流量 1640 艘次。2010 年危险货物运输量达 1.12 亿 t。目前江苏 80% 左右的生产、生活用水来自长江，不仅沿江地区 4800 万人的生活用水直接取自长江，就连苏北地区也通过江水北调、江水东引及引江济太工程间接从长江取水。因此，长江水质的好坏对江苏省饮用水安全具有决定性的影响，一旦发生突发事件，后果不堪设想。饮用水水源地的环境风险防范是环境风险管理工作的重中之重。

（二）饮用水水源地环境风险防范措施

1. 加强饮用水水源地保护区管理

《全国城市饮用水水源地环境保护规划（2008-2020 年）》从 8 个方面做出详

细安排，包括做好一级保护区的隔离防护与整治工作，实施好二级保护区点源整治工程和非点源污染防治工程，实施好水源生态修复与建设工程，构建科学、合理的水源地监测体系，建成覆盖全国的饮用水水源信息管理系统，提高饮用水水源地的预警能力和突发事件应急能力，防止饮用水水源污染，保障居民饮用水安全。目前的主要任务在于抓好落实，包括提供必要的资金和技术支持，明确责任与奖惩措施。

2. 强化日常环境管理措施，源头把关，防范污染

严把环评关，强化环境管理，严禁对饮用水有污染的新建项目进入人口密集区，从源头上控制环境污染；加强饮用水水源地附近企业的环境监管，不定期对其进行监察，进一步规范企业的排污行为；加大对饮用水源的监测力度，定期、不定期检查水质保护情况，并采取相应的预防措施，确保饮用水安全。

3. 工程治理措施

可通过采取必要的工程治理、备用水源地建设等手段，确保区域饮用水的安全（典型案例 5-7）。排查整治区域范围内的废水排放企业，改善区域整体水环境质量；在合理确定污水处理厂接管标准的基础上，对各企业废水预处理设施、处理工艺进行技术评估及改造优化，建设废水收集处理监控系统。

典型案例 5-7：盐城启用新“水缸”——盐龙湖

盐城市 2012 年 6 月 28 日正式启用新的“水缸”——盐龙湖。这个在平原上开挖的占地 3342 亩的饮用水水源生态净化湖，其不添加任何药剂的生态净水工艺，对解决城市水源污染问题，有着示范意义。

盐城地处苏北里下河腹部地区东部，地势低洼，水源水质受上游水系影响程度明显。市区供水原以新洋港和通榆河水为水源，这两条河流均为开敞式河道式水源地，供水安全面临较大风险。2009 年 2 月 20 日，盐城市标新化工有限公司，将大量含有有毒有害物质的钾盐废水排入到公司北侧的五支河内，任其流进市区水源蟒蛇河，导致市区 20 多万居民饮用水停止供应达 66 小时 40 分钟。事件发生后，盐城决定建设市区饮用水水源生态净化工程。

由于没有天然湖泊为依托，盐城在平原开挖净化水源，得到了上海勘测设计研究院、中国海洋大学、河海大学、南京大学等单位的支持和参与。盐龙湖水库有效蓄水量为458万m^3，采用生态湿地水生物净化水质，当发生突发性环境事件后，可以保证盐城市区人口连续7天的正常供水。

盐城盐龙湖工程建设处副主任仓基俊介绍，盐龙湖分为预处理区、生态湿地净化区、深度净化区三个区块。蟒蛇河的水流进预处理区停留18个小时，以去除较大颗粒的杂质，同时增加水中的氧气含量。生态湿地净化区里面种满了芦苇、睡莲等21种水生物，形成一个水生物链，进入生态湿地净化区的水停留38.5个小时，通过生物间的相互作用，利用生物调控技术净化水中有机物含量，从而达到降低总磷、总氮含量最终改善水质。

仓基俊说，盐龙湖是依靠人工技术先进的生态湿地对水源进行深度净化的，工程全部建成并生态调试到位后，他们将申报省部级乃至国家级科技奖。

（资料来源：江苏省环境保护厅）

4. 强化环境风险排查

对江河沿线危险化学品生产、储运等关键环节环境应急防控设施及管理制度落实情况进行全面排查和整治。整治沿江危险化学品环境隐患的重点应围绕沿江河饮用水环境应急管理三个关键环节、两个重点开展排查整治，建立完善的环境突发事件防范应对体系。三个环节是：沿江河危险化学品生产环节、码头仓储环节、水上运输环节。两个重点是：防控设施，包括监控预警、应急防控、污染物接收处置设施、装备；管理制度，包括各环节应急预案编制、修订和演练，应急管理制度制定与执行。

5. 制定具有可操作性和针对性的饮用水水源突发污染事故应急预案

全面排查饮用水水源地周边地区的环境现状及潜在的风险源，分析饮用水水源地可能存在的环境风险和污染事件类型。针对水源地环境条件、风险类型和特征污染物特点，建立具有可操作性的环境风险控制措施，形成环境应急处置的优化组合方案。优化饮用水水源地突发污染事件应急组织体系，完善分类分级环境应急响应流程。根据饮用水水源地环境风险的实际状况、现有环境应急能力状况等，解决“应急预案编什么”和“应急预案谁来用、怎么练”的两大关键问题（图5-7）。围绕“可操作性”、“规范化”的要求，促进饮用水水源地突发污染事件应急预案发挥实际作用。

以江苏为例，江苏省环境保护厅规定长江饮用水水源地突发事件应急处置方案主要涉及环境风险分析、组织指挥体系与职责、预防预警机制、应急响应与处置、应急保障措施5个方面。在环境风险分析方面，分析长江沿线各饮用

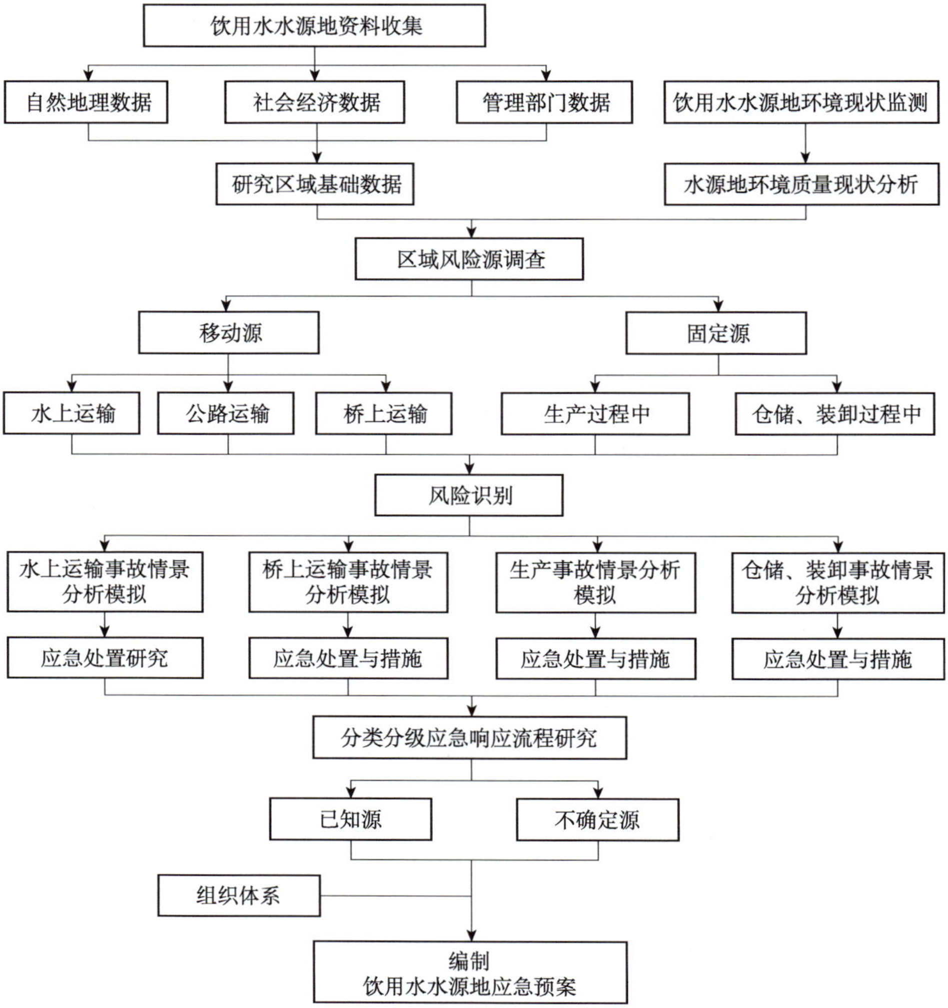

图 5-7 饮用水水源地应急预案编制流程

水水源地可能存在的环境风险和污染事件类型，重点剖析沿江仓储、码头、化工企业等重点固定风险源及来往危险化学品运输船舶等移动风险源可能造成的环境风险，以及可能造成的污染事件类型，需列出具体名单，逐个分析。在组织指挥体系与职责方面，明确环保部门在长江沿线饮用水水源地常态监管及应急处置方面的职责定位，并将职责具体分解，落实到人。在预防预警机制方面，在方案中体现针对辖区内及上下游污染事件建立预测预警模式，明确水质监测要求、与水利及建设等部门的信息联网方式，提出针对特定水源地的区域性安全保障工程。在应急响应与处置上，细化长江饮用水水源地突发污染事件应急响应程序和现场处置措施，强调与海事、水利、住建、卫生、交通等部门的协调联动。在应急保障措施上，明确各长江饮用水水源地突发污染事件应急保障措施的具体内容，列明应急救援队伍、专家队伍、装备物资储备名录、联系方式和具体分布等。

6. 防范汛期突发性水环境污染事故

汛期是水环境污染事故高发期，工业园区、地方管理部门、化工企业等，应关注汛期的突发性水环境污染事故预防工作，制定详细的汛期污染事故应急处理方案，落实防汛队伍，加强值班制度，强化汛期污染事故预警防治和模拟演练。管理部门应在汛期对重点污染企业及主要河流重点监控断面加大监督检查监测频次，及时发现问题，消除水环境污染隐患。

二、大气环境风险防范

（一）大气环境风险概述

工业园区企业集中，污染排放量大，污染物种类繁多，包括苯类、醛类、酮类、醇类等多种有机废气，以及细颗粒物、恶臭、异味等，是影响区域空气质量和公众健康的重要累积性风险因素，也是当前人民群众反映强烈的热点环境污染问题。此外，突发性大气环境污染事故，更可在短时间内造成大范围的污染物快速扩散、空气质量迅速恶化、人群受到急性暴露的严重后果。根据《全国环境统计公报》，每年环境污染与破坏事故次数及其影响呈现上升趋势，造成的直接经济损失高达数百亿元，其中大气污染事故占 31% ～ 40%，是第二大事故类型。2003 年 12 月 23 日 21 时，重庆开县中石油川东北气田罗家寨 16 号井发生井喷事故，该井硫化氢含量高达 $151g/m^3$，而正常情况下，人吸入 760 ～ $1000mg/m^3$ 数秒钟后就会出现急性中毒，呼吸加快直至呼吸麻痹而死亡。最终，剧毒硫化氢造成 243 人死亡，4000 多人中毒就医，10 万人连夜疏散，直接经济损失达 6432.31 万元。

（二）大气环境风险防范措施

工业园区大气污染防治和大气环境风险防范具有区域性、整体性相结合的特点，必须采取多方面的综合举措才能有效，包括规划措施、工艺措施、日常监管措施、卫生监督措施等内容。

1. 规划措施

（1）合理安排园区工业布局和功能分区

结合城镇总体规划，综合考虑园区工业的合理布局，统一规划，科学配置。避免在大型工业城市或大气环境容量有限的区域新建大型企业，尤其是石油化工、冶炼、水泥等排气量较大的企业。工业园区一般应布置在城市的边缘或郊区，配置在当地最小频率风向的上风向，与居民区及其他大气环境敏感保护目标应设置一定的卫生防护距离，并严格执行，减少工业废气对敏感目标的影响。

在工业园区内部，既要坚决淘汰落后产能，限期关闭污染严重、治理无望的项目，又要指导园区开展生态化改造，大力发展循环经济和清洁生产，帮助企业改进工艺装备、提高治污水平、增强环境竞争力。如典型案例 5-8 所示。

典型案例 5-8：江苏省重点防控化工园区挥发性有机物污染

江苏省于 2012 年在全省挥发性有机物污染防治工作会议上，明确将重点对易排恶臭、刺激性气体的工业园区特别是化工园区组织排查，采取一厂一策的办法，列出整治清单，安装监测报警装置，防止废气扰民。

据了解，江苏省目前共有省批化工（或含化工定位）工业园区 57 个，此外还有大量市县审批或未经审批的化工园区、集中区、片区等。针对目前全省化工园区废气治理现状，江苏省制定了《江苏省化工园区废气整治试点工作方案》，将用 4 年时间对全省化工园区的企业废气排放及治理情况进行逐一排查整治，并建立相应的长效监控措施。2012 年将选择 1~2 个典型化工园区进行试点，探索建立园区挥发性有机物污染控制与管理模式，评估现有挥发性有机物污染控制技术，分析其存在问题，提出不同类型挥发性有机物管理控制标准建议，为江苏省全面开展化工园区废气整治及验收做好基础工作。同时，将对重点园区开展大气环境挥发性有机物调查性监测，掌握大气环境中挥发性有机物的浓度水平、季节变化及区域分布特征，参照欧美国家（地区）及世界银行现行排放标准，制定江苏省化工行业挥发性有机物排放标准。

（资料来源：江苏省环境保护厅）

（2）加强园区及周边地区绿化

在工业园区内部，沿路、沿河、沿企业等设置绿化带，在工业园区和周边敏感目标间设置绿化隔离带，如江苏省在沿海化工园区规定了必须建设 500m 宽的园区隔离带的硬性条件。绿色植物除美化环境外，还发挥调节局部气候，阻挡、消除和吸附灰尘，吸收有害气体的功能，在紧急情况下，也可以减缓污染物的扩散速度。对于有组织排放的污染物，绿化带应从烟波降落点开始向外延伸布设；对于无组织污染排放源，应在排放源附近进行绿化（郭新彪，2006）。

2. 工艺措施

工艺措施主要如下：

1）推行清洁生产，改进工艺过程，以无毒或低毒原料替代毒性大的原料。采取闭路循环的方式以减少污染物的排放。

2）加强全产管理，消灭跑、冒、低、漏和无组织排放，严防事故性排放。

3）建设经济高效的集中供热设施，减少分散烟囱；适当增加烟囱高度，以利于废气的稀释和扩散。

3. 日常监管措施

日常监管措施主要如下：

1）强化大气环境安全隐患的排查与监管工作。建立风险源分类分级管理标准，将定期检查与随机抽查相结合，排查工业园区大气环境事故隐患，主要对有废气排放的企业从废气污染物种类、处理方法、设施运行情况、药剂投放及更换情况、原辅材料使用情况等方面进行整治并建立台账，从源头化解环境矛盾。

2）建设集重点污染源在线监控、空气自动监测预警、应急指挥于一体的环保数字化监控中心，实现监控预警的动态化、科学化、自动化。

3）完善应急预案体系建设。按照预案完善、准备充分、响应快速、信息畅通、处置妥当的要求，加强园区大气环境应急和救援体系建设，优先配齐应急队伍、装备和设施，强化应急演练，提高实战水平。如典型案例 5-9 所示。

典型案例 5-9：江苏部分地区空气质量下降 迅速启动预案全力防控 PM2.5

2012 年 5 月下旬以来，江苏省及周边地区进入秸秆焚烧高峰期。据卫星遥感影像解译和现场巡查结果，各地均存在不同程度的秸秆焚烧现象。2012 年 6 月 9 日起，江苏省部分地区出现了夏季秸秆焚烧情况，加上静风、高湿、低压等不利扩散的气象条件，导致部分城市空气质量明显下降。其中，南京、扬州、镇江、泰州空气中 PM2.5 等指标急剧飙升，至 6 月 9 日夜间，PM2.5 瞬时浓度最高达 700 $\mu g/m^3$ 以上，24h 平均浓度超过 300 $\mu g/m^3$（二级标准浓度限值 75 $\mu g/m^3$），属于严重污染水平。

针对各地出现的空气质量下降情况，江苏省环境保护厅立即启动了应急防控预案，相关部门紧急行动，全面防控，并将相关情况通报有关地方政府。通过卫星遥感对全省秸秆焚烧情况进行日常监控，强化监测预警，并及时通报给各地，还将空气质量下降的情况迅速上报省政府；同时紧急调动省级环境监察人员，迅速赶往全省各地对秸秆焚烧火点进行巡查，并将巡查秸秆焚烧火点情况通报相关地方政府，督促其采取相关措施对秸秆焚烧火点进行扑救，以控制秸秆焚烧势头蔓延。

根据环境保护法律法规的有关规定，各地人民政府是秸秆禁烧和综合利用的责任主体，应组织、指导、协调秸秆禁烧和综合利用有关部门，按照职责分工做好各项措施的落实。江苏省环境保护厅强调，对于禁烧工作开展不利并造成严重后果的地区，将依据有关法律法规的规定，追究有关责任人的法律责任。

（资料来源：江苏省环境保护厅）

4. 卫生监督措施

卫生监督措施主要如下：

1）对工业园区内的点源、线源等不同类型污染源，定期进行大气质量监测，了解公众反映，积累有关资料进行动态观察分析，以及时发现有意义的动向，尽早清除环境安全隐患。

2）对工业园区影响范围内，尤其是空气污染源附近的居民，定期统计分析其健康状况，重点监测特殊季节、不利气象条件下的居民健康变化，保护高危人群。

三、人群健康风险防范

（一）人群健康风险概述

工业企业、园区的建设在促进地方经济发展的同时，如不重视环境安全管理工作，将会对公众健康产生威胁。这既包括化工企业等高风险企业发生突发性环境污染事故时对人群造成的急性健康损害，也包括污染源持续排放污染物造成的长期积累性健康损害。

1984 年 12 月 2 日深夜和 12 月 3 日凌晨，美国联合碳化物（印度）有限公司储存液态异氰酸甲酯的钢罐发生爆炸，41t 毒气泄漏到居民区，3500 人因急性中毒死亡，酿成迄今世界最大的化学污染事件——博帕尔毒气泄漏事件，引发了全球对于工业发展所带来的健康风险问题的强烈关注和深刻反思（典型案例 5-10）。而近年来，我国由重金属、有机化学品等污染所导致的健康损害问题频繁发生，如陕西凤翔、河南济源、湖南武冈等地的儿童血铅超标事件，部分化工园区周边出现癌症村等，危害公众健康和社会稳定。据环境保护部统计，“十一五”期间发生的 232 起较大（III 级以上）环境事件中，56 起为环境污染导致的健康损害事件，37 起环境事件发展为群体性事件，涉及环境与健康问题的就有 19 起。世界卫生组织 2009 年发布的评价报告也显示，我国居民的疾病负担中有 21% 由环境污染因素造成，且呈上升趋势，其中慢性阻塞性肺病（COPD）的健康损害为全球最高。而近期公众对空气质量，尤其是 PM2.5 的广泛关注，归根结底也是对环境污染所可能导致的健康问题的忧虑。可见，我国进入累积性环境污染健康危害的凸显期和环境健康事件的频发期，环境健康保障十分必要和迫切。

典型案例 5-10：印度博帕尔泄漏事件

1969 年美国联合碳化物公司在印度中央邦博帕尔市北郊建立了联合碳化物（印度）有限公司，专门生产滴灭威、西维因等杀虫剂。工厂设备年久失修，但公司不予投资。1984 年 12 月 2 日深夜和 12 月 3 日凌晨，工厂储存液态异氰酸甲酯的钢罐发生爆炸，41t 毒气泄漏到居民区，酿成迄今世界最大的化学污染事件 —— 博帕尔毒气泄漏事件（Bhopal disaster）。

根据印度政府公布的数字，在毒气泄漏后当地有 3500 人因急性中毒死亡。另有文献记载，此次事故中有 521 262 人暴露，严重暴露的有 32 477 人，中度暴露的有 71 917 人，轻度暴露的有 416 868 人，各种后遗症、并发症不计其数，造成无法弥补的人群健康损害和经济损失。

流行病学和临床研究显示，暴露和中毒的程度与距爆炸中心的距离有关，距离越近，后果越严重。急性中毒的主要表现是呼吸道受损、呼吸困难、分泌物多，进而引发肺水肿，窒息死亡；受害人群眼结膜分泌物增多，视力衰减，甚至失明；急性神经中毒的主要表现为昏迷。至今当地居民的患癌率及儿童夭折率也明显高于印度其他城市。事故当年暴露人群表现有慢性呼吸道疾病患病率高、呼吸功能和免疫功能降低、精神系统患病率高、精神抑郁、动作协调能力差等健康问题。

（资料来源：郭新彪，2006）

在严峻的环境健康形势下，我国《国民经济和社会发展第十二个五年规划纲要》明确提出以解决饮用水不安全和空气、土壤污染等损害群众健康的突出环境问题为重点，防范环境风险，提高环境与健康风险评估能力。2007年，卫生部、国家环境保护总局等十八个部门共同启动《国家环境与健康行动计划（2007-2015）》，成为指导我国环境与健康工作科学开展的第一个纲领性文件。2011年国家发布《国家环境保护“十二五”环境与健康工作规划》，指出应以加强环境与健康风险管理为工作重点。《国家环境保护“十二五”科技发展规划》提出探索环境健康风险评估和预测的程序、模型和方法，研究环境健康风险管理理论、技术方法和降低环境健康风险的成本效益分析方法。可见，环境健康风险评估与防范已成为未来我国环保工作的重中之重。

作为国际工业发展的主流，20世纪90年代以来，工业园区的建设在我国得到快速发展。而大量工业企业的集聚，在提升社会生产水平、发展区域经济的同时，也因污染物的集中排放，对区域生态环境质量和公众健康造成严重威胁。我国经济社会发展进入深刻的变革期和转型期，已建各类工业园区纷纷出台未来发展规划，同时大量新兴开发区处于规划布局阶段。在工业园区发展和建设的关键时期，其潜在的环境健康影响不容忽视。时常出现的包括儿童血铅超标在内的工业污染事件，都与受害群众居住地周边建有工业园及工厂有联系（如江西吉安富滩工业园儿童血铅超标事件），导致群众产生了工业园“恐惧症”。因此，只有在区域整体环境污染得到有效控制、公众健康得到切实保障的前提下，工业园区才能实现稳定、快速发展。如何从源头对工业园区建设和发展可能产生的环境健康影响进行科学评估和规避，成为一个迫切需要解决的难题。

（二）人群健康风险评估进展

环境健康损害问题涉及范围广、暴露人口多、人群暴露时间长、潜伏期长、影响因素多、因果关系确定难。20世纪70年代起，人体健康效应评估成为环境评价的重要组成部分。1983年美国国家科学院和国家研究委员会认定健康风险评价是为保护公众健康和监管化学品危害提供科学依据的最合适方法，提出风险评价“四步法”，即危害鉴别、暴露评价、剂量-效应关系评价和风险表征，具有里程碑意义，也被加拿大、日本、韩国等多个国家和地区借鉴使用。美国EPA设立国家环境评价中心，风险评价研究、方法及操作指南开发是其首要任务，1989年就编制了《超级基金污染场地风险评价导则》和《暴露因子手册》，后又陆续制定了一系列技术性文件、准则和操作指南等，建立起了完善的健康风险评价技术体系。

我国的环境风险评价研究起步于20世纪八九十年代，早期主要以介绍和应用国外研究成果为主。1993年，国家环境保护总局颁布《环境影响评价技术导则（总则）》，规定对于环境风险事故，在必要时应进行环境风险评价。但我国目前没有关于健康风险评价的操作指南。2006年起，环境保护部组织力量编制的《污染场地风险评估技术导则》，是我国在风险评价领域的一项重要工作，但仍处于征求意见阶段。此外，我国本土的暴露因子研究极为缺乏，多引用国外暴露系数。我国的环境保护正经历着从浓度管理、总量管理向风险管理的历史转变，但尚极为缺乏成熟的健康风险评估实践。《国家环境保护“十二五”环境与健康工作规划》也指出：长期的系统化基础研究不足，缺少规范的环境与健康调查技术方法，环境与健康风险评价等方面的研究明显不足，对管理决策的支持不够，不能为有效应对环境健康事件、开展环境与健康风险管理提供技术支撑。

随着公众不断增长的环境健康的需求，如何将人类经济社会活动的潜在健康影响规避在源头成为研究热点，健康评价逐渐被纳入到规划环境影响评价体系中。世界卫生组织不遗余力地推动健康风险分析在规划环境影响评价中的应用，其欧洲成员国于1999年达成协议，决定在规划环境影响评价中全面考虑各类政策、规划、计划对公众的健康影响，并且在欧盟Espoo环境影响评价大会上要求保障环境健康专家在规划决策过程中的作用。德国、英国、荷兰、丹麦等国已就经济发展规划、空间规划、交通规划、废物处理规划等进行健康评价。除欧洲外，美国、澳大利亚、加拿大、新西兰、南非等国家也已将健康影响纳入到规划环境影响评价体系中，并且因国情差异而各具特点。例如，加拿大将健康风险评价作为联系环保、健康及地方政府等不同机构进行跨部门规划决策的重要工具。澳大利亚建立起了包含筛选和确定范围（screening/scoping）、识别（identification）、评估（assessment）、决策和建议（decision-making and recommendations）等环节的健康影响评价程序，尤其强调健康公平性理念，并对昆士兰、新南威尔士、维多利亚等区域开发规划按不同情景进行健康影响与公平性分析。

在我国，《国家环境与健康行动计划》作为环境与健康工作科学开展的第一个纲领性文件，提出开展不同污染物对人体健康损害的风险评估，将对人体健康有影响的污染物纳入到环境影响评价管理制度中。2004年国家发布环境保护行业标准《建设项目环境风险评价技术导则（HJ/T169-2004）》，推进了环境风险评价在我国的开展，但目前的建设项目环境风险评价工作还主要集中于对建设项目可能发生的环境事故中有毒有害物质在环境介质中迁移扩散的预测分析，关注重点为瞬时或短期的急性影响。自2005年年末，环境保护部开始组织编制《环境影响评价技术导则——人体健康》，标志着我国开始把环境污染对人体健康影响的评价纳入环评的管理制度之中，但此导则目前仍处于征求意见阶段，并且着重于针对建设项目的健康风险分析，采用点估计方法，不能完全适应规划特有尺度和相应情景下的健康影响评价需要。2003年发布的《规划环境影响评价技术导则（试行）》，作为我国规划环境影响评价的纲领性操作指南，尚未涉及人群健康影响，没有相应的健康评价指标和方法。《开发区区域环境影响评价技术导则》提及识别健康影响，但多为原则化，仅推荐了流行病发病率一项指标作为健康评价因子。

美国、日本等发达国家实践证明，把健康风险评价贯彻到环境影响评价中是环保部门实现风险管理、有效预防和控制环境与健康问题的重要切入点。越来越多的国家积极地建立环境污染对健康影响的评价体系，甚至将健康风险评价纳入到规划环境影响评价中，从更高层面主动地采取措施减少或避免环境污染对健康的危害。因此，我国在环境形势严峻、环境污染导致的健康损害事故频发的情况下，建立起适合国情的人群健康风险评价体系十分必要和迫切。

（三）工业园区人群健康风险防范措施

1. 早期规划介入与风险防范

将健康风险分析纳入到工业园区发展规划制定过程和规划环境影响评价中，在园区规划建设、企业布局、产业准入等方面就开始考虑人群健康保障的要求。在工业企业的设计和建设阶段，从厂址选择、建筑结构、防护距离、危险化学品管理、排污方式、废弃物处理等方面分析其是否满足保护公众健康的条件，对居民点、自然村、学校、机关、医院等易损区给予充分重视。对于可能引发的突出环境健康问题（如儿童血铅超标问题），应在园区产业准入、企业安全防护距离设置等方面进一步收紧。

2. 针对重点行业 / 企业实施健康风险评估

对于园区内已建成投入运行、向环境排放污染物而可能对公众造成潜在健康损害的高污染企业或重点行业，应实施健康风险评估，主要包括以下步骤（图 5-8）。

1）问题描述：风险评价工作的基本要素，明确问题与评价目的，即我们评价的对象是什么？风险源是什么？是单一的化学品，还是某工厂？为什么要进行风险评价？需要考虑哪些危害？

2）危害识别：问题描述界定了需要考虑的危害，但在复杂过程、工厂和特殊场址中，危害识别可能涉及大量不同的危害。危害识别即确定可能会对人群等相关受体产生危害的主体，追溯这些危害产生的来源。例如，在工业装置或工业过程风险评价中，危害识别是考察常规操作或非常规情况下所有可能产生的有害后果。危害识别方法通常由危害的属性决定，包括毒性测试、隐患排查、流行病学调查等。

3）污染排放评估：是针对特定工厂或工业过程的风险评价中增加的额外步骤，

即识别风险源将有害物质引入环境的可能性，考察污染物以何种方式、途径，以及何时进入环境系统中。评估包括对释放到环境中的污染物的种类、数量、时间和可能性的描述和定量分析，以及对引起上述属性发生改变的行为或事件的描述。

4）暴露评价：是对人群在特定风险源产生危害的情况下的相关暴露条件、暴露特征的描述和量化分析，包括对各种暴露介质的暴露强度、暴露频率和持续时间，以及暴露途径和暴露人群的特征的分析。

5）后果评价：通过人群暴露与后果之间的量化关系，估计特定时段内受到健康影响的人数或危害程度，以及评估过程中所存在的不确定性。在考察对人类健康产生的后果方面，往往关注的是死亡率或发病率。后果评价所需数据通常依据毒性测试、流行病学研究和剂量－效应关系模型等。

6）风险表征：是对整个风险评价过程的综合表述，提供风险评价的最终结论，以及影响风险评价结果的不确定性因素。此外，因公众具有感知风险的能力，应将公众对风险的可接受水平与风险评估结果进行比较，为风险决策提供依据。

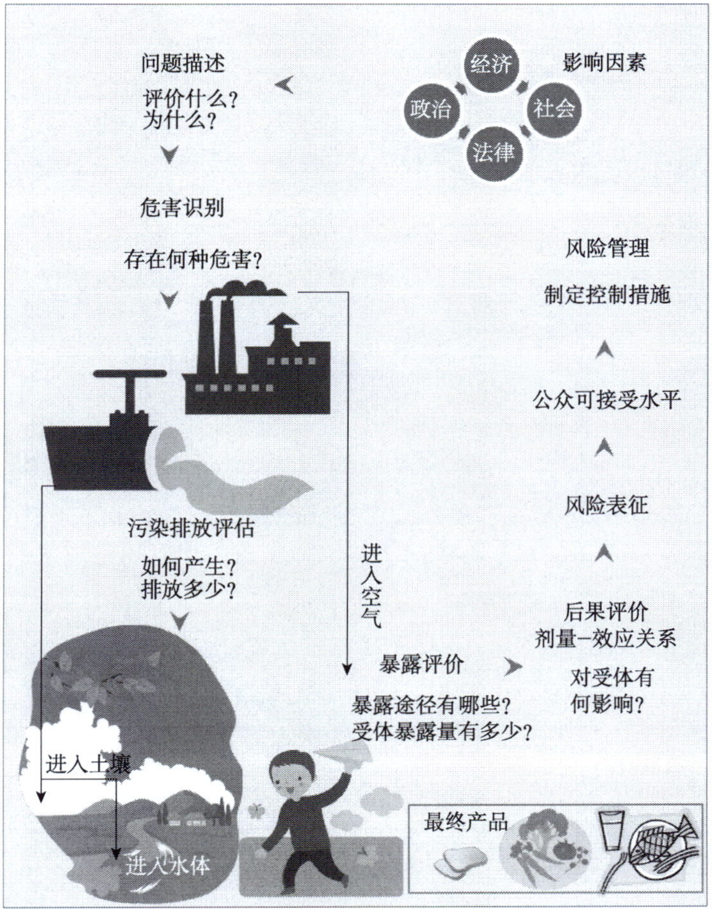

图 5-8　健康风险评估技术路线（Fairman et al.，1999）

3. 开展定期健康监测

对工业园区周边居民进行定期健康监测，建立健康档案，包括人口统计资料、个人健康记录、疾病发病率和患病率等，做好经常性的监督、监测、预报和信息交流，保护高危人群。

4. 突出健康问题的排查与治理

针对公众反映强烈或已有预兆的健康问题，工业园区或地方管理部门，应开展环境污染物对人体健康损害的污染源追踪，对重点区域、重点人群、重点疾病进行环境健康专项调查（如儿童血铅检测），摸清底数，找准问题，对环境健康损害进行预报预警，及时处置，防止问题扩大或集中暴发。

5. 开展健康安全教育

通过实施健康安全教育影响工业园区管理部门、企业、职工和居民的健康安全意识和行为，做到“知情、行动、参与”，动员社会力量防范可能的健康风险。

四、生态系统防护

（一）生态风险概述

工业开发活动往往因占用土地、破坏植被、向环境排放污染物等而对生态系统造成不良影响，这其中包括长期累积性的负面生态环境影响，也包括突发污染事故对生态系统造成的破坏性影响。

稀土开采造成生态破坏问题是典型的累积性生态风险问题。目前，我国稀土开采中的土地和植被破坏、水土流失等生态破坏问题较为严重。据报道，江西、福建、广东等南方地区离子型稀土矿，每开采 10t 稀土氧化物要剥离表面和出池尾沙达 1000 ～ 1600m^3，破坏大量地表植被。年产 1000t 稀土原料的矿山，尾矿超过 30 万 t，占地 20 多亩。而据中国环境报报道，卫星监测结果显示，处于江西赣州国家级稀土规划区的 7 个县（龙南县、寻乌县、定南县、赣县、安远县、信丰县、全南县）内，因稀土开采而造成的区域性生态破坏面积 2000 年为 32 km^2，2010 年达到了 153km^2，10 年间扩大了 5 倍。

突发性环境污染事故也常因短时间内大量高浓度污染物进入环境，而对生态系统造成严重破坏，甚至引发生态灾难。例如，1989 年埃克森油轮在阿拉斯加州威廉王子湾触礁，造成 1100 万 gal① 原油泄漏，导致威廉王子港的鱼和野生动物大量消亡，当地渔民赖以生存的捕鱼业亦不复存在。2010 年 4 月位于墨西

① 1gal（美）=3.785412L，1gal（英）=4.546092L。

哥湾的英国石油公司钻井平台发生原油泄漏，直接威胁墨西哥湾沿岸1000mi[①]长的湿地和海滩，对海上浮游生物、鱼类、潜水摄食的鸟类造成的影响，以及渔业损失等短期内难以评估，对海底及海洋食物链的慢性影响也不容忽视，成为美国历史最为严重的生态灾难。

我国也多次发生严重的生态环境破坏事故。2004年2～3月，位于长江上游一级支流沱江附近的四川化工股份有限公司第二化肥厂，违规技改并试生产，设备出现故障，氨氮含量超标数十倍的废水倾泻而下，导致沱江流域严重污染，造成简阳市、资阳市、内江市、资中县等地近百万群众饮水中断26天，沱江鱼类大量死亡，生态环境遭受严重破坏，生态环境恢复需5年时间。经农业部长江中上游渔业生态环境监测中心评估，天然渔业资源损失达1569万余元。该事故被称为“近年来我国发生的最大一起水污染事故”。

另外，据相关报道，2006年2月和3月，素有“华北明珠”美誉的华北地区最大淡水湖泊白洋淀，相继发生大面积死鱼事件。调查结果显示，水体污染较重，水中溶解氧过低，造成鱼类窒息是此次死鱼事件的主要原因。该事件造成任丘市所属9.6万亩水域全部污染，水色发黑发臭，网箱中养殖鱼类全部死亡，淀中漂浮大量死亡的野生鱼类，部分水草发黑枯死，生态损失严重。

（二）生态系统保护措施

针对生态系统保护，美国EPA在20世纪80年代中期就提出了生态风险评价的概念，以保护生物为目标，并在1992年完成了生态风险评价的研究报告，推动了生态风险评价在世界范围内的迅速发展。1998年，美国EPA制定出台《生态风险评价指南》，应用商值法、敏感物种曲线法等进行化学物质的审查、法规和环境基准的制定。欧盟重视通过生态风险评价来筛选优先控制污染物。日本也在2003年修改其化学物质审查、制造管理法，在健康影响评价外，增加了对生态系统的影响评价，使风险评价进入了日本的化学品管理中；日本环境厅在2005年根据慢性毒性实验数据，设定了基于风险评价的锌的水环境标准值。常用的生态风险评价框架如图5-9所示。

具体到工业活动的生态风险评价，美国较为强调现场调查分析。例如，针对区域垃圾焚烧的风险评价要求对所在区域周边50km以内的生态系统进行详细的影响评价。目标污染物涵盖了二噁英、多环芳烃、多氯联苯、有机氯农药等600余种。目前，我国沿江、沿海地区化工园区群聚、化工企业密集，引起了民众，尤其是环保组织对于其生态隐患的担忧。为防范区域经济开发活动所可能造成的生态风险，应从多方面实施生态系统保护措施：

---

① 1mi=1609.344m。

1）工业园区或重污染企业在选址建设阶段，应避让自然保护区、风景名胜区、森林公园、世界遗产地、珍稀动物栖息地或特殊生态系统等生态敏感目标，从源头防范对生态系统的破坏（典型案例 5-11）。

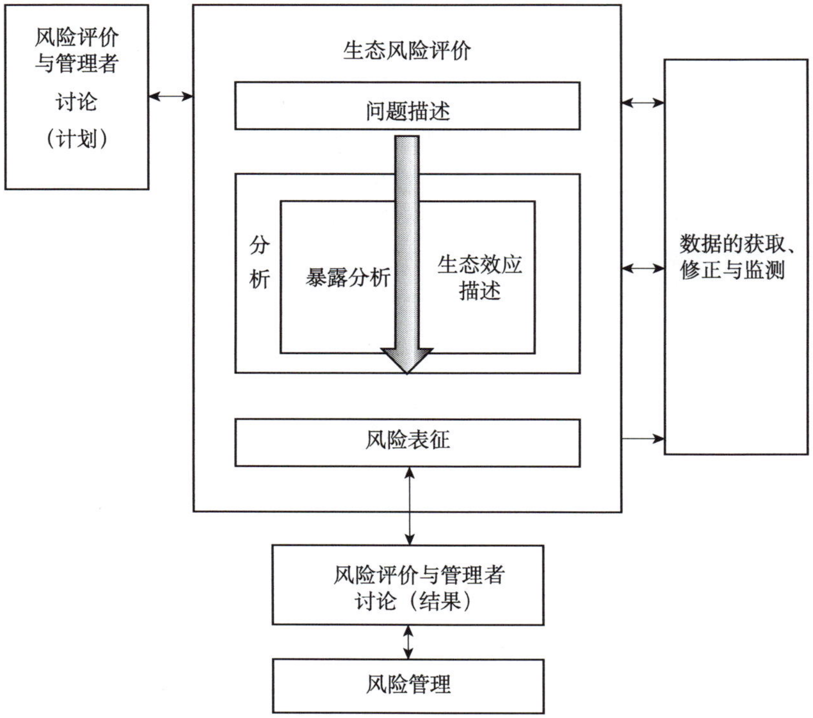

图 5-9　生态风险评价框架

2）在区域层面上开展生态功能分区，识别区域内的敏感物种，根据不同区域的生态保护需要，设定相应的产业准入、污染排放控制标准，实现分区、分类、分级、分期的差异化生态保护模式。

3）针对高污染企业或生态敏感区的工业开发活动，应在建设项目环境影响评价中开展实质性的生态风险评价工作。应用危害商法、概率评价法、敏感物种曲线法等，从生态适宜性的角度评价项目的可行性，并针对勘探期、建设期、投产运行期和服务期满后等不同阶段提出具有可操作性的生态保护或恢复措施，减少项目的负面生态影响。

4）目前我国由环境保护部、科学技术部、商务部联合大力开展的生态工业园区创建工作中，强调资源能源的高效利用、污染物排放削减、产业链构建等内容，对生态系统的保护关注不足。未来应该关注区域敏感物种保护、生态服务功能维护等工作的开展，推动各类各级生态工业园区建设发挥区域生态系统保护的作用。

典型案例 5-11：江苏强化自然保护区管理

随着经济社会建设的加快推进，自然保护区发展面临的压力不断加大，保护与开发的矛盾日益突出，如何化解这一矛盾？近日，江苏省环境保护厅下发《关于加强自然保护区管理工作的通知》，要求从依法管理、综合管理两方面，加强自然保护区的管理。

（1）筑牢法律“底线”

自 1981 年以来，江苏省共建立 33 个以自然生态系统、珍稀物种及生境为主要保护对象的自然保护区，保护了占全省 63% 的野生植物，83% 的两栖、爬行、鸟类和哺乳动物。然而，近年江苏省对自然保护区范围和功能区划进行调整的情况有所增多，个别地方甚至擅自撤销已建自然保护区。为防止随意调整，在《关于加强自然保护区管理工作的通知》中，江苏省要求自然保护区自批准建立或调整之日起，原则上 5 年内不得进行调整。确需调整的，要从严控制缩小保护区及其核心区、缓冲区的范围，确保自然保护区功能不发生改变。国家级自然保护区调整，要严格按照《国家级自然保护区范围调整和功能区调整及更改名称管理规定》执行。省级及以下自然保护区调整和撤销，必须经省自然保护区评审委员会审查，经省政府审批同意后，报环境保护部备案。

同时，江苏省严格限制了涉及保护区的开发建设活动。禁止在自然保护区的核心区和缓冲区内开展任何形式的开发建设活动；涉及国家级自然保护区的开发建设项目，环境影响评价的审批工作要严格按照规定执行；在自然保护区实验区内开展的开发建设活动，不得影响其功能，不得破坏其自然资源或景观。

对于涉及自然保护区开发建设项目的环境影响评价文件，江苏省要求各地应对项目可能造成的对保护区功能和保护对象的影响做出预测，并提出保护与恢复治理方案。对于未按规定完成生态恢复任务的地区和建设单位，暂停审批其新的涉及自然保护区的建设项目环评文件。限期清理在自然保护区的违法违规探矿和采矿活动。加强对涉及自然保护区旅游开发活动的监管，防止过度开发。

江苏省还统筹考虑自然保护区涉及的土地、海域使用管理，依法确定保护区的土地所有权、使用权和海域使用权。明确了依法使用自然保护区内土地的单位和个人，不得擅自改变土地用途；禁止破坏、侵占、买卖或者以其他方式非法转让自然保护区内的土地。各级环保部门要定期开展自然保护区专项执法检查和管理评估，严肃查处各类违法行为。对管理不善、保护不力的部门，要责令限期整改。

（2）实现综合管理

江苏省要求各地要加大资金投入，核查功能分区，增强科技支撑，提高建设管理水平，实现自然保护区的综合管理。要求各地要加快建立自然保护区生态补偿机制，综合考虑自然保护区功能定位和权属等特点，加大财政转移支付力度。完善地方级自然保护区资金机制，推动建立地方自然保护区能力建设专项资金。

同时，要求各地要组织开展地方级自然保护区范围和功能分区的核查和确认工作，明确自然保护区范围、界限和功能区划，严禁缩小自然保护区范围。各类风景名胜区、森林公园等，原则上不得与自然保护区范围交叉重叠，已经存在交叉重叠的，对交叉重叠区域要按照自然保护区管理要求从严管理。

此外，还要建立自然保护区生态系统、植被和珍稀濒危物种分布数据库，建立卫星遥感监测和地面监测相结合的自然保护区生态监测体系，及时掌握自然保护区生态环境和自然资源变化情况，加强对自然保护区管理人员的培训。

（资料来源：江苏省环境保护厅，2012 年 2 月 7 日）

第五节　化工园区环境应急机制

应急管理，即政府为了应对突发事件而进行的一系列有计划有组织的管理过程，主要任务是如何有效预防和处置各种突发事件，最大限度地减少突发事件的负面影响。将其引申到化工园区环境应急管理的工作中，可认为是政府及有关部门为防范和应对化工园区突发环境事件而进行的一系列有组织、有计划的管理活动，是政府环境管理的重要组成部分，包括针对化工园区突发环境事件的预防、预警、处置、恢复等动态过程。其主要任务是最大限度地减少化工园区突发环境事件的发生和降低突发环境事件所造成的危害，根本目的是保障环境安全和人民群众的生命财产安全。

我国化工园区环境应急管理工作起步较晚。近年来，随着国家对公共危机管理的愈发重视，各类应急管理相关政策法规陆续出台，化工园区环境应急管理专项领域有了一定的发展，人员、机构、化工园区环境应急管理理念等方面有了深层次的充实。但与发达国家相比，起步晚、底子薄等现状依然客观存在，尤其是体制、机制、法制尚未健全，工作重心偏向于事后应急，“关口前移，预防为主”的实践还不到位，从而制约着我国当前化工园区环境应急管理工作的开展。做好新时期化工园区环境应急管理工作，必须坚持全面推进重点突破的整体思路，依法履行职责，在应急管理机构设置、管理体制与能力建设、风险防范等关键和薄弱环节上有所突破，以点带面推动化工园区环境应急管理工作。

一、国内外环境应急管理现状

（一）我国环境应急管理现状

目前我国的环境应急管理机构还是一个全新的机构，2008 年国务院机构改革过程中，环境保护部将环境监察局和环境应急与事故调查中心分设，实现了环境执法与应急管理的双加强。然而由于环境保护部应急与事故调查中心刚刚独立运行，地方相应的专门机构尚未建立或到位，虽然初步建立了重、特大突发环境事件由环境保护部直接调查，一般突发环境事件由省（自治区、直辖市）级环保部门调查，情况不明的由区域环保督查中心先期督查的体制，但根据属地管理原则，地方人民政府及相关部门负责突发环境事件的处置工作，因此基层环保部门承担着当地突发环境事件的预防和应急处置工作，任务繁重而又紧迫。目前，各级环保部门逐步建立了专职或兼职的环境应急管理机构，其中北京市、天津市、黑龙江省、江苏省、辽宁省等省级环保部门率先设置了专职的环境应急管理机构。整体而言，我国自上而下的纵向环境应急管理组织体系初见雏形，但机构与力量较为薄弱，尚无法满足应对成因日益复杂的突发环境事件的要求，环境应急力量亟须加强。

（二）国外环境应急管理现状

1. 美国

1979 年 4 月美国成立联邦应急管理局（FEMA），FEMA 既是一个直接向总统报告的专门负责灾害的应急管理机构，同时又是一个突发公共事件应急管理协调决策机构。2003 年 3 月，该局随同其他 22 个联邦机构一起并入 2002 年成立的国土安全部，成为该部 4 个主要分支机构之一，但仍是一个可直接向总统报告、专门负责重特大灾害应急的联邦政府机构，由美国总统任命局长。该局正式员工约 2500 人，后备人员约 5000 人。除设在华盛顿特区的总部外，还将全国划分为 10 个应急区，每个区都设立了办事处，紧急事态援助中心和 FEMA 训练中心，年资金预算拨款达 30 亿美元。FEMA 还管理一个专门的国家应急训练中心（设在马里兰州），下设国家消防学院和应急管理学院。

美国已基本建立起一个比较完善的应急管理组织体系，形成了联邦、州、县、市、社区5个层次的应急管理与响应机构。当地方政府的应急能力和资源不足时，州一级政府向地方政府提供支持。州一级政府的应急能力和资源不足时，由联邦政府提供支持。一旦发生重特大灾害，绝大部分联邦救援经费来自FEMA负责管理的“总统灾害救助基金”，但动用联邦政府的应急资源，需要向总统做出报告。美国把应急管理的活动贯穿到四个基本领域，即缩减、准备、反应和恢复。缩减和准备是灾难发生之前的行为，反应是灾难发生过程中的行为，而恢复则是灾后的行为。缩减阶段在于预防和减少灾难的损失，如在设计建筑物时要考虑恐怖分子发动袭击等因素；准备阶段在于设计反应阶段如何应急，提升更有效的反应能力，其中包括对应急人员和公众的训练计划，报警系统、通信系统的启用计划；反应阶段是对灾难做出立即行动，包括群众撤离疏散、构筑沙袋和其他设施，保证应急食品和水源的安全、提供应急医疗服务、搜索救援、灭火、防止产生掠夺现象并维护公共秩序；恢复阶段是善后处理的一部分，包括提供临时住所、恢复电力供应、小额商业贷款、清理废墟等。

美国应急管理机制实行统一管理、属地为主、分级响应、标准运行。统一管理是指自然灾害、技术事故、恐怖袭击等各类重大突发事件发生后，一律由各级政府的应急管理部门统一调度指挥，而平时与应急准备相关的工作，如培训、宣传、演习和物资与技术保障等，也归口到政府的应急管理部门负责；属地为主是指无论事件的规模有多大，涉及范围有多广，应急响应的指挥任务都由事发地的政府来承担，联邦与上一级政府的任务是援助和协调，一般不负责指挥；分级响应强调的是应急响应的规模和强度，而不是指挥权的转移。在同一级政府的应急响应中，可以采用不同的响应级别，确定响应级别的原则，一是事件的严重程度，二是公众的关注程度；标准运行主要是指从应急准备一直到应急恢复的过程中，要遵循标准化的运行程序，包括物资、调度、信息共享、通信联络、术语代码、文件格式乃至救援人员的服装标志等。

美国的联邦、州、县、市、社区都有自己的紧急救援专业队伍，它们是紧急事务处理中心实施灾害救援的主要力量。联邦紧急救援队伍被分成12个功能组：运输组、联络组、公共实施和公共工程组、消防组、信息计划组、民众管理组、资源人力组、健康医疗组、城市搜索和救援组、危险性物品组、食品组、能源组，每组通常由一个主要机构牵头。各州、县、市、社区救援队也有自己的功能组，负责地区救援工作。

2. 加拿大

加拿大的应急事务管理体制分为联邦、省和市镇（社区）三级，实行分级管理。在联邦一级专门设置了紧急事务机构，省和市镇（社区）两级管理机构的设置因地制宜，单独或合并视情况而定。加拿大于1948年成立联邦民防组织，

1988年成立应急准备局，使之成为一个独立的公共服务部门。各级应急事务机构负责紧急事件的处理、减灾管理和救灾指挥协调工作，监督并检查各部门的应急方案、组织训练并实施救援。各级应急事务机构下设紧急事件管理中心，是协调机构。根据紧急事件的不同种类，中心可隶属于任何一个部门，在该部门的组织下负责协调应急救援工作。组建了专门的应急救援人员队伍，属于国家公务员编制。把整个应急工作分为预防及减少灾害发生、灾前准备、灾时救灾反应、灾后恢复四大部分。

3. 澳大利亚

澳大利亚的公共安全管理机制设置三个层次的关键性机构：第一，在中央设置反危机任务组（CCDTF），主席由总理和内阁任命，委员为各部门和机构的代表；第二，联邦应急管理署（EMA）具体领导和协调全国的抗灾工作，职责是提高全国的抗灾能力，减少灾难的损失，及时准确预警；第三，在国家危机管理协调中心（NEMCC）设危机管理联络官（EMM），为政府各部门的联络员，专门负责协调危机管理署下达的跨部门任务。

澳大利亚的紧急事务管理体系是以州为主体，分为3个层次，即联邦政府、州和地方政府。联邦政府主要的紧急事务管理实体机构是隶属于国防部的联邦应急管理署（EMA），于1974年在原先民防局基础上成立的；各州和地方政府均有自己的紧急事务管理部门，州为处理紧急事件的主体。EMA堪培拉指挥部设有一个协调室，称之为国家危机管理协调中心，用于保证联邦资源的使用。EMA通过对澳大利亚7个州/准州应急管理局机构实施指导和支援，而每个州/准州在自己的立法和计划框架内工作。当地方政府不能处理紧急事件时，将会向州政府提出救援申请，如果事件超出州政府的应对能力，将会向联邦政府提出救援申请。不过通常情况下，联邦政府主要向州政府提供指导、资金和物质支持，不直接参与管理。

目前，在突发环境事件应急处置能力方面，环保部门的应急力量主要集中在应急监测等辅助性领域，主动处置和应对事件的能力较为薄弱。受各种条件的制约，环境应急的投入不足，应急车辆、装备不能满足需求。

4. 意大利

意大利于1992年在内政部成立了国家民事救援办，2001年从内政部脱离，由总理直接领导，负责全国范围的应急指挥协调和救援工作。2002年成立国家应急委员会，负责重大应急事件救援决策的协商。2003年意大利总理签署法令，在紧急状态下，国家民事救援办主任作为总理特派员，全权处理除内政部长权力以外的其他一切活动。

意大利于2004年建成了新的指挥中心大楼，建立了应对突发公共事件决策指挥系统、应急救援信息共享系统、资源配置体系和联合办公机制等。利用网络与通信技术与各机构的灾害监测系统相连，实时获得各种突发公共事件信息。国家民事救援办非常重视救援演习的工作。将各部门协调起来，联合应对各种突发公共事件。内设地理监控和情况分析中心及制图中心，可以综合处理不同类型的数据，应用各种最先进的灾害评估数学模型，建立了自己的灾害评估系统，为判断灾害走势、预测结果及救援决策提供了科学的依据。

5. 俄罗斯

以总统为核心主体、以负责国家安全战略的联邦安全会议为决策中枢，以紧急事务部等相应部门为主力的危机管理权力结构。紧急事务部诞生于1994年，属于执行权力机构，是俄罗斯处理突发事件的组织核心，直接对总统负责。该部通过总理办公室可以请求获得国防部或内务部的支持，拥有国际协调权及在必要时调用本地资源的权限。紧急事务部被认为是俄罗斯政府五大“强力”部门之一，另外几个强力部门分别是国防部、内务部、联邦安全局和对外情报局。

紧急事务部设有人口与领土保护司、灾难预防司、部队司、国际合作司、放射物及灾害救助司、科学与技术管理司等部门。同时下设森林灭火机构委员会、抗洪救灾委员会、海洋及河流盆地水下救灾协调委员会、营救执照管理委员会等机构。建立国家危机情况管理中心，并将在俄罗斯紧急事务部各个地区中心设立分支机构。

6. 荷兰

1985年荷兰出台了救灾法，对荷兰的应急管理机制产生了很大的影响。国家一级的应急管理机构设在内务部中，即民事应急计划局，主要负责协调民事应急计划和救灾措施。荷兰700多个市政府是荷兰应急的基本责任单位，由市政府制订一系列的救灾和专项行动计划。1988年，荷兰在德尔福特技术学院成立了灾害和应急中心，该中心致力于研究、评价、制订文件和进行训练。

7. 日本

日本建立了由内阁总理大臣（首相）担任会长的安全保障会议、中央防灾会议委员会，作为全国应急管理方面最高的行政权力机构，负责协调各中央政府部门之间、中央政府机关与地方政府，以及地方公共机关之间有关防灾方面的关系。内阁官房长官负责整体协调和联络，通过安全保障会议、中央防灾会议等决策机构制定应急对策。安全保障会议主要承担了日本国家安全危机管理的职责，中央防灾会议负责应对全国的自然灾害。成立由各地方行政长官（知事）担任会长的地方政府防灾会议，负责制定本地区的防灾。还在内阁官房设立了由首相任命的内阁危机管理总监，专门负责处理政府有关危机管理的事务；同时增设两名官房长官助理，直接对首相、官房长官及危机管理总监负责。

由内阁官房统一协调危机管理，改变了以往各省厅在危机处理中各自为政、纵向分割的局面。灾害发生时，以首相为最高指挥官，内阁官房负责整体协调和联络，通过中央防灾会议、安全保障会议等制定危机对策，由国土厅、气象厅、防卫厅和消防厅等部门进行配合实施。灾区地方政府设立灾害对策部，统一指挥和调度防灾救灾工作。中央政府则根据灾害规模，决定是否成立紧急灾害对策部，负责整个防灾救灾工作的统一指挥和调度。

8. 韩国

设立中央、市道、郡和基层四级由政府行政首长为首的灾害对策本部，以总理为首的中央民防委员会领导全国的防灾工作，下设专门的防灾机构，组织协调全国防灾减灾工作。常设机构中央灾害对策本部设在内务部，负责管理全国的防灾工作。内务部民防灾害管理总部下设民防局、防灾局、灾害管理局和消防局，另设若干理事，分别负责防灾计划、灾害对策、灾情调查、灾后恢复等工作。

二、化工园区环境应急管理机构和职责

化工园区环境应急管理是综合管理，化工园区突发环境事件具有紧急性、衍生性、关联性等特点，影响范围大、造成危害重，事故一旦发生，一般靠某一部门或单位是无法快速有效地进行妥善处理，因此，化工园区环境应急管理从本质上讲是政府为应对化工园区突发环境事件调配各种资源，进行社会动员的过程，涉及政府、部门、企事业单位、社会团体、公民等多个参与主体，政府与部门、政府与企业、政府与公众、部门与部门，以及上级与下级、相邻地区等多种多重利益关系，客观上要求政府从全局的高度实行综合协调，统筹各方利益关系，整合各种资源，形成管理合力。

首先，需要在省级层面、地市级层面、县级层面及园区层面分别建立统一的、专门的应急管理机构。建立一个由各级政府（化工园区管理委员会）主要领导人牵头，处理各种突发环境事件的综合协调部门，该机构独立设置，隶属于政府机构序列，在该机构下设立专门应对各种环境风险事故的职能部门，该职能部门的主要功能分为日常运作和应急管理两个方面，一旦突发环境事件暴发，随即应当转为政府应对有关环境风险事故的具体指挥与协调机构。

其次，突发环境事件应急管理涉及众多方面，需要一套完整的组织体系，各级环境应急管理机构以环保行政主管部门为主体，建立化工园区突发环境事

件的应急处置机构，由综合协调、日常工作、现场指挥、现场处置、相关专业指挥、专家组等部门组成。该机构既是综合协调机构和有关类别环境事件专业指挥机构的日常办事机构，又是应急救援队伍的重要组成部分，按照以统一领导、综合协调、分类管理、分级负责、属地管理为主的应急管理体制，负责处理有关突发环境事件的预防与预警、应急响应等日常事务。

（一）四级管理机构设置

化工园区环境风险预防与控制措施的落脚点为省、市、县、园区四个层面，各级管理机构按照各自职能定位，差异化、有重点地分别进行适应风险管理与环境应急需要的制度安排和机制建设（图 5-10）。

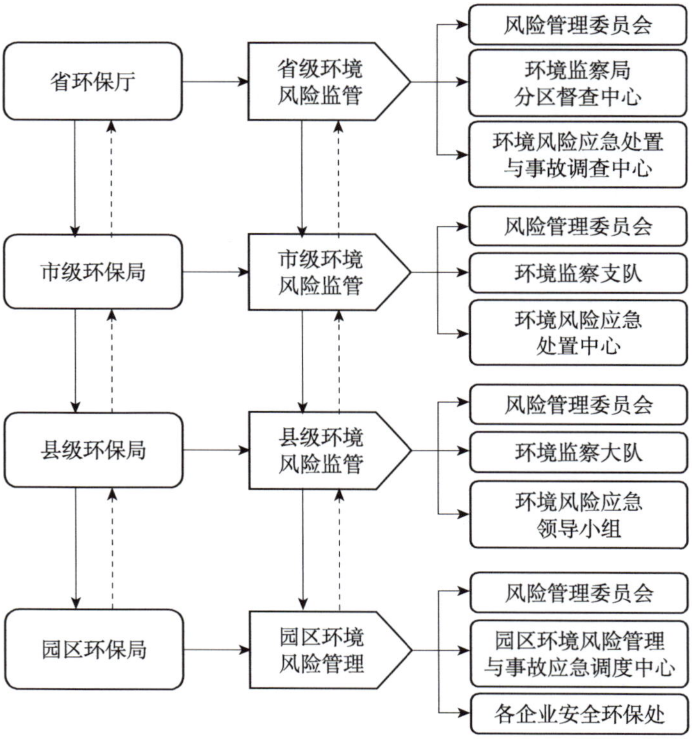

图 5-10　四级管理机构体系构架

（二）机构职能

1. 省级环境风险管理部门

（1）风险管理委员会

组织开展区域环境风险区划规划，研究确定全省环境风险管理的总体目标和重大风险控制策略，提出全省环境风险管理重要措施的建议；优化调整区域整体布局与产业准入，从决策源头有效控制环境风险；协调环境风险管理部门与各政府部门之间的关系；监督考核并通报环境风险控制及隐患管理执行情况；督促、检查国务院环境部门对省布置的环境风险控制与管理工作和省环境风险管理委员会决定事项的贯彻落实情况；发生重大风险事故时，指导各级环境部门及应急联动机构开展应急处置事项，并向省委、省政府进行汇报并备案。

（2）省级环境风险日常管理机构

由省环境监察局、各分区督查中心、环境风险应急处置与事故调查中心共同承担相应的监管与应急处置职责。

省环境监察局负责贯彻执行国家和地方环境保护法律、法规、政策规章和制度，拟定全省环境风险隐患监察规划和工作计划，并组织实施；负责全省化工园区环境风险预防与控制事项的督查、督办工作；组织开展园区环境隐患排查与整治工作；负责监督管理省级以上化工园区及省控重点企业对相关法规、政策、制度的执行与落实情况；指导市县开展环境风险管理工作；敦促园区及企业提高管理水平，降低事故发生概率；负责建设全省环境风险监控预警平台，建立省环境风险动态管理数据库。

各分区督查中心督查地方政府及环保部门执行国家和省环境风险管理政策、法规、标准的情况，督查区域环境风险区划规划的执行情况；督查专项环境风险预防与控制情况；配合并参与重、特大突发环境事件的应急响应与处理工作。

环境风险应急处置与事故调查中心负责贯彻落实全省环境风险应急相关政策、法规和制度，制订全省环境应急工作计划；督促指导全省环境风险源管理，分析和排查重大环境风险隐患，建立全省环境风险源数据库；负责指导协调全省突发环境事件的应急处置、事故调查、环境监测，收集、报告、通报、发布环境污染和预警信息；参与涉及环境风险防范措施的化工园区建设项目环境影响评价报告评估论证及建设项目竣工验收工作。

2. 市级环境风险管理部门

（1）风险管理委员会

根据市委、市政府的部署，研究安排、指导协调全市及所辖化工园区环境风险预防与控制工作；组织开展区域环境风险区划规划，确定本市环境风险管理的总体目标和策略，分析市域环境风险形势，研究提出全市环境风险预防与控制的重大政策、措施，优化调整全市整体布局与产业准入，从决策源头有效控制环境风险；组织有重点的环境风险预防与控制大检查和专项督查；协调环境风险管理部门与各政府部门之间的关系，指导、协调和监督有关部门的环境风险预防与控制管理工作；发生重大风险事故时，协调事故应急救援，向省级风险管理委员会、市委、市政府进行汇报，并配合上级做好重大事故的调查处理工作。

（2）市环境风险日常管理机构

由市环境监察支队、环境风险应急处置中心共同承担相应的监管与应急处置职责。

市环境监察支队负责落实相关环境风险管理法规、政策，监督管理市级以上化工园区及市控重点企业对相关安全法规、政策、制度的落实情况，敦促园区及企业提高管理水平，降低事故发生概率；参与环境事故、纠纷的调查处理；参与环境风险管理年度计划的编制，负责该计划执行情况的督查检查。

市环境风险应急处置中心负责全市突发性环境风险事故应急响应系统、环境安全信息平台的建设和管理工作；负责制定全市突发性环境事件应急预案，组织实施环境应急方案，对突发环境事故的发生发展进行预测、预报、预警，发布信息；负责制定和完善环境安全的应急处置、环境修复及环境安全法律、规章、制度，监督环境应急预案实施情况；负责全市风险源管理，分析环境隐患，预测重大环境事故风险。

3. 县级环境风险管理部门

（1）风险管理委员会

贯彻执行国家、省、市有关环境风险预防与控制管理的方针政策、法律法规；综合管理全县环境风险管理工作，分析和预测全县环境风险预防与控制形势，组织开展区域环境风险区划规划，确定本县环境风险管理的总体目标和策略，优化调整县域整体布局与产业准入，从决策源头有效控制环境风险；指导和协助县环境监察大队、环境风险应急领导小组等部门承担的专项环境风险预防与控制监督、监察工作，协调环境风险管理部门与各政府部门之间的关系；发生一般风险事故时，组织协调事故的调查处理，发生重大风险事故时，向市级风险管理委员会进行上报并备案；组织全县环境风险安全的宣传教育和本系统监察人员的培训、考核工作。

（2）县环境风险日常管理机构

由县环境监察大队、环境风险应急领导小组共同承担相应的监管与应急处置职责。

县环境监察大队负责落实相关环境风险管理法规、政策的贯彻与实施；对县区内各类重点污染源和危险化学品环境隐患进行全面排查，组织开展园区环境隐患排查与整治及现场监督检查工作；监督检查管理行政区内所有化工园区及环境风险源所在企业及其对相关法规、政策、制度的落实情况，对排查发现存在重大环境风险隐患的企业，上报上级部门；建立县级环境风险源动态信息库并上报市级环境风险管理机构。

县环境风险应急领导小组负责组织制定县环境污染事件应急预案；事故发生时，向应急处置部门通报事件的基本情况，协调调配相关人员应急处理；向县委、县政府、市级部门上报环境风险应急工作，向社会公布应急处置信息；评价环境污染事故后果，安排做好善后工作。

4. 化工园区环境风险管理部门

化工园区环境风险管理机构的主要职责是：负责重、特大突发环境事件应急、信息通报及应急预警；受理各类关于化工园区环境问题的投诉建议（包括电话投诉、网络投诉、信访投诉等）；承担化工园区重大环境污染与生态破坏及重大建设项目环境违法案件与事故调查；协助环境管理行政部门组织化工园区重、特大突发环境事件的生态损失评估；参与环境管理行政部门组织的环境执法检查工作。

（1）风险管理委员会

负责抓好国家、省及市、县有关环境风险管理的方针政策和精神的贯彻落实，制定和落实园区环境安全总体目标、计划和措施；具体负责园区内的环境风险监管工作，督促监察各部门监管制度的落实和环境风险控制的执行情况；组织开展园区规划环评及园区环境风险评价，从决策源头有效控制环境风险，每季度召开园区环境风险管理委员会议，分析环境安全形势，对重大危险源监控和重大环境风险隐患整改进行督查、督办，及时研究和解决管理中的有关问题；负责企业入园和建设项目的立项审批和环境可行性研究报告的审查；发生重大风险事故时，及时赶赴现场，负责组织抢救和事故应急处理，并向上级环境风险管理委员会进行汇报。

（2）日常管理与应急响应机构

由园区环境风险管理与事故应急调度中心和区内各企业安全环保处共同承担相应的监管与应急处置职责。

设立园区环境风险管理与事故应急调度中心，负责落实相关各级环境风险管理法规、政策的贯彻与实施；检查、监督园区及园区内企业应急组织机构的组建；了解园区内环境隐患和重点环境风险源，组织开展隐患自查与整治工作建立，并维护环境风险源动态信息数据库；监督制定、审定园区、园区内企业、车间应急预案；检查、监督园区内各企业应急救援设施的日常维护和应急物资的储备；组织、检查考核园区内定期进行环境事故应急救援预案的模拟演练；发动组织志愿援助组织，并制定与公安、消防、医院等机构、周围具有一定风险应急能力的大型企业、其他园区等的区域联防方案；事故发生时，收集、整理事故情况，掌握事故状况和信息，上报或请求支援，负责上级部门及参与救援单位人员的接待和调度，传达应急救援的指示和批示。组织调查和评估生态环境污染程度；组织修复和重建被污染事故破坏的生态环境；督促化工园区及园区内企业应急预案制定、指导事故应急演练，组织开展环境应急管理培训和能力建设等。

区内各企业安全环保处需熟悉企业内环境风险源的量及属性，编制企业环境风险应急预案；组织企业内部环境风险隐患的定期排查工作；组织安排企业相关的环境保护相关培训和应急演练；负责企业与县级、市级或省级环保部门及应急部门的沟通和检查。

三、化工园区环境应急管理机制

（一）化工园区环境应急管理机制的内涵

在日常工作和生活中，“机制”有时也称“运行机制”、“工作机制”、“运作机制”。从词义来看，机制有多重含义。按照《辞海》的解释，“机制”原指机器的构造和运作原理，借指事物的内在工作方式，包括有关组成部分的相互关系及各种变化的相互联系。《现代汉语词典》认为，“机制”是指有机体的构造、功能和相互关系，泛指一个工作系统的组织或部分之间相互作用的过程和方式，如市场机制、竞争机制、用人机制等。一般而言，机制运行规则都是人为设定的，具有强烈的社会性，是一定的机体内各种构成要素之间的相互联系，以及决定组织运转的调解方式、机理，重在事物内部各部分的机理即相互关系。简言之，机制是各种程序、关系构成的动作模式，是各种制度化、程序化的方法与措施。这些方法和措施是经过实践证明有效的，通过总结归纳上升到一定的理论高度，并有相应的规章制度予以保障。

根据机制的定义，可把化工园区环境应急管理机制界定为“在化工园区突发环境事件事前、事发、事中、事后全过程中，采取的各种制度化、程序化的应急管理方法与措施”。从实质内涵来看，化工园区环境应急管理机制是一组以相关法律、法规和部门规章为基础的政府应急管理工作流程。从外在形式来看，化工园区环境应急管理机制体现了政府应急管理的各项具体职能。从工作重点来看，化工园区环境应急管理机制侧重在化工园区环境突发环境事件的防范、处置和善后的整个过程中，相关部门和人员如何更好地组织和协调各方面的资源和能力，来更好地防范与处置突发事件。从相互关系来看，化工园区环境应急管理机制是应急管理体系的强大动力和重要支撑，是应急预案、应急管理体制（侧重应急管理组织体系）和应急管理法制的具体化、动态化和规范化。

（二）化工园区环境应急管理机制的组成

化工园区环境应急机制从事件顺序来说一般包括预防、预警、处置和恢复四个阶段。预防是最前面的一个过程，指采取各种措施，减少或避免突发环境事件发生的机会；预警就是指在突发环境事件发生之前就做好各种各样的准备工作，以应对在尽管采取各种措施后仍不可避免会发生的那些突发环境事件。这一阶段通常包括预警预测系统的建立、应急人员的培训、公众的教育、事前演习等；处置阶段就是在突发环境事件发生以后，及时采取应对措施，启动应急预案，尽力将损失降至最低。这一阶段是突发事件应对过程中最重要却也最难的一个阶段，应急措施的采取涉及行政紧急权的行使，需要在行政紧急权与公民权利之间寻求平衡，尽量用最小的投入获得最大的收益，这也就是说要符合行政法上的比例原则；恢复阶段就是在突发环境事件应急行动结束之后，采取措施消除其对经济、社会、政治造成的影响。这一阶段包括事后补偿、奖励、保险、责任追究、心理指导等。

1. 预防准备机制

要做好化工园区突发环境事件的预防工作，一是要对各种危险源进行排查和控制，二是要降低环境系统的脆弱性。前者是为了减少或避免突发环境事件的发生，后者则是为了使社会系统在突发环境事件发生后能迅速恢复。要做好突发环境事件的预防准备就要从以下几个方面着手：公众安全教育、应急预案建设、应急保障系统的建设（包括应急队伍、应急资金、应急场所、应急物资、应急通信等的建设）。

公众安全教育是化工园区突发环境事件应急机制的一项重要内容，通过公众安全教育，可以增强公众的忧患意识，提升公众的风险认知能力，提高公众自救与互救的技能，塑造良好的心理素质和增强公众批判力，减少不必要的恐慌。

应急预案就是化工园区突发环境事件的应急计划，是应急主体（包括应急管理者、社会组织、公众、企业等）在突发环境事件应对过程中的行动方案。通过编制应急预案，可以提高我们在应对突发环境事件时的效率、增强忧患意识、辨别危险的类别、明确各相关责任主体的责任，使其各司其职，减少决策时间和决策压力、减少人们的心理恐慌等。

2. 预测预警机制

预测预警是应急机制在化工园区突发环境事件发生前最重要的一个阶段。预测就是在突发环境事件前对各种危险要素进行实时、持续、动态的监测，收集相关的数据和信息，并通过风险分析与风险评估来判断突发环境事件发生的可能性。预警是指在危险要素没有转变为突发事件之前，将有关风险的信息及时告知受影响者，使其采取必要的行动，做好相应的准备。预测预警的最终目的是让社会公众采取必要的行动，减少突发环境事件造成的不利影响。在预测预警中，往往很重视技术的作用。其实制度和社会的维度也是不可忽视的，如果警报的内容不易理解，如果人们的风险意识薄弱或决策产生偏差，如果警报不易告知公众，信息传播不畅，那么就不能采取正确的行动，预测预警的目的就不会实现。这就警示我们在建设预测预警机制时要以人为本，而不能以技术为中心。同时，也要注意发挥社会组织在预测预警方面的优势。

3. 信息沟通机制

化工园区突发环境事件的信息沟通是一个双向的过程。信息沟通机制包括信息报送和信息发布。

化工园区突发环境事件信息报送的主体应该是多元的，包括政府，监测网点和专业机构，企事业单位，公民、法人和其他组织。信息的报送可通过政府、媒体渠道，也可以尝试在基层建立信息报告员制度，要保证信息报告员能在第一时间接到突发环境事件的信息，并在第一时间内发布。另外，各级政府可通过电话、短信、信箱等途径，设置统一的接警电话等，接受公众的突发环境事件信息的报告。

为了建立完善的信息沟通机制，可以从下列视角入手：①加强公众的危机意识教育，实现信息报送的全社会参与。②加强突发环境事件信息的共享与整合，这就要明确信息的种类、方式、内容等，还要明确报送主体的责任，特别是信息共享与整合的责任，建立统一的信息收集、报送、发布渠道。③加强信息联动与合作，按地域、按流域建立信息的联动和沟通。④可增强突发环境事件信息越级上报的权利。一方面这可以实现上级对下级应急管理的监督，另一方面也可以减少上报的层级，加快信息的流动。⑤完善责任追究。对问责主体、问责程序、问责范围、被问责者的权利保护等方面要予以明确，做到有法可依、执法必严。⑥完善信息发布制度，建立新闻发言人制度，做到信息发布对外口径的统一。

4. 决策处置机制

化工园区突发环境事件发生以后，应急管理部门应该针对事件的性质、特点和危害程度，立即组织有关部门，调动各种应急资源和社会力量，依据相关法律、法规、规章的规定进行应急决策，开展应急处理。决策处置是突发环境事件应急机制的关键环节，它决定着能否有效遏制突发环境事件，最大限度地减少或避免突发环境事件造成的不良后果。

为了实现化工园区突发环境事件应急处置的高效有序，需要在决策处置过程中注意一些问题：一是次生灾害的防范。在化工园区突发环境事件的处置过程中，应该以动态和普遍联系的眼光观察化工园区突发环境事件，应急管理者应具备在寻求安全的过程中发现风险的能力，这就需要各部门间的联合互动。二是应急者的保护。突发环境事件的应急处理是一项高风险的活动，在实践中，往往关注对受突发环境事件影响的普通民众的保护，而忽略了对应急者的保护。保护应急者，才能更好地应对突发环境事件。这不仅需要在平时对应急者严格培训和演习，增强其自我保护的能力和意识，还要为其配备必要的防护装置和通信工具，同时，建立相关的奖励补偿机制，消除其后顾之忧。在突发环境事件应对结束后，还要对应急者进行及时、必要的心理干预。三是应急联动。突发环境事件是一种牵一发而可能动全身的事件，需要社会上下的高度重视。为了有效应对，需要应急联动，打破部门分割、条块分割、军地分割，形成协同应急、合成应急的局面。

5. 社会动员机制

化工园区突发环境事件应急机制中的社会动员是指为了预防和应对非战时状态下的突发环境事件而有效调动政府、市场、第三部门的人力、物力与财力的活动。应急社会动员应贯穿于应急管理的全过程，而不仅是响应和恢复阶段。在社会动员中，政府将市场与第三部门的各种力量动员起来，密切配合，相互合作，共同预防和处置突发环境事件，社会动员机制体现了“预防为主”的精神。在社会动员的过程中，既要发挥政府的主导作用，又要调动全社会的共同参与。从长远发展来看，应提高全社会的危机意识，充分调动非政府力量参与化工园区突发环境事件应急管理的积极性和主动性，做到全社会自下而上的动员。

6. 恢复重建机制

化工园区突发环境事件的影响有环境影响、社会影响、经济影响、心理影响等方面，包括恢复和重建两项活动。恢复不仅是补救，还要在消除影响的过程中除旧布新，因此，恢复重建机制既包含着挑战，也包含着机遇。

恢复重建工作意义重大，不仅能消除突发环境事件造成的消极影响，避免二次灾害的发生，还能提高公众的安全意识，增强社会凝聚力，在挑战中抓住机遇，更好地满足公众的需要。我国《国家突发公共事件总体应急预案》第 3.3 节和《突发事件应对法》第 58 ～ 62 条对恢复重建做了明确的规定。目前，我国恢复重建的补偿中，政府补偿的比重过大，一定要利用好企业特别是保险企业在分担风险方面的作用，同时做好社会保障事业，确保受突发环境事件影响的弱势群体的利益，避免因灾致贫、因灾返贫。另外，我国恢复重建过程中各级政府和有关部门的责任和任务应该进一步明确，资金的拨付、使用、监督等还有待完善。特别需要各部门在恢复重建工作中的协调联动，避免重复建设和浪费。

7. 调查评估机制

化工园区突发环境事件的调查评估是指对化工园区突发环境事件及其预防和处置进行考察并获取必要的相关信息，在此基础上开展评价与判断的活动。在突发环境事件应急机制的减缓—准备—响应—恢复这一闭合循环过程中，调查评估应贯穿其始终。

通过调查评估，可以及时总结教训和经验，弥补应急机制中存在的不足和缺陷。在调查评估过程中，还可以吸纳社会公众参与化工园区突发环境事件的调查评估，这不仅维护了公众的知情权，还有助于社会公众参与化工园区突发环境事件的应急，监督政府的行为。美国、日本等发达国家都很重视突发环境事件的调查评估，特别是突发环境事件发生后，会及时开展调查评估，撰写调查评估报告，从多个角度认真总结经验、教训。我国目前的调查评估机制处于起步阶段，有很大的不足，表现在：①存在“有调查，无评估”的现象；②重事中、事后的损失、责任评估，轻事前的风险评估；③调查评估过程中缺乏公众的参与。

调查评估应该体现动态的原则，涵盖化工园区突发环境事件应急机制的各个过程。调查评估的内容应包括：风险调查评估、应急能力调查评估、应急处置调查评估、突发环境事件影响调查评估、责任追究调查评估和应急绩效调查评估等。在对以上各项内容评估的基础上吸纳公众的参与，建立一个调查评估的长效机制，针对我国目前在调查评估方面的缺陷进行完善，以更好地应对突发环境事件。

8. 平战结合机制

平战结合机制就是要做到“平时应急、战时作战”，化工园区突发环境事件的平战结合，一方面是指政府在应急管理中要注意常态管理与非常态管理的统一，如政府平时组建一支训练有素的应急救援队伍，定期开展演习和培训，在突发环境事件发生时，将该队伍投入应急之中。另一方面指政府要考虑战时应急的需要，也要考虑非战时应急的需要。

（三）化工园区环境应急管理机制的建设

1. 完善化工园区突发环境事件应急法规体系

制定紧急状态法，填补宪法性法律中应急法律的空白。政策上的应急处理制度与法律上的应急处理制度不能互相替代，所以，即使建立了一套完整的环境应急处理体系，也需要从法律层面建立一套完整的制度，从实体和程序方面予以保障。应尽快制定出统一的《突发事件与紧急状态处置法》《紧急状态法》，使治理应对紧急状态的成功经验、管理措施、管理技术、制度规范上升到具有国家强制力的法律法规。

完善环境保护法律的应急规定，对应急体制、应急职责和行政管理相对人的应急行政法律义务做出与其母法相协调和补充的配套具体规定。创新和完善各单行环境保护法有关突发事件应急处理的规定，使之符合宪法的规定。例如，修订《环境保护法》，创新和完善突发性环境污染事故应急处理的原则，以及综合性和专门性的基本规定；制定《生态保护应急法》，针对突发性的环境污染、生态破坏、生态安全等领域发生的破坏事件采取相应的应急立法。

在化工园区突发环境事件应急立法中重视民事赔偿制度，民事责任对于补偿受害者、灾后恢复重建具有重要且实际的意义。国外大多重视民事责任的运用。规定了周密的归责原则、责任主体、责任的内容、责任的免除、赔偿限额和追偿程序等。一般情况下，赔偿的内容都包括：受害方治理污染所支付的费用、受害方因此造成的经济收入的损失、政府应急开支和调查费用等。我国应当重视民事赔偿，确定归责原则、赔偿数额、程序、争议解决途径等，应当把突发环境事件侵权民事责任中“损害后果”的要件调整为给他人的财产、人身等权益造成损害或损害危险，这样会给受害者提供及时的救济，避免发生不必要的损害结果，而且也会使排污者加强防范，及时预防更大规模的突发环境污染事件的出现。

2. 完善化工园区突发环境事件应急管理组织体系

化工园区应急管理组织体系应该有机整合到各级政府常规管理机制中去，建立一个综合指挥体系和常设危机管理综合协调部门。可借鉴发达国家的经验，建立紧急事务处理机构。机构包括两部分：一是中央指挥中枢机构，主要负责动员、指挥、协调、调度地区资源应对紧急事务；二是常设性突发环境事件综合协调部门，主要负责协同各方专家，制定长期应急战略计划。

此外，各级政府的环境应急管理职能和相互关系，应按照“条块结合、以块为主、分级管理”的原则，构建起一个责任明确、统一指挥、分工合作的应急管理组织体系。在省级和地级市层面，明确政府及有关环境主管部门的主要职责是制定突发环境事件应急管理决策规划，对县级层面和园区层面的环境应急管理提供指导和帮助，通过综合性的应急协调政策机构来统一负责和指导各种突发环境事件的协调管理。

3. 建立高效的应急预警机制

预警机制主要是对化工园区突发环境事件进行监控，以期最大限度地减小突发事件所造成的灾害，其主要内容是监控突发环境事件的形成与发展过程，即监控可能产生突发事件的因素，当这些因素在量的积累之上发生质变或即将发生质变时，也就是在突发环境事件产生前，或在产生后及时做出预警。化工园区突发环境事件的起因不同，其相应的监测手段、措施也不同。此外，预警机制还要根据现有情况预料分析出未来的发展趋势，也就是在信息的加工过程中将所有可能对组织活动造成潜在威胁的事件一一列举出来，并加以分类，根据其可能产生的后果，及时采取必要的措施进行处理或设计出相应的应对方案，包括预计需要发动的部门、人员和物资准备等。如果突发环境事件的相应判断标准突破了危机警戒线，就应立即向应急管理部门报告情况，有关专业机构在对突发环境事件做出评估之后，开始运作应急联动系统，启动相应应急预案。突发环境事件的预警主要应做好两个方面的工作，即建立突发环境事件预警系统，制定好突发环境事件应急处置方案。

4. 提高环境应急管理的中枢决策机制

化工园区突发环境事件应急决策，实质上是以应对化工园区突发环境事件为前提的一种特殊决策。化工园区环境应急管理作为典型的非程序化决策，其组织体系和机构应包括指挥协调体系和非常规决策过程，以及应急资源、专业应对人力储备。构建科学的突发环境事件应急决策机制，首先，要提升决策者的应急决策能力。决策者是应急决策机构的领导者，主导应急决策的全过程。应提升其环境应急管理的决策手段与决策理念水平，培养综合型、复合型、高技能型的环境应急决策人才。其次，要建立完善的决策支援系统。由于环境危机的最大特点之一是不确定性和复杂性，所以建立一个完善的决策支援系统是十分必要的。一个比较完善的决策支援系统包括：资料库、知识系统、规范模型、电子资讯技术的应用平台等。其中，决策咨询尤为重要。加大对决策咨询机构的资金投入和人才队伍建设，充分发挥决策咨询机构及专家组在环境应急决策中的作用，建立突发环境事件应对“案例库”，大力推广现代先进决策技术和方法，如信息技术、人工智能技术、运筹学、规划论等在突发环境事件决策中的应用，建立高技术含量的城市应急决策技术平台，将突发环境事件应急决策引入专门化、规模化、自动化、科学化的轨道。

5. 建立良好的环境应急信息交流机制

行政公开对公众来说是一种权利，对政府来说是一种义务，国家权力来源于公民权利，公民的知情权是“其他权利得以正确行使的先决性权利，只有知情权得到充分行使，当事人追求的其他权利才能充分实现”。公众对所处国家、地区、区域的环境状况有知情权；对与环境有关的政策、法律法规、环境标准，政府宏观发展规划基本情况有知情权；对所在区域从事各种危害或可能危害环境的开发建设活动及各种生产经营活动有知情权。我国在化工园区突发环境事件的应急过程中，要进一步拓宽环境行政管理机关提供环境信息的渠道和方式，赋予公众主动申请获取环境信息的权利，实现政府与企业的双向信息公开。

6. 建立完善的环境应急管理监督和评估机制

完善的环境应急管理监督机制首先应遵循统一调度原则，其次是实行责任追究制和分级负责制。最后，控制环境应急管理中信息流的走向、资金流的走向、掌握事态发展的记录，以督促政府机构做出科学合理的决策，规范政府的行为。环境应急管理的评估机制应包括：①确认突发环境事件的受害范围、受害人群、受害程度。②评估突发环境事件应急管理的应对规划、管理措施、资源配置是否合理与有效。根据评估结果，改进环境应急管理的组织设置、运行机制、人员配备、管理方法等，完善环境应急预警系统与环境应急预案；改进资源的储备和后勤保障工作，使环境应急工作得到更有力的物资支援；总结环境应急管理的经验教训，丰富环境应急管理的知识储备，提高环境应急管理的技能。此外，还应建立合理的赔偿、补偿制度。

7. 积极开展应急演习

应急演习的目的是通过培训、评估、改进等手段，提高本地区、本单位保护人民群众生命财产安全和环境的综合应急能力。突发事件应急准备是一个长期的持续性过程，在此过程中，应急演习可以发挥重要的作用，通过应急演习，可以评估本地区、本单位的应急准备状态，发现并及时修改应急预案、执行程序、行动核查表中的缺陷和不足；评估本地区、本单位的重大事故应急能力，识别资源需求，澄清相关机构、组织和人员的职责，改善不同机构、组织和人员之间的协调问题；检验应急响应人员对应急预案、执行程序的了解程度和实际操作技能，评估应急培训效果，分析培训需求；促进公众、媒体对应急预案的理解，争取他们对重大事故应急工作的支持。应急演习分为多种类型：一是桌面演习，指由应急组织的代表或关键岗位人员参加的，按照应急预案及其标准运作程序，讨论紧急情况时应采取行动的演习活动。其主要特点是对演习情景进行口头演习，一般是在会议室内举行非正式的活动。二是功能演习，指针对某项应急响应功能或其中某些应急响应活动举行的演习活动。功能演习一般在应急指挥中心举行，并可同时开展现场演习，调用有限的应急设备。三是全面演习，指针对应急预案中全部或大部分应急响应功能，检验、评价应急组织应急运行能力的演习活动。演习过程要求尽量真实，调用更多的应急响应人员和资源，并开展人员、设备及其他资源的实战性演习，以展示相互协调的应急响应能力。应该注意的是，在组织实施演习过程中，必须满足“领导重视、科学计划、结合实际、突出重点、周密组织、统一指挥、分步实施、讲究实效”的要求。

8. 积极谋求多元化的应急管理模式，加强政府和社会的合作

我国应借鉴发达国家经验，积极鼓励、发展、引导非政府环保组织参与化工园区环境应急管理。转变政府的社会管理职能，建立政府与社会的伙伴关系。改变政府过去“包揽公共事务、政社不分”的管理模式，在公共服务领域引进市场竞争机制，大力推行社会生活的群众自治，促进社会机体的发育和发展。政府需在培育社会力量、加速民间社团组织建设、民间社团组织健康发展等方面下大工夫，培育公民社会，积极谋求社会合用，利用公共资源，正确引导、鼓励和支持各层次群体和社群组织等积极参与化工园区环境应急管理工作，更多地发挥企业组织、社会公益组织、民间组织和社区组织等的凝聚作用。

9. 加强产业准入、促进产业合理布局

各地区和有关部门在制定产业发展规划时，要充分考虑区域环境容量、生态环境承载能力，明确不同区域的功能定位和发展方向，引导重污染、高风险行业合理布局和发展。要加快老污染企业的技术革新和改造，尽快淘汰落后生产工艺、设备和生产能力。要进一步加强高风险企业特别是重点企业的日常环境监管，督促企业制定环境应急预案，与政府和相关部门之间形成联动和合力。要加强企业环境安全教育和培训，使每个存在污染隐患的企业充分认识到污染事故对人民生命财产和周围环境的危害，积极有效地做好与污染事故有关的各项处置工作。

10. 加强环境应急监测能力建设

一是尽快制定统一的监测技术规范，该技术规范应包括布点、采样、分析、数据处理、质量保证等应急监测的各个方面。在制定过程中，要广泛征求各级监测工作者的意见，使技术规范既能满足应急监测的要求，又具有较强的可操作性。二是加大对应急监测能力建设的投入，在重点企业、重点流域安装在线自动监测仪器设备，并实现测定数据的网络传输，购买应急监测仪器及装备，建立车载、船载等移动式监测系统。三是制定完善的应急监测预案，一旦发生事故，应立即启动应急预案，快速有效地监测污染物的种类、浓度、污染范围，切实保证监测、应急处置、信息发布等各项应急措施落实到位，最大限度地减轻事故造成的环境危害。四是在日常监测工作中，加强对事故隐患的调查摸底，建立污染源应急监测系统数据库，为应急监测工作提供可靠翔实的基础数据。

四、化工园区应急预案体系

突发环境污染事件具有不确定性的特点，其发生的方式和规律难以确定，污染一旦发生临时应对的难度很大。为了尽可能地降低突发事件的环境危害，化工石化企业除了加强平时的环境风险监控预防外，还需在突发污染事件发生前制定有针对性的应急预案，以便在事件应对过程中做到有章可循，因此应急预案在环境风险的预防控制中具有十分重要的作用。

由于化工石化企业突发环境污染事件类型多样，针对各种污染事件的应急处置方案也不同，应急预案编写时首先应当从分析突发环境污染事件的内在规律出发，对其进行分类、分级，在此基础上研究制定相应的应急措施。其次，考虑到应急小组是应急措施的执行主体，为了确保应急的效率，需要深入分析应急的组织机制，合理制定各应急小组的职能分工，以充分发挥各应急力量的协作联动效能。

根据对众多化工园区和企业的应急预案的编制情况的调查结果发现，目前绝大多数化工园区已初步形成了化工园区总体预案–企业专项预案的预案层级架构，但预案体系的建设仍不完善，各预案上下游的衔接不够，而且预案的编制质量参差不齐，普遍不规范、可操作性不强。因此亟须进行化工园区应急预案的深入研究，以增强应急预案的应急决策支持功能。

（一）化工园区环境风险应急预案体系

通过对园区现状的调研和主要风险源的排查，根据风险事故隐患类型、典型的危险物质及危害程度，从纵向和横向两个层面对应急预案的层次结构进行划分，形成多层次、多目标、多对象的应急预案体系（图 5-11）。

纵向上，化工园区环境风险应急预案体系从点到面出发，包括企业应急预案、园区应急预案，以及与政府部门针对化工的专项应急预案或总体预案的衔接三个层次。在此基础上考虑与其他预案体系的有机结合，包括前端与安全事故应急预案、自然灾害应急预案的联系，后端与公共卫生及社会事件类应急预案的联系。

横向上，从总到分，有针对性和差异性地从危险物质识别、风险源监控、事故防范、敏感受体保护等方面构建园区、各化工企业的综合和专项环境风险应急预案。

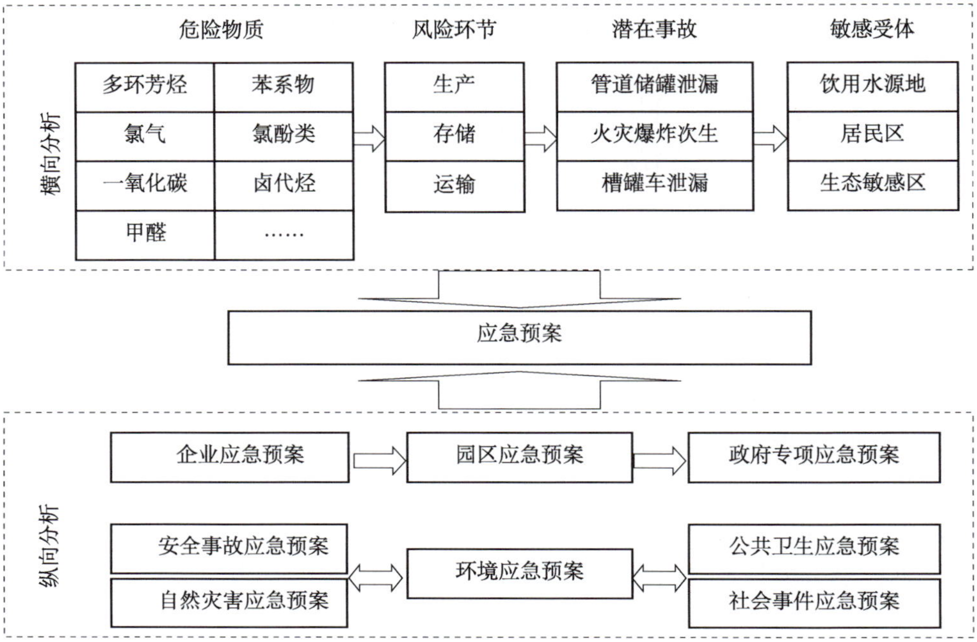

图 5-11　化工园区应急预案体系

根据各级政府行政级别的不同，政府应急预案又分为国家级、省、市和县级环保部门应急预案，目前我国国家级的环境应急预案为国务院办公厅 2014 年发布的《国家突发环境事件应急预案》。根据《突发环境事件应急预案管理暂行办法》，我国政府环保部门环境应急预案应当包括总则、应急组织指挥体系与职责、预防与预警机制、应急处置、后期处置、应急保障、监督管理、附则和附件等内容。

由于园区内化工企业涉及较多的易燃易爆和有毒物质，环境风险较大，除需要编制综合环境风险应急预案外，还需要针对某一类风险，根据存在的重大危险源和可能发生的突发环境风险事件类型，编制相应的专项环境应急预案。另外对危险性较大的重点岗位，化工企业应当编制重点工作岗位的现场处置预案。

总体而言，化工园区应急预案体系是一个包括政府、企业和公众，涉及公安、消防、环保、医疗、卫生和媒体等各级机构的系统。政府应急预案为指导性文件，侧重于区域力量的整合协调和指挥调动，不必编写具体应急作业的基层文件；园区和企业应急预案则侧重于对园区或企业内部的应急救援，预案的内容主要体现在应急响应的操作层面，需针对可能的环境风险事故制定具体的应急救援方案。

化工园区环境风险应急预案体系内各类预案的衔接方式如下。

1. 企业环境应急预案与园区环境应急预案的衔接

企业层面的应急预案执行是企业的职责，企业负责制定现场应急救援预案，定期检验和评估现场应急处置与救援程序的有效程度，并在必要时进行修订和完善。影响一旦扩大，则立即转由园区层面执行，即场外应急预案是化工园区主管部门的职责，由政府主管部门根据企业提供的安全评价报告和相关材料制定。应急预案应提出详尽、实用、清晰和有效的技术与组织措施。在重大事故中能快速有效地使用。

事故发生时，所有参与突发环境事件应急工作的企业、各机构都应服从园区指挥中心的调度，并发挥其各自的作用。企业或应急机构应实时向园区报告事故控制的进展情况、所做出的决定与采取的行动。园区根据事态变化，及时部署和调整环境应急策略。园区层面和企业层面的应急预案应同时考虑、协调制定，以期发挥最大作用。

2. 园区应急预案与政府应急预案的衔接

化工园区是园区应急预案主要针对的指挥中心，它的上级指挥中心是负责管辖的政府应急指挥中心，化工园区的应急预案要经过上级人民政府的审核和修订。园区层面的环境应急预案需要明确事故发生时的信息上报程序和关键节点，保障市级环境应急指挥的有效执行。园区事故应急指挥中心根据事故的严重程度将核实后的信息逐级报送上级应急机构，后者对此进行审查、批准或提出替代对策。

园区事故应急指挥中心可以依据应急预案，向科研单位、地（市）或全国专家、数据库和实验室就事故所涉及的危险物质的性能、事故控制措施等方面征求专家意见。依据事故的规模、园区及企业能够提供的应急资源及事故发生的地点是否使园区范围外的地方处于风险之中，判断是否将事故应急处理移交上一级指挥中心。决定应由园区级指挥中心和市级政府机构共同做出。市级政府主管部门应建立适合的报警平台和标准程序，将事故发生、发展的信息传递给相应级别的应急指挥中心，根据对事故状况的评价，实施相应级别的应急预案。

3. 园区应急预案体系与其他预案体系的衔接

由于化工园区也极易受到洪水、雷电、台风等强自然灾害的影响，因此，应该高度关注自然灾害所引发的次生环境污染问题。细化自然灾害类应急预案次生环境灾害的响应，环境应急预案应留有接口对接自然灾害类应急预案，使得重大自然灾害发生后，灾害响应与环境应急准备能够实现快速启动、协调有序地执行，最大限度地防范自然灾害所引发的突发性环境污染事故。

大量事故案例表明，安全生产事故频繁引发环境污染事故。鉴于此，化工园区安全生产类应急预案与环境应急预案应紧密协调。作为前端事故，安全生产类应急预案应充分考虑安全事故本身，以及后续安全事故处置措施所可能造成的污染物排放，明确相应的污染防范措施；环境应急预案则应针对化工安全生产事故，留有专门的对接口，化工事故发生后，需密切关注水、气等环境介质的变化情况，跟踪监测事故的污染排放情况，明确环境应急池启用、消防废水处置等具体手段，防范安全事故引发次生环境灾害。

重大环境污染事故发生后，极易使人群暴露于受污染的水体、空气等环境介质中，因扩散快、浓度高、强度大等特点，对公众生命安全和人身健康造成重大威胁。因此，环境应急类预案应充分考虑到事故发生后所可能引发的后端公共卫生事件，针对人群健康损害等问题，与公共卫生类应急预案进行对接，在健康检测、健康防护、医疗救治等方面做出明确和细致的规定，努力将环境污染事故所引发的健康损害降低到最小限度，保障公众人身健康。

重大环境污染事故因发生突然、影响范围广、经济损失大等特点，极易引发受损人群不安或不满情绪，进而引发群体事件或其他社会类突发事件，严重干扰人民的正常生活秩序，威胁社会稳定。鉴于此，环境应急类预案应充分考虑到事故发生后所可能引发的后端社会影响，在预案中明确公众防护、信息公开、舆情引导等具体措施，实现环境应急类预案与社会事件类预案的紧密衔接，维护突发环境事故情况下的正常社会秩序和社会稳定。

（二）化工园区/企业环境风险应急预案的编写规范

化工园区环境风险应急预案的编制对象为化工园区和区内化工企业，为应对企业制定环境风险应急预案无规范性、章节混乱、针对性弱，以及区域环境风险应急预案管理机制不系统的问题，设置统一的园区－企业预案编制流程，方便规范、编写、管理更新和应用，为应对突发环境污染事件提供指导思想和基本处理处置方法。

根据《石油化工企业环境应急预案编制指南》，化工企业突发环境污染事件应急预案的内容框架见表5-13。化工园区应急预案与企业侧重点不同，目前针对化工园区的应急预案编制的深入研究报道还相对较少。

表 5-13 化工企业突发环境污染事件应急预案的内容框架

序号	石油化工企业环境应急预案编制指南	序号	石油化工企业环境应急预案编制指南
1	总则	5	安全防护
1.1	编制目的	5.1	应急人员的安全防护
1.2	编制依据	5.2	受灾群众的安全防护
1.3	适用范围	6	次生灾害防范
1.4	事件分级	7	应急状态解除
1.5	工作原则	8	善后处置
1.6	应急预案关系说明	9	应急保障
2	组织机构和职责	9.1	应急保障计划
2.1	组织机构	9.2	应急资源
2.2	职责	9.3	应急物资和装备保障
3	预防与预警	9.4	应急通信
3.1	危险源监控	9.5	应急技术
3.2	预防与应急准备	9.6	其他保障
3.3	监测与预警	10	预案管理
4	应急响应	10.1	预案培训
4.1	响应流程	10.2	预案演练
4.2	分级响应	10.3	预案修订
4.3	启动条件	10.4	预案备案
4.4	信息报告与处置	11	附则
4.5	应急准备	11.1	预案的签署和解释
4.6	应急监测	11.2	预案的实施
4.7	现场处置	12	附件

1. 总则

企业预案总则应注重考虑企业单位自身特性，生产、储存、经营、使用、运输危险物质，以及产生、收集、储存、利用、处置危险废物等过程中的危险单元，针对可能产生的环境污染事故进行编制，包括编制目的、编制依据、适用范围和工作原则等六部分。注重企业单位内部发生危害范围大、涉及多人的突发环境事件。

化工园区预案总则应体现以人为本、求实求严的思想，切实加强应急管理，以最快的速度、最大的效能有序地实施应急治理，最大限度地减少区域人员伤亡、财产损失和对外环境的影响，把污染事件危害降到最低，维护园区内外企业单位及周边居民的安全和稳定。

2. 应急组织机构

企业预案应依据规模大小和突发环境污染事件危害程度的级别，设置分级应急机构。当事故发生时，企业应立即成立应急指挥部，车间成立二级应急指挥部门，生产工段可成立三级应急指挥部门（图 5-12），指挥指导事故救援，负责预案启动与终止，确定现场指挥人员，接受上级指令和调动，配合有关部门对环境进行修复、事件调查、经验教训总结等。

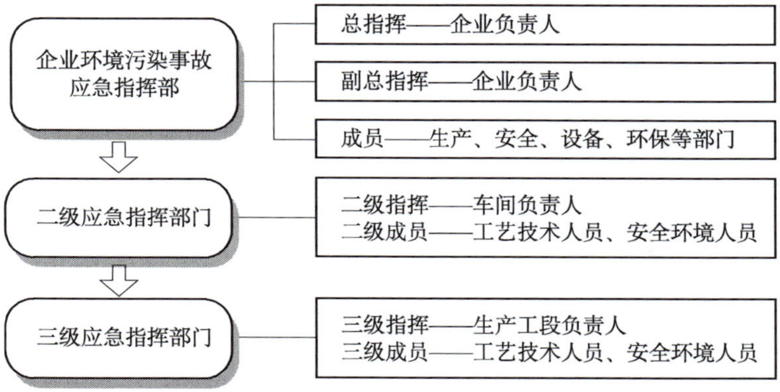

图 5-12 化工企业应急指挥组织机构体系

应急指挥部指挥调度企业的应急队伍、协调队伍和专家组进行救援。应急队伍包括企业内部的消防队、安全救护队、保安急救队、抢修队、环境污染防治人员等；协调队伍，如办公室、商业部门等。企业单位各职能部门和全体员工均负有环境事故应急责任，各专业队伍是环境事件应急救援的骨干力量，担负着企业内各类环境事故的救援和处置工作。

当发生的环境污染事件超出了企业单位自身的应急能力时，应急救援的组织指挥机构由园区管理委员会负责，建立突发环境事件应急中心，以其为指挥核心，与地方政府（上级）和企业（下级）应急机构形成联动机制，组建整合环境保护、公安、消防、医疗卫生、交通运输、信息通信等力量，等待指挥调度。园区应急组织机构体系如图 5-13 所示。

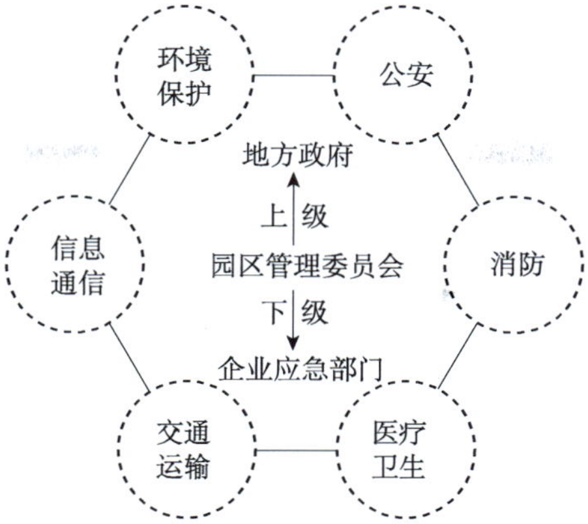

图 5-13 园区环境应急机构整合联动

园区应急指挥机构的职责是接到企业单位的报告后，决定应急预案的启动与终止，确定现场指挥人员，协调现场有关工作；负责事件相关信息的整理，全面掌握事件状况，及时向上级机构和相关部门报告事件和应急救援进展情况，并通报可能受影响的区域；负责传达指挥中心及上级机构的应急救援指示和批示；负责调度资源配置、请求外部救援力量，以及保护现场和协调相关部门对环境进行修复和事件调查总结。

3. 预警与应急响应

企业综合环境风险应急预案的预警与应急响应的内容如下。

（1）环境风险源监控

针对企业的所有环境风险源，明确企业的环境风险源监测监控体系，监控方式、方法，以及企业采取的共性预防措施。除对环境风险源的监控外，企业主要的安全报警、紧急切断、紧急停车系统、消防火灾报警系统、可燃及有毒气体的监测报警系统等都是预防环境污染事故发生的监控报警手段。环境污染事故往往是伴随着安全事故产生的，因此编制企业综合环境风险预警响应部分，应针对企业设立的风险监控及所有安全报警手段进行综合描述及管理。

（2）环境风险预警分级体系

针对企业可能发生的环境污染事故类型及后果，对可能产生不同影响及后果的环境风险源设立不同的预警关注级别，建立环境风险预警分级体系。明确报警、通信联络方式及应急到达前的行动。

（3）信息上报与通报

明确信息报告时限和发布的程序、内容和方式，应包括以下内容：

1）内部报告：明确企业内部报告程序，主要包括 24h 应急值守电话、事件信息接收等。

2）外部通报：当事件已经或可能对外环境造成影响时，明确向上级主管部门和地方人民政府报告事件信息的流程、内容和时限。

3）信息通报：明确向可能受影响的区域通报事件信息的方式、程序、内容，包括事件时间、地点、事故类型、影响范围和处置后果等。

4）事件报告内容：事件信息报告至少应包括事件发生的时间、地点、类型和排放污染物的种类、数量、直接经济损失，已采取的应急措施，已污染的范围，潜在的危害程度和可能受影响区域及采取的措施建议等。

（4）应急响应

针对预警分级情况和突发环境事件的紧急程度、危害程度、影响范围、报警情况等，将企业突发环境事件分为不同的等级。根据等级，启动不同预案和支援类型，明确现场负责人，指挥调度应急工作和开展应急响应（图 5-14）。

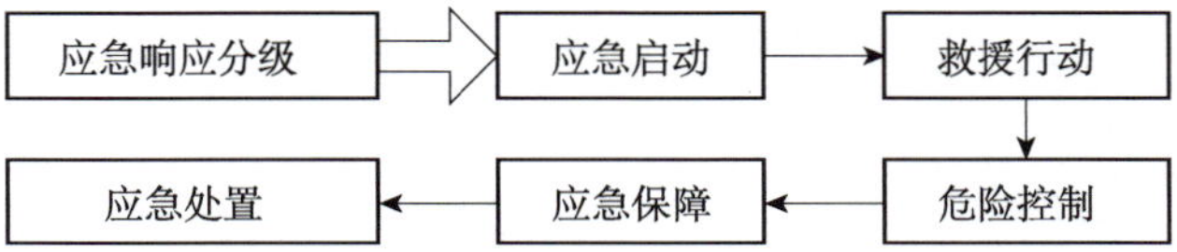

图 5-14　企业综合应急响应

企业专项环境风险应急预案的预警与应急响应的内容如下。

（1）环境风险源监控

明确该环境风险源的特点，监测监控的方式、方法、监测监控设备类型、设备属性、数量、位置及采取的特定的预防措施。说明其周围存在的安全监测、报警、消防栓的位置图示和数量，以便有针对性地开展应急救援和处置。

（2）预警分级体系

针对专项的环境风险源可能产生的危险及后果，对其进行分级和等级显示，见表 5-14。

表 5-14　专项预警分级

I级	红色等级	特大
II级	橙色等级	重大
III级	黄色等级	较大
IV级	蓝色等级	一般

明确事件预警的条件、方式、方法，24h 有效的报警装置及内外部通信联络手段。

（3）应急响应

专项环境风险应急响应是对特定的环境风险源进行风险应急启动、救援行动、危险控制、应急保障、应急处置等。

应急启动包括人员安排、信息网络、应急资源调配和现场指挥到位等；救援行动包括人员疏散、撤离、现场救治与医院救治；危险控制包括危险区隔离、事故抢救、环保应急措施、专家支持；应急保障包括应急救援队伍调度、物资保障供应调度；应急处置包括现场清理、解除警戒、事故调查和善后处理等。

园区环境风险应急预案的预警与应急响应的内容如下。

（1）预警与报警

针对化工园区的工业特点，在企业的基础上，园区对主要的环境风险源进行监测监控，并且制定相关预防措施，明确事故预警的条件、方式和方法，一旦事故发生超出企业能力范围，接收报警，要配备充足的内线、外线电话、无线电和其他通信设备，以及 24h 有效的报警装置，并设昼夜值班室，保持园区应急中心成员通信联络畅通。

（2）信息上报与通报

园区在接到报警后，明确事件发生，向地方政府和相关政府部门报告事件信息的流程、内容和时限，和向可能受影响区域的单位及区域通报时间信息的方法和程序。报告内容要包括事件发生的时间、地点、类型、污染物种类数量、已采取的应急措施、受污染的范围、潜在危害和措施建议等。

（3）应急响应

针对园区控制事态的能力及可以调动的应急资源，将突发环境污染事件应急行动分为不同的等级。确定不同级别的现场负责人和应急响应人员，指挥调度和开展应急救援行动。

园区接到事故报告后，立即通知园区应急指挥中心，同发生事故单位应急指挥部门进行事故情况了解，联系相关部门救援，并请安全环境专家提供救援帮助和建议，整合园区力量，指定现场指挥部，迅速奔赴事故现场。

明确园区应急设备设施和应急物资的类别、数量和启用程序，及时组织调度物资和设备；明确园区救援队伍的调度方式；明确人员撤离安置地点，可以征用机关、学校、文化场所等作为临时避难场所，并确保人员生活所需。

不同污染事件指定相关的应急措施，并明确园区外部救援的程序和方式。

4. 后期处置

企业预案中的后期处置主要包括对人员、环境、物资和保险的处置方式，如人员安排配置、受污染环境的清除和恢复、人员和财产的赔偿问题等，并对外界及附近居民的汇报。对通过何种方式进行发布和信息接收，以及如何发布进行规定。

随着应急救援在应急过程中发现存在的问题或出现新的情况，企业应及时修订、完善环境污染事故应急预案，使应急预案适合新的情况。保证应急预案的与时俱进是一项非常重要的任务。

园区预案中的后期处置包括协助企业单位对受灾人员进行妥善安置，组织专家对突发环境事件中长期环境影响进行评估，提出补偿和对遭受污染的生态环境进行恢复的建议，同时对园区环境应急人员办理意外伤害保险。

通过环境污染事故应急预案备案制度的建立，园区、当地政府和环境保护部门可以从整体上把握区域企业存在的重大环境污染事故风险、应急资源和应急策略，确保园区预案和企业预案成为有机的体系。

5. 预案的评估

预案的评估分为预案前评估和预案后评估两个部分，评估体系如图 5-15 所示。

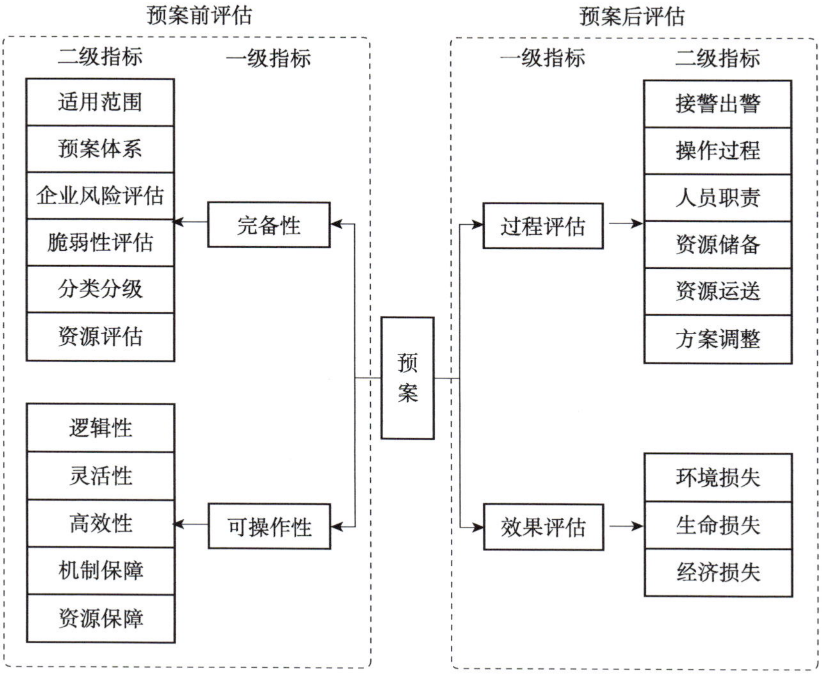

图 5-15 环境风险应急预案的评估体系

预案前评估主要是从应急预案内容的完备性和可操作性两个方面，通过制定综合评估指标体系对应急预案进行评估。在一级指标下进一步建立二级指标和三级指标，最终构成多级的指标体系，具体见表 5-15。

表 5-15　预案前评估指标体系

	一级指标	二级指标	三级指标
应急预案前评估的指标体系	应急预案内容的完备性	具有应急预案的适用范围	应急预案适用的化工行业范围
			应急预案适用的突发事件类型
		具有明确的应急预案体系	
		具有有效的企业风险评估	企业重大风险源的辨识结果
			各风险源危害程度判定
			风险防范措施
		具有企业周边环境的脆弱性评估	企业周边环境整体脆弱性情况
			各环境保护目标脆弱性情况
		具有突发事件的分类分级	分类分级的指标
			突发事件分类分级的结果
		具有明确的实施应急的主体	实施应急的指挥机构和应急部门
			指挥机构和各应急部门的职责
		具有明确的预警方式	危险源监控和报警
			信息报告和通报方式
		具有企业资源储备情况的评估	各种应急资源的存放地点和数量
			应急资源满足需求的程度
	应急预案的可操作性	应急方案具有逻辑性	应急方案的合理性
			应急方案之间衔接的合理性
		应急方案具有灵活性	应急方案的动态调整性
		应急方案具有高效性	应急方案的快速性
			应急方案的有效性
		具有机制保障	园区内各企业间联动机制保障
			园区和企业应急专项经费保障
		具有资源保障	资源的定期评估和补充
			与园区和临近地区的资源互助

应急预案实施后的评估主要是从应急预案的实施过程和实施效果两个方面进行评估，对应急预案进行后评估所根据的指标体系见表 5-16。

表 5-16　预案后评估指标体系

	一级指标	二级指标
应急预案后评估的指标体系	过程评估	接警和出警的及时性
		应急操作过程的逻辑性
		应急人员职责的明确性
		资源的充分性
		资源运送的及时性
		应急调整的灵活性
	效果评估	环境损失挽回情况
		生命损失挽回情况
		经济损失挽回情况

在构建指标体系的基础上，环境风险应急预案的评估可采用层次分析法、模糊综合评价法或者直接采用专家经验评分法进行。

根据化工园区和企业应急预案编制内容的不同，本研究结合江苏省化工园区的环境风险实际，研究编写了《江苏省突发环境事件应急预案编制导则》企业版和园区版，对化工园区和企业应急预案的编制进行规范，获得了较好的应用效果。

（三）应急预案的数字化

目前应急预案通常以纸质文本或电子文本的形式存放在档案柜或电脑中，在使用时不够直观形象，并且检索查询不方便，无法做到快速有效地提取所需信息，以及信息在各部门间的实时共享。另外，由于缺少直接的应急数据库的支持，难以辅助决策者进行信息的筛选与整合，使得预案的应急指导功能不能充分发挥。

数字预案是在组织机构和职责、预防预警、应急响应、资源调度等重要环节严格遵循《石油化工企业环境应急预案编制指南》规定要求的前提下，以文本预案为依据，借助诸如地理信息技术、模拟预测技术、图像显示技术、数据库技术、网络技术等各种信息化数字技术，快速生成直观、有效的行动方案，辅助决策者根据污染事故的实时情况判断相应的应急处置措施。与传统的文本预案相比，数字预案由于事先制定了预案的内容框架，确保了预案结构上的完整性，同时缩短了应急预案的编制周期，方便预案的修改更新，可实现预案电子文本的快速生成，以及预案内容的关键字查询和智能化关联。

1. 数字预案系统的构建

根据环境风险应急预案及时响应、多级管理的特点，纵向上，化工园区环境风险数字预案系统从点到面出发，从企业环境风险应急预案到园区环境风险应急预案两个层面进行应急预案设计；横向上，从总到分，构建综合环境风险应急预案与专项环境风险应急预案两个部分。建立企业–园区的综合和专项预案相结合的环境风险数字预案系统，如图 5-16 所示。

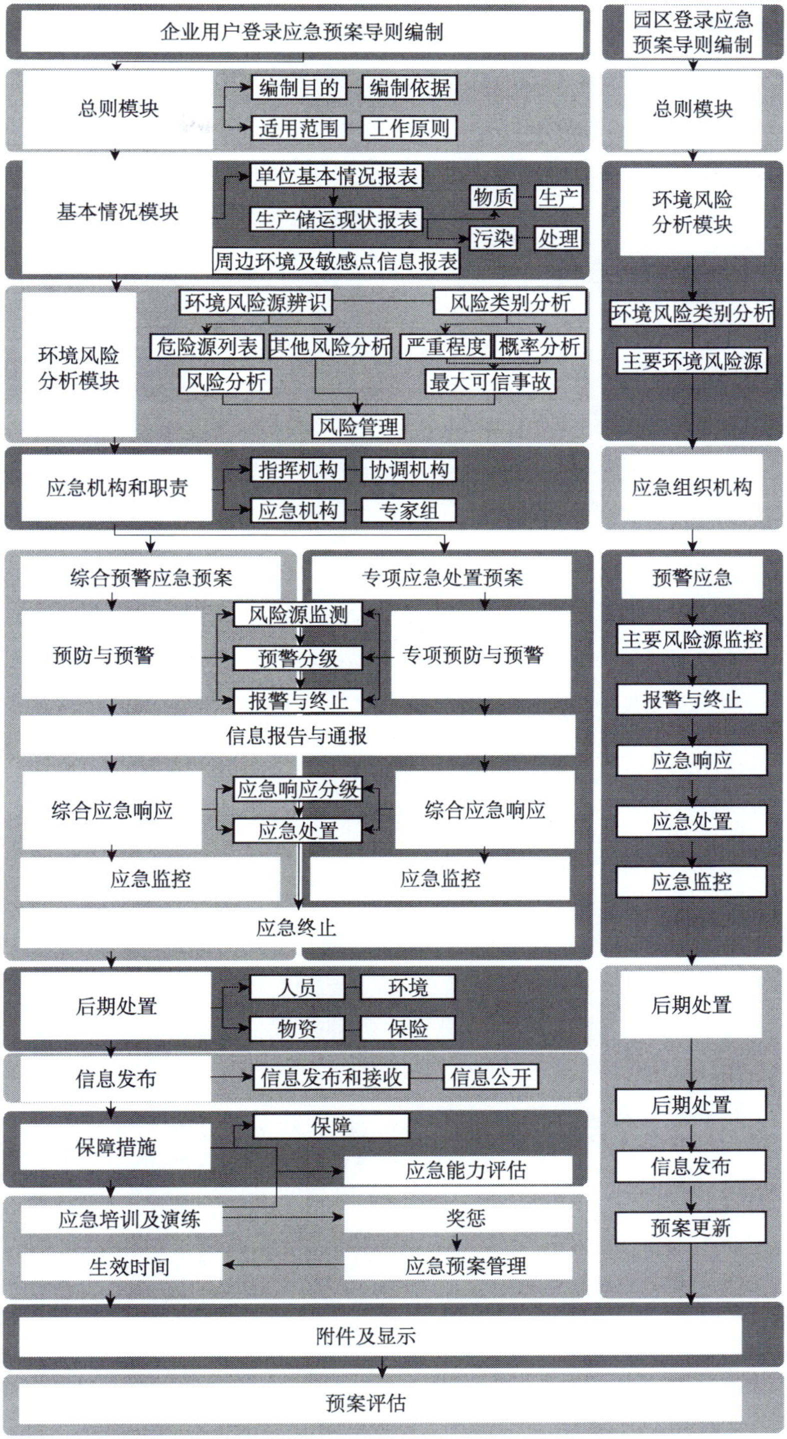

图 5-16　数字预案系统框架结构

2. 文本预案的模块化

数字预案系统的开发首先要对文本预案进行结构化分解，将总则、企业和周边环境基本情况、环境风险分析、应急机构和职责、预警和应急响应、后期处置和信息发布、保障措施和应急培训等开发成既相对独立又互相关联的程序模块。

总则是对企业编制应急预案的一个总述，是企业对制订应急预案的目的和相关责任的介绍，主要包括编制目的、编制依据、适用范围和工作原则四部分。总则模块的结构如图 5-17 所示。

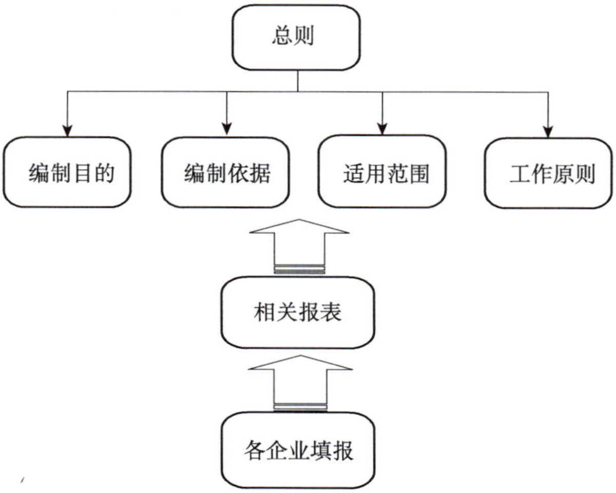

图 5-17　总则模块的结构设计

企业和周边环境基本情况模块是对企业的基本信息，主要应用的原辅材料、生产的主副产品，以及可能产生的污染进行信息的详细填报。单位基本情况是对单位的基本信息，如单位隶属、性质、现有职工人数、厂区面积、环境状况等进行填报；生产储运现状是对单位现有的生产和储运过程中使用到的、生产的物料和废物进行信息汇报，包括物质的用量和存量等；由于突发环境污染事件一旦暴发，其影响的范围是巨大的，很可能危及到单位周边的区域，因此需填报周边环境及敏感点信息报表，了解周边具有较强敏感性的环境风险受体，对其存在的方位及规模进行详细描述，以方便应对突发环境污染事故的发生。企业和周边环境基本情况模块的结构和功能设计如图 5-18 所示。

环境风险分析模块主要是针对企业和周边环境的基本信息，进行环境风险的辨识、分析和管理。环境风险分析模块的结构和功能设计如图 5-19 所示。

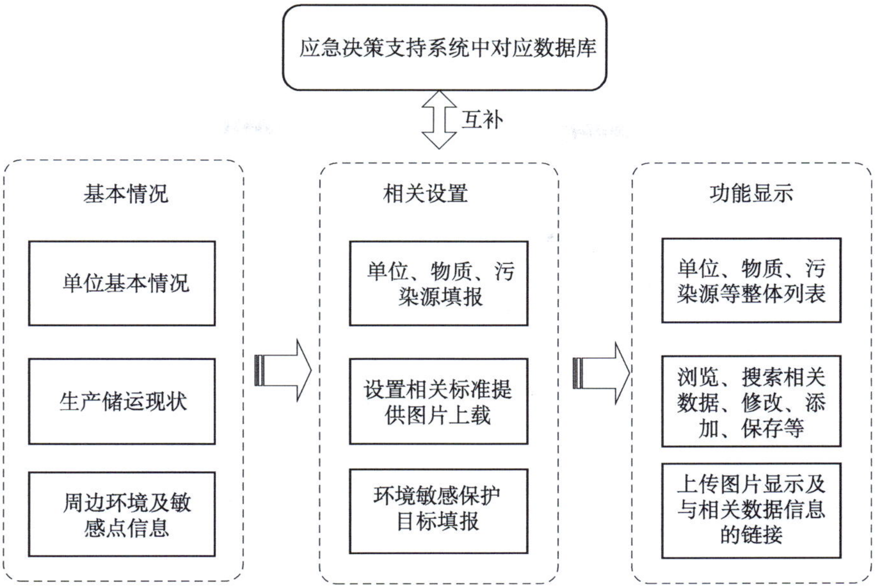

图 5-18　企业和周边环境基本情况模块的结构和功能设计

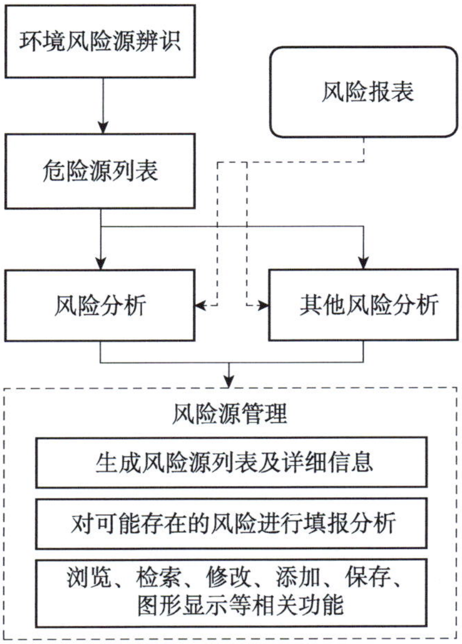

图 5-19　环境风险分析模块的结构和功能设计

应急机构和职责模块包括四部分：指挥机构、应急机构、协调机构和专家组。指挥机构是对突发环境污染事件进行总体把握、发号施令的总负责人和相关管理人员；应急机构是实施应急救援的组织，如消防队、急救队、抢险队、救护队等；协调机构是污染事件处理中各部门、相关利益集团之间进行协调的部门，设置主要负责人和信息的填报；专家组是由单位内成立的对环境污染事件、化工生产、污染处置等有资深经验的员工和专家组成，可以是单位内部的资深员工也可以是非本单位的在该应急方面有影响力的专家学者。应急机构和职责模块的结构设计如图 5-20 所示。

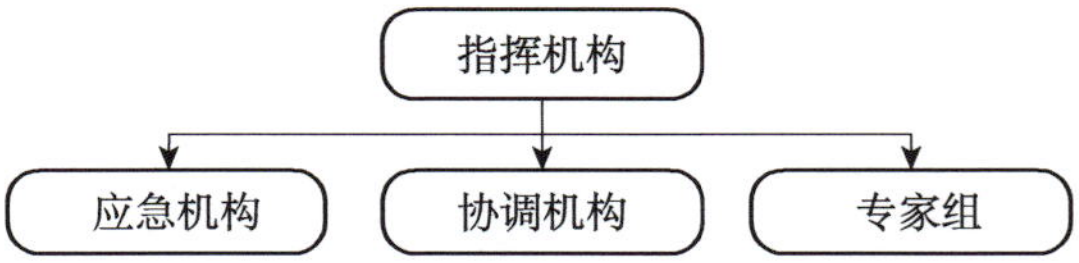

图 5-20　应急机构和职责模块的结构设计

预警和应急响应模块分为综合和专项两部分，主要流程包括预防与预警、信息报告与通报、综合应急响应、应急监控和应急终止。预防与预警主要包括风险源监测、预警分级和报警与终止，风险源监测显示的是整个厂区相关预警监控设备设施的分布和使用情况；预警分级是对企业总体的预警行为进行分级，通过不同的颜色显示不同的级别；报警与终止针对相应的预警级别进行。综合应急响应包括应急响应分级和应急处置，主要是根据不同的响应级别设置相应的处置方式，包括应急措施（切断污染源的基本方案、防止扩散的程序、罐区仓库的泄漏处置等）、危险区的隔离、事故现场如何划分、进入事件及撤离条件和方法、人员保障措施、物资调度供应的程序、基本救治方案等。预警和应急响应模块的结构设计如图 5-21 所示。

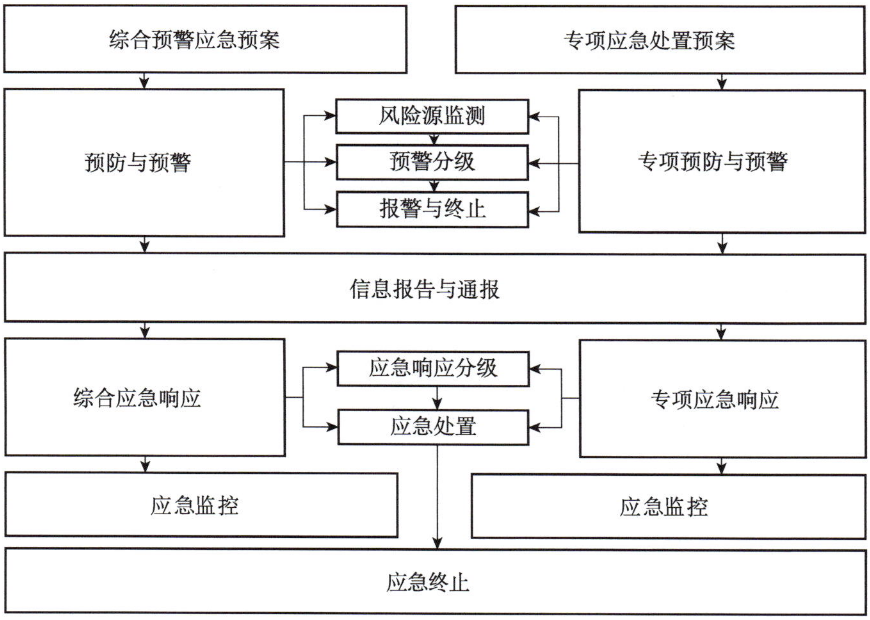

图 5-21　预警和应急响应模块的结构设计

后期处置和信息发布模块包括后期处置和信息发布两部分，其中后期处置主要包括对人员、环境、物资和保险的处置方式，如人员安排配置、受污染环境的清除和恢复、人员和财产的赔偿问题等；信息发布是对信息的发布和接收流程与方式进行规定。后期处置和信息发布模块的结构设计如图 5-22 所示。

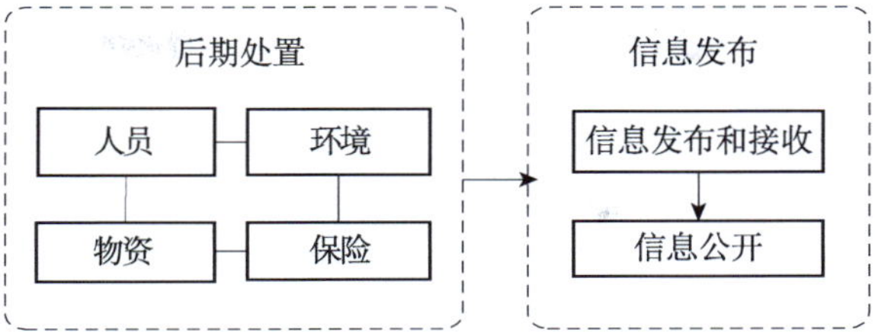

图 5-22　后期处置和信息发布模块的结构设计

保障措施和应急培训模块中，保障措施部分分为内部保障和外部保障，内部保障是企业自身的相关措施确保应急行动正常、有序的进行，包括物资、设备和人员等。外部保障是企业内部满足不了其应急的需求而求助于外部力量，包括医疗、物资装备、专业人员等。应急培训演练部分分别针对企业部门领导、专业人员、基本员工和周边居民进行培训内容的设定。保障措施和应急培训模块的结构设计如图 5-23 所示。

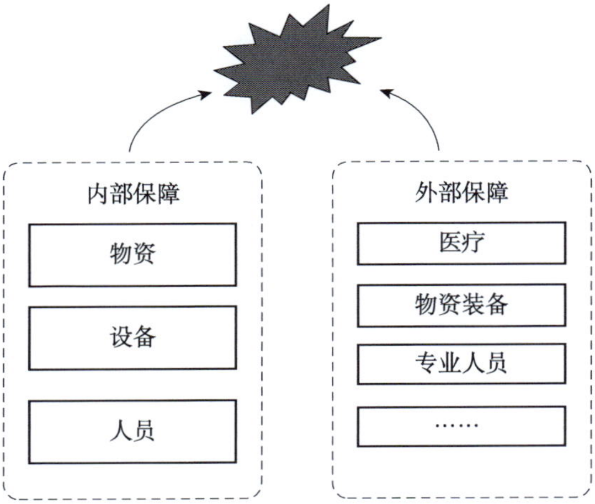

（a）保障措施部分

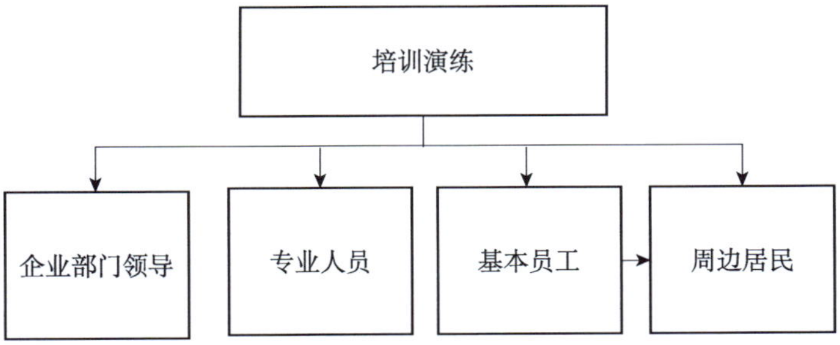

（b）应急培训演练部分

图 5-23　保障措施和应急培训模块的结构设计

五、环境应急演练

（一）环境应急演练的内涵

环境应急演练即是将各级政府、环保部门、化工园区及涉及环境风险的企事业单位等作为演练组织单位，组织相关环境应急人员与群众，按照环境应急预案所规定的职责和程序，在特定的时间和地点针对特定的突发环境事件假想情景，执行环境应急响应任务的训练与演习活动。环境应急演练具有公共应急演练的一切特性与类型。环境应急演练拥有环保特性、重点保护性与关联性三个特性，即在环境应急演练时特别关注事件环境影响的控制，特别关注对饮用水水源地、居民集中区等敏感目标的保护，特别关注相关部门之间的协调配合与联动处置。

按照环境应急演练的组织主体区分，当前有地方政府统一组织的涉及突发环境事件综合性应急演练、环保部门牵头组织的综合性突发环境事件应急演练、环保部门内部演练及企事业单位自身组织的突发环境事件应急演练等几种形式。

按照类型区分，环境应急演练包括桌面推演、实战演练、单项演练、综合演练、检验性演练、示范性演练、局部演练和全局演练等。这些类型又可相互组成新的演练形式，类型一旦确定下来便较为固定。

环境应急演练的手段包含以下几个方面：

1）先进通信手段，充分利用卫星通信、视频会议和3G通信等系统，通过音频、视频双向传输模式，结合应急指挥固定平台与机动平台，使得演练能够采用现场指挥和远程指挥相结合，桌面推演和实战演练相结合的方式开展。

2）数字模拟手段：使用“数字环保系统”，在演练中使用环境应急管理平台，利用地理信息系统，及时调阅时间区域地理位置信息、事发企业资料及周边敏感目标情况等一系列辅助信息，结合事件现场，模拟事件发展态势，并参考专家组意见，能够科学、迅速地做出决策。

3）现代监测手段，采用应急监测车和应急监测船，车载气象色谱质谱联用仪、便携式傅里叶红外气体分析仪等现代化环境应急监测快速现场检测设备和技术。

4）高新材料手段，如利用快速“吸油宝”等高科技材料开展突发环境事件现场应急处置工作，充分发挥该种高科技材料吸附力强、时间久的优点，能够有效提升处置效果。

（二）环境应急演练的组织

《突发事件应急演练指南》对于突发事件应急演练的组织机构与流程规定的

较为系统全面，据此，化工园区环境应急演练的组织也相应地包含组织机构及组织流程两方面的内容。

1. 应急演练的组织机构

在确定组织开展一项环境应急演练时，演练组织单位首先应确定责任主体，即负责演练整体组织工作的相关机构和具体人员。由演练组织单位成立演练领导小组，一般由相关单位领导组成；演练领导小组下设策划部、保障部和评估组。策划部设总策划、副总策划，下设文案组、协调组、控制组和宣传组等。对于不同类型和规模的演练活动，其组织机构和职能可以适当调整。同时应确定参与的相关队伍和人员，并可根据需要成立现场指挥部。各相关人员的职责应予以明确和落实。

这里，应将演练参与人员与参演人员相区分，演练参与人员是参与演练活动的人员的总称，包含演练领导小组的组长、副组长及成员，包含演练总指挥、副总指挥、总策划、副总策划、文案人员、评估人员、控制人员、参演人员、模拟人员、后勤保障人员及观摩人员，而参演人员仅指在应急演练活动中承担具体演练任务，需针对模拟事件场景做出应急响应行动的人员。

2. 应急演练的组织流程

总体上，化工园区环境应急演练的组织包含演练准备、演练实施、总结评估三个环节。

（1）演练准备

演练准备是指为演练的正式实施所做的各项准备工作，是演练组织工作的基础与核心，演练准备工作是否扎实、全面、有效直接决定了演练的成功与否，深刻影响着演练实施的顺利性、协调性与紧凑性。根据时间先后，演练准备流程一般包括制定演练计划、设计演练方案、演练动员和培训及演练保障四方面内容。

演练计划的内容主要涵盖确定演练目的、分析演练需求、确定演练范围、安排日程计划及编制演练经费预算五方面。

1）确定演练目的，即明确举办化工园区环境应急演练的原因、演练要解决的问题和期望达到的效果等，一般是为检验预案、锻炼队伍、磨合机制、规范程序、提升能力所需。

2）分析演练需求，则是在对事先设定突发环境事件的风险及相关环境应急预案认真分析的基础上，对需要的演练人员、需锻炼的技能、需检验的设备、需完善的应急处置流程和需进一步明确的职责等进行确定。

3）确定演练范围，是根据演练需求、经费、资源和时间等条件限制，确定演练事件的类型、等级、地域、参演机构及人数、演练方式等，演练需求与范围往往互为影响。

4）安排日程计划，是指安排演练准备与实施日程的计划，设定目标期限，包括各种演练文件编写与审定的期限、物资器材准备的期限、演练实施的日期等。

5）编制演练经费预算，是对演练所需经费进行预先统筹规划梳理，明确演练经费筹措渠道等。

演练计划确定后，即进入到演练方案设计阶段。主要流程包括确定演练目标、设计演练情景与实施步骤、设计评估标准与方案、编写演练方案文件及演练方案评审五方面。

1）演练目标是此次演练需完成的主要任务及达到的效果，一般说明“由谁在什么条件下完成什么任务，依据什么标准，取得什么效果”。演练目标应简单、具体、可量化、可实现、具体到每一项任务上，每项演练目标在演练方案中应有相应事件的演练活动，并在演练评估中有相应的目标实现情况。

2）演习情景设计是演练中的场景设计，包括场景概述和场景清单。场景概述要求对每处场景概要说明，涵盖事件类别、时间地点、发展速度、强度与危险性、受影响范围、人员和物资分布、已造成的损失、后续发展预测、气象及其他环节条件等；场景清单则明确了演练过程中各场景的时间顺序和空间分布情况。

3）演练评估是通过观察、体验和记录演练活动，总结演练成效和不足的过程。演练评估以演练目标为基础，针对每项目标设计合理的评估项目方法、标准。根据目标不同，可用选择项、主观评分、定量测量等方法进行评估。演练评估通常事先设计好评估表格，包括演练目标、评估方法、评价标准和相关记录项等，有条件时可以采用专业评估软件等工具。

4）演练方案文件是指导演练实施的详细工作文件，可编为一个或多个文件。多个文件时可包括演练人员手册、演练控制指南、演练评估指南、演练宣传方案、演练脚本等，分别发给相关人员。对涉密预案的演练或不宜公开的内容，还需制定保密措施。

5）演练方案评审则特别针对综合性较强、环境风险较大的应急演练，评估组要对演练方案进行评审，确保演练方案科学可行。

演练开始前要对相应人员进行演练动员和培训，确保所有演练参与人员掌握演练规则、场景和各自任务。所有演练参与人员都应经过应急基本知识、演练基本概念、演练现场规则等方面的培训。对控制人员要进行岗位职责、演练过程控制、管理等方面的培训；对评估人员要进行岗位职责、演练评估方法、工具使用等方面的培训；对参演人员要进行应急预案、应急技能及个人防护装备使用等方面的培训。

演练保障包含人员、经费、场地、物资和器材、通信及安全保障六项内容。人员保障主要指演练组织和参与单位应合理安排相关人员工作，保证其参与演练活动的时间，并通过组织观摩学习和培训，提高演练人员的素质和技能；经费保障是指演练组织单位每年根据演练规划编制演练经费预算，并纳入该单位的年度财政（财务）预算，按照演练需要及时拨付经费，同时监督检查经费的使用情况，确保演练经费专款专用、节约高效。场地保障则是指事先准备合适的演练场地、有足够的空间、良好的交通、生活、卫生和安全条件，尽量避免干扰公共生产生活，桌面推演一般选择会议室或应急指挥中心等，实战演练应选择与实际情况相似地；物资和器材保障指根据需要，准备必要的演练材料、物资和器材，制作必要的模型设施等，主要包括信息材料、物资设备、通信器材和演练情景模型等；通信保障则指确保演练活动中的信息传递渠道畅通，可采用多种公司或专用通信系统，必要时可组建演练专用通信与信息网络；安全保障是指确保演练组织与实施全过程的安全工作，大型或高风险活动应制定专门预案，采取预防措施，并对关键部位和环节可能出现的突发事件进行针对性演练。根据需要为演练人员配备个体防护装备，购买商业保险，对可能影响公众生活、易于引起公众误解和恐慌的应急演练，应提前发布社会公告并做好应对方案，现场应有必要的安保措施，必要时可对现场进行封闭或管制，保证演练安全进行，演练出现意外情况时，演练总指挥与其他领导小组成员会商后可提前终止演练。

（2）演练实施

演练实施是指演练活动的正式开展，环境应急演练的正式实施包含演练启动、演练执行、演练结束和终止三方面。

演练启动。一般由演练总指挥宣布演练开始并启动演练活动。

演练执行。包含演练指挥与行动、演练过程控制、演练解说、演练记录和演练宣传报道五项内容。演练指挥与行动是指按照演练方案要求，应急指挥机构各参演队伍和人员，在演练总指挥全过程的指挥控制下，开展对模拟演练突发环境事件的应急处置行动，完成各项演练活动。演练过程控制分为桌面推演过程控制与实战演练过程控制，在角色扮演或推演式桌面演练中，由总策划按照演练方案发出控制消息，参演人员接收到事件信息后，通过角色扮演或模拟操作，完成应急处置活动；实战演练中，通过传递控制消息来控制演练进程。总策划按照演练方案发出控制消息，控制人员向参演人员和模拟人员传递控制消息，参演人员和模拟人员接到消息后，按照发生真实事件的应急处置程序，可根据应急行动方案，采取相应的应急处置行动。演练解说是指在演练实施过程中，演练组织单位安排专人对演练过程进行解说，内容一般包括背景描述、进程讲解、案例介绍、环境渲染等。演练记录是指安排专门人员，采用文字、照片和音像等手段记录演练过程。演练宣传报道则是由演练宣传组按照演练宣传方案做好演练宣传报道工作，包含信息采集、媒体组织、广播电视节目现场采编和播报工作，以扩大演练的宣传教育效果，对涉密应急演练则应做好相关保密工作。

演练结束和终止，指演练完毕，由总策划发出结束信号，演练总指挥宣布演练结束。演练结束后所有人员停止演练活动，按预定方案集合进行现场总结讲评或者组织疏散。保障部负责组织人员对演练场地进行清理和恢复。若演练实施过程中出现真实突发事件或其他特殊、意外情况，经演练领导小组决定，由演练总指挥按照事先规定的程序和指令提前终止演练。

（3）总结评估

演练结束后，应及时对演练进行总结评估，查找问题，及时予以改进。演练的总结评估包含：演练评估、演练总结、成果运用、文件归档与备案、考核与奖惩。

1）演练评估。在全面分析演练记录及相关资料的基础上，对比参演人员的表现与演练目标的要求，对演练活动及其组织过程做出客观评价，并编写演练评估报告。主要内容一般包括演练执行情况、预案的合理性与可操作性、应急指挥人员的指挥协调能力、参演人员的处置能力、演练所用装备的适用性、演练目标的实现情况、演练的成本效益分析、对完善预案的建议等。

2）演练总结。分为现场总结和事后总结，现场总结是在演练的一个或所有阶段结束后，由演练总指挥、总策划、专家评估组长等在演练现场有针对性地进行阶段性讲评和总结；事后总结则是在演练结束后，由文案组根据演练记录、演练评估报告、应急预案、现场总结等材料，对演练进行系统和全面的总结，并形成演练总结报告，内容包括：演练目的、时间和地点、参演单位和人员、演练方案概要、发现的问题与原因、经验和教训，以及改进有关工作的建议等。

3）成果运用。对演练中发现的问题，演练单位应当及时采取措施予以改进，包括修改完善应急预案、有针对性地加强应急人员的教育和培训、对应急物资装备有计划地更新等，并建立改进任务表，按规定时间对改进情况进行监督检查。

4）文件归档与备案。演练组织单位在演练结束后应将演练计划、方案、评估报告、总结报告等材料归档保存。对于上级有关部门布置或参与组织的演练，或者法律、法规、规章要求备案的演练，演练组织单位应将相关资料报有关部门备案。

5）考核与奖惩。演练组织单位应注重对演练参与单位及个人进行考核。对演练中表现突出的单位和个人，可给予表彰或奖励；对于不按要求参加演练或影响演练正常开展的，可给予相应批评。

在实践工作中，环境应急演练的成功与否往往取决于领导重视、科学策划、协调到位和突出实效四方面内容，其中领导重视是前提，科学策划是基础，协调到位是保障，突出实效是核心，该四项内容贯穿于环境应急演练组织过程的始终。

第六节　化工园区环境风险监管平台建设

化工园区环境风险监管平台是实现突发环境事故快速响应、智能决策、有效应对的重要系统集成平台。其硬件一般包括车辆监控设备、企业重大风险源监控设备、公共区域监控设备、信息传输系统、园区环境风险监控与应急指挥中心设备等。总体框架一般采用分层式架构，从上到下依次是用户端、界面表现层、GIS 服务层和基础数据层（图 5-24）。

化工园区环境风险监管平台的设计原则是“平战结合”。日常用于对企业生产状况进行监督管理，对区内进行全天候、全方位的封闭式安全管理。并全面收集各企业及环境风险源信息，建立化工区公共区域及各企业安全生产状况的监测网络，随时跟踪掌握化工区内重点防范部位及重点目标的状况，做好对各类灾害事故的监测预警工作。同时针对化工区危险化学品高度集聚的情况，认真做好各类灾害事故信息的综合集成、分析处理，按照早发现、早报告、早处置的原则，建立健全预报警机制。一旦发生突发事故时，应急响应中心负责接警、处警、启动应急预案，借助应急辅助决策系统指导应急疏散和应急救援工作，综合协调指挥消防、公安、安监、环保、医疗、气象等联动部门的应急处置工作。

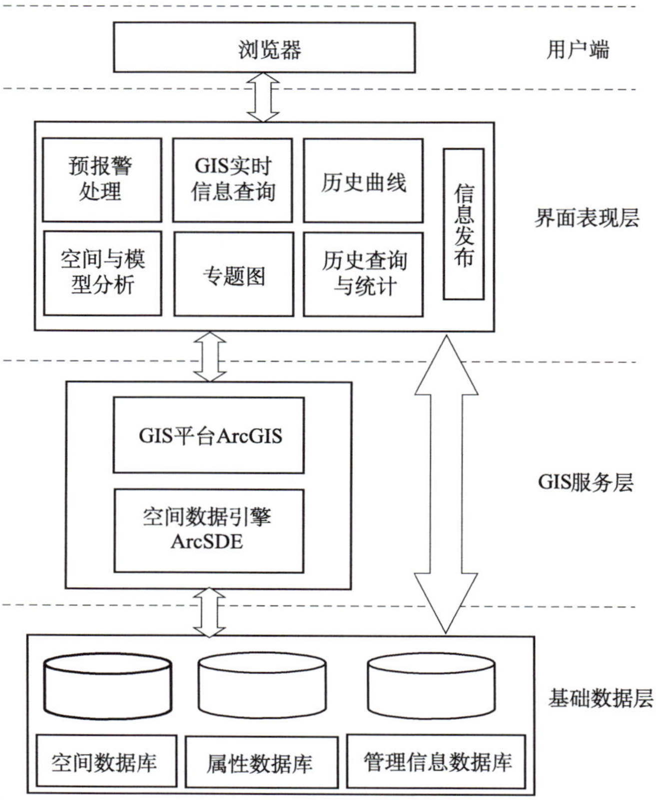

图 5-24　化工园区环境风险综合管理平台结构

一、数据库

数据库建设主要包括空间数据库、属性数据库和管理信息数据库三部分。按照系统要求和需求分析，在空间数据库方面，采用 SHAPE 格式的数据，建立起覆盖化工园区范围的空间数据库、图层，包括河流、企业、村庄、学校等；在属性数据库方面，采用 Microsoft SQL Server 数据库存取，包括各企业环境风险源实时监测数据、风险源和企业基本信息、风险物质基本信息等；管理信息数据库包括查询权限数据、用户信息数据等。空间数据库以 SQL Server 数据库作为存储数据的基准，通过空间数据引擎 ArcSDE 与 ArcGIS Desktop 相连接，同时 ArcIMS 还可以进行数据发布。

该平台数据库建设内容主要包括六个方面。

1）风险源数据：风险源数据包括化工园区环境风险源（如储罐、库房等）的基本信息、位置信息、日常检查信息等，这些数据信息对应地理信息数据库风险源图层中的地理实体，并与风险物质数据相关联。

2）风险物质数据：风险物质数据主要是存储危险品的中（英）文名称、分子式、熔沸点、气味等基本信息，同时对危险物质的应急处置方法、环境影响、环境标准等信息也进行存储。

3）周边环境敏感点数据：周边环境敏感点主要包括学校、机关、医院、居民点、水源地、河流等，对其相关信息进行存储。

4）环保专家数据：环保专家数据主要存储每种危险品处理处置专项专家信息，包括专家所处行政区域、专长、工作单位、联系方式等信息。

5）应急资源数据：应急资源主要包括应急处理处置工具包、医疗资源、应急救援物资、车辆设备、应急监测设备、常规监测设施或设备等。一旦突发环境污染事故，管理者或者决策者可以查看数据库中存储的应急资源，以便有效做出应急反应和处置。

6）地理信息数据：地理信息数据库用于组织和存储风险源的地理位置、地理分布和尺寸信息等，地理信息数据库由多个图层（一组用于存储地理信息的数据表）组成，存储 WebGIS 地图所有地理信息数据。

二、平台功能设计

中国安全生产科学研究院对此类平台的功能设计做过系统梳理。即在对重大危险源进行危险有害因素分析与辨识的基础上，针对各化工园区重大危险源安全监控管理与事故应急救援等多方面的工作实际需要设计开发，实现重大危险源日常安全管理、事故监控预警及应急辅助决策三大功能。

1. 日常安全管理

1）重大危险源、敏感目标及应急资源管理：实现企业危险源、脆弱性目标及应急资源信息的上报、管理和统计分析等，并在电子地图上标注显示。

2）事故应急演练：构建、模拟危险化学品各种事故类型（火灾爆炸事故、化学品泄漏事故、化学品中毒事故、剧毒品中毒事故、特种设备事故及防汛防风等），并利用危险化学品应急信息查询系统确定演练的专项预案及应急程序库，选取演练流程和方案。根据确定的演练流程，可以结合现场人员的应急演练，利用监控应急系统中的通信设备完成事故报告等流程，同时利用园区内的安全监控设备和监控中心的大屏幕对现场的应急演练进行指挥，并调用应急辅助决策指挥系统对事故预测、预警，从而对相关参加应急演练的其他单位进行调度指挥。

3）行政执法：包括执法案件管理、执法案件归档、执法依据维护、违法行为类别分析、行政执法报表管理、行政处罚情况梳理、经济处罚情况梳理等。

4）系统管理：对用户实施严格身份认证与权限管理，统一管理所有用户信息和权限，分级分层管理各类数据。

2. 事故监控预警

监控预警分为企业端和中心端两部分。企业端系统实现对重大危险源的危险特性参数和视频图像进行数据采集，对重大危险源进行监测、监视、预警和控制，预防重大事故的发生，确保重大危险源的安全运行。中心端系统实现对企业重大危险源安全信息、视频信息、报警信息，以及公共区域视频信息、气体浓度信息、气象参数等的监控监管，对企业的安全状况进行动态分级，按照企业的安全状况和危险程度进行分级监管。一般系统可实现以下功能。

1）视频监控管理：实现企业重大危险源、脆弱性目标、公共区域等重要场所的实时视频监控、跨地域视频监控、视频轮巡、图像自动存储、录像回放等功能。当发生事故时，还可通过移动监测车实时获取事故现场的视频信息。

2）安全参数监测预警与动态监管：实现重大危险源企业及公共区域日常安全参数等实时数据采集、实时数据监管、历史曲线查询、声光报警、报警记录查询等，为事故的应急救援提供实时现场信息；对企业的安全状况进行动态分级，按照企业的安全状况和危险程度进行分级监管。

3）危险化学品运输车辆动态监管：实现危险化学品车辆信息登记、车辆信息注销、车辆实时信息和历史信息的统计分析并可自动生成报表；实时获取危险化学品车辆在化工园区内运行过程中的位置、速度和持续运行时间等信息，通过对上述信息的安全分析，实现事故预警和报警等功能，实现监控中心与车载端设备与人员的语音、数据和图像等多种方式的信息交互。

3. 应急辅助决策

1）接警处警与应急值守：接收自动报警和人工电话报警；进行事故的分类处理，启动相应级别的应急预案，通知相关处理单位；对报警记录提供分类查询，进行统计分析，自动生成相应的报表等。

2）危险化学品应急信息查询：在日常危险化学品安全管理和发生危险化学品事故时，快速提供危险化学品的详细特性信息、事故现场处置方法；在不能确定发生事故的化学品类型时，能够根据现场化学品性状和伤员症状表现等快速确定物质类型。

3）数字化应急预案管理：实现园区、企业预案的增加、删除、查询、编辑、预览、发布、组织评审等功能。同时在这些预案库的基础上提供预案启动界限，以界定何时启动园区预案、何时启动企业预案等。

4）应急救援资源管理：提供应急救援专家信息、救援队伍信息、救援保障机构（包括医疗机构、公安机构、消防机构、运输保障机构、通信保障机构）、技术支持机构（包括气象部门信息，水文、海事等监测部门信息等）、法规、预案及知识库信息（包括专家库、知识库、法规文献库、事故案例库、应急预案库等，分别管理相关专家信息、安全防护知识、化学品特性及事故处置信息、相关法律法规和标准规范信息、应急预案及演练信息）的录入界面。

5）模拟及定量风险分析：对各种危险源进行后果计算和分析，形成设备设施失效频率、点火可能性和多种事故后果模拟计算的后果库和风险库（社会风险和个人风险），提供事故发生时对应后果和风险的快速查询。

6）应急辅助决策支持：以电子地图的方式实现重大危险源周边环境、应急救援专家、应急救援设施、应急救援力量等显示；利用 GIS 的空间分析技术对化学品事故进行预案查询与启动、事故影响分析及预测、事故应急综合信息支持，以及事故重演与应急救援过程回放。

7）信息发布：通过网络、电话、无线通信等多种手段发布事故预警信息和应急信息。

参考文献

白志鹏，王珺，游燕 . 2009. 环境风险评价 . 北京：高等教育出版社 .

毕军，杨洁，李其亮 . 2006. 区域环境风险分析和管理 . 北京：中国环境科学出版社 .

曹希寿 . 1991. 区域环境系统的风险评价与风险管理综述 . 环境科学研究，4（2）：55-58.

陈静，华娟，常卫民 . 2011. 环境应急管理理论与实践 . 南京：东南大学出版社 .

付靖春，袁纪武，翟良云，等 . 2011. 2011 年 1-7 月国内外石油与化工事故分析 . 安全、健康和环境，11（12）：5-7.

高进东，吴宗之 . 1999. 六城市重大危险源现状分析 . 劳动保护科学技术，19（4）：24-26.

高进东，吴宗之，王广亮 . 1999. 论我国重大危险源辨识标准 . 中国安全科学学报，9（6）：1-5.

高英巍，何佳，包存宽，等 . 2009. 基于区域环境风险敏感性分析的石油化工行业规划环境风险评价 . 环境污染与防治，31（3）：93-96.

郭薇 . 2012. 稀土开发不能再透支生态成本 . 中国环境报，第 1 版 .

郭新彪 . 2006. 环境健康学 . 北京：北京大学医学出版社 .

胡建信，Kowalski U，刘建国，等 . 2007. 中国化学品环境管理问题与战略对策课题组报告 . http://www.china.com.cn/tech/zhuanti/wyh/2008-02/26/content_10750498.htm［2008-02-26］.

胡建英，安伟，曹红斌，等 . 2010. 化学物质的风险评价 . 北京：科学出版社 .

黄典剑，李安庆 . 2009. 现代事故应急管理 . 北京：冶金工业出版社 .

黄伟生，纪红兵 . 2012. 大亚湾石化区大气挥发性有机物的危害及防治措施 . 广东化工，39（5）：318-320.

计雷，池宏，陈安，等 . 2006. 突发事件应急管理 . 北京：高等教育出版社 .

贾倩 . 2011. 重点行业环境风险源评估管理研究 . 南京：南京大学硕士学位论文 .

荆春燕，黄蕾，曲常胜 . 2011. 跨界流域环境管理与预警系统——欧洲经验与启示 . 环境监测与预警，3（1）：8-11.

寇文，赵文喜 . 2011. 环境风险评价方法、经验和信息来源 . 北京：中国环境科学出版社 .

李军 . 2012. 你了解稀土吗？中国环境报，第 8 版 .

李明光，张娅兰，喻怀义 . 2009. 区域环境风险管理规划探讨——以广州市黄埔区为例 . 广州环境科学，1：35-39.

李树谦 . 2008. 基于多米诺效应的化工园区整体风险评价研究 . 南昌：南昌大学硕士学位论文 .

林宏源 . 1995. 重大危险隐患的安全评价与安全文化建设 . 中国安全科学学报，（S2）：8-11.

刘桂友，徐琳瑜 . 2007. 一种区域环境风险评价方法——信息扩散法 . 环境科学通报，27（9）：1549-1555.

刘国强，陈国明 . 2009. 关于石化企业生产系统事故隐患的探讨 . 安全健康和环境，9（6）：5-8.

刘相梅，任艳明，李剑，等 . 2011. 意大利环境风险管理探究 . 环境经济，3：40-44.

罗云 . 2009. 风险分析与安全评价 . 北京：化学工业出版社 .

罗云，樊运晓，马晓春 . 2004. 风险分析与安全评价 . 北京：化学工业出版社 .

侣庆民 . 2008. 化工园区区域定量风险评价模式研究 . 沈阳：东北大学硕士学位论文 .

马杰，宋建池 . 2009. 近 8 年我国化工事故统计与分析 . 工业安全与环保，35（9）：37-38.

潘玉英，袁九毅，雷洋，等 . 2008. 石化工业园区区域环境风险后评价的风险识别 . 环境工程，26：286-289.

逄勇，徐秋霞 . 2009. 水源地水污染风险等级判别方法及应用 . 环境监控与预警，1（2）：1-4.

任常之，吴宗之 . 2006. 危险品道路运输风险分级指数法研究 . 安全与环境学报，6（4）：126-129.

桑海泉，康荣学，魏利军 . 2009. 化工园区安全监控与应急平台研究 . 科技导报，27（22）：81-85.

石砚秀，李琴，潘旸，等 . 2009. 环境风险评价与安全评价危险源辨识的异同 . 环境保护科学，35（2）：94-97.

苏华龙，蒋清民 . 2011. 危险化学品安全管理 . 北京：化学工业出版社 .

王晓燕，尚伟 . 2002. 水体有毒有机污染物的危害及优先控制污染物 . 首都师范大学学报（自然科学版），23（3）：73-78.

王欣 . 2010. 基于安全科学理论分析火灾隐患 . 消防科学与技术，29（8）：704-709.

魏科技，宋永会，彭剑峰，等 . 2010. 环境风险源及其分类方法研究 . 安全与环境学报，10（1）：85-89.

吴宗之 . 2001. 重大危险源辨识与控制 . 北京：冶金工业出版社 .

吴宗之 . 2003. 论重大危险源监控与重大事故隐患治理 . 中国安全科学学报，13（9）：20-23.

奚旦立 . 2008. 突发性污染事件应急处置工程 . 北京：化学工业出版社 .

谢槟宇，温丽丽，宋永会，等 . 2011. 化工园区环境风险源监控平台设计研究 . 中国环境监测，27（1）：60-63.

薛峰，柯孟岳 . 2007. 区域环境风险评价方法研究 . 黑龙江环境通报，31（4）：62-64.

闫艳，高杰 . 2012. 有效防控水源地环境风险 . 中国环境报，第 6 版 .

杨晓松，谢波 . 1992. 油田开发区域环境风险综合评价探讨 . 环境科学，13（1）：63.

杨晓松，谢波 . 1998. 区域环境风险综合评价的程序和方法 . 国外金属矿选矿，11：26-28.

张国顺 . 1994. 简论重大危险源灾害的评估与控制 . 科技导报，（5）：60-62.

张敏，李涛，杜燮祎，等 . 2006. 立即威胁生命或健康浓度的制定背景和应用 . 工业卫生与职业病，32（5）：261-264.

张维平 . 2006. 美国、加拿大、意大利应急管理现状和对中国的启示 . 中国公共安全，11：143-149.

赵庆贤，邵辉，葛秀坤 . 2010. 危险化学品安全管理 . 北京：中国石化出版社 .

中国石油和化工标准与质量编辑部 . 2006. 英国重大事故危害控制 . 中国石油和化工标准与质量，26（2）：63.

周家艳，李冰，王水，等 . 2012. 中国化工园区发展现状及环境风险管理策略研究 . 污染防治技术，25（3）：5-8.

邹逸江 . 2008. 国外应急管理体系的发展现状及经验启示 . 灾害学，23（1）：96-101.

Balagopalan M. 1999. Communication of health risk assessment by integrating geographic information system（GIS）with computer dispersion models. San Diego C A：19th Annual ESRI International User Conference.

Cornelis J，Finn B R，Tom C J，et al. 1996. Risk assessment and management of new and existing chemicals. Environmental Toxicology and Pharmacology，2：243-299.

Dent A，Fowler D. 2000. Using GIS to study the health impact of air emissions. Drug and Chemical Toxicology，23（1）：161-178.

EHS. 2012. 案例：意大利如何应对环境风险 . http://www.ehs.cn/article-11612-1.html［2013-06-17］.

Fairman R，Mead C，Williams W P. 1999. Environmental Risk Assessment - Approaches，Experiences and Information Sources：Environmental issue report No 4. Prepared at Monitoring and Assessment Research Centre，King's College London. EEA（European Environment Agency）Copenhagen，Denmark.

Fedra K. 1998. Integrated risk assessment and management：overview and state of the art. Journal of Hazardous Materials，61：1-22.

Harris P，Spickett J. 2011. Health impact assessment in Australia：a review and directions for progress. Environmental Impact Assessment Review，31（4）：425-432.

Health & Safety Commission.1974. Advisory Committee on Major Hazards. Second Report，London.

ILO.1993. Prevention of Major Industrial Accidents Convention. Geneva.

Leeming D G，Gadd S A，Riley T N. 1996. Risk in a Modern Society：Lessons from Europe. Proceedings of the 1996 Annual Meeting of the Society for Risk Analysis. University of Surrey，Guildford.

Llewellyn G. 1998. Strategic risk assessment—prioritising environmental protection. Journal of Hazardous Materials，61：279-286.

Mereys P，Mudan K. 1996. A Financial Risk Assessment Case Study-Tank Truck Transportation of Chemicals and Petroleum Products. Washington：Prepared for presentation at the AIChE 30th Annual Loss Prevention Symposium on Transportation of Hazardous Chemicals.

Norton S B，Rodier D J，Gentile J H，et al. 1992. A framework for ecological risk assessment at the EPA. Environmental Toxicology and Chemistry，11（12）：1663-1672.

Occupational Safety and Health Administration. 1992. Occupational Safety and Health Standards-Process Safety Management of Highly Hazardous Chemicals.

Ould-Dada Z. 2006. Dealing with uncertainty in the assessment of human exposure to radioactivity in food and the environment. Environment International，32（8）：977-982.

Pitblado R，Turney R. 1996. Risk Assessment in the Process Industry. Rugby：Institute of Chemical Engineers.

USEPA（U.S. Environment Protection Agency）. 1989. Risk assessment guidance for Superfund volume I：human health evaluation manual（Part A）. Washington D C：EPA/540/1-89/002.

Wu L，Rutherford S，Chu C. 2011. The need for health impact assessment in China：Potential benefits for public health and steps forward. Environmental Impact Assessment Review，31（4）：420-424.

附录

附录一　化工园区规划环境风险评价技术手册

1. 适用范围

本规范规定了化工园区（化工基地）规划环境风险评价的一般性原则、内容工作程序、方法和要求。

本规范适用于各级化工园区（化工基地）的回顾性评价、新编规划、修编规划等规划环评中的风险评价工作。

2. 规范性引用文件

本规范内容引用了下列文件或其中的条款。凡是不注日期的引用文件，其有效版本适用于本标准。

HJ/T169	建设项目环境风险评价技术导则
GB5044	职业性接触毒物危害程度分级
GB18218	重大危险源辨识
GB20602	化学品分类、警示标签和警示性说明安全规范　对水环境的危害
HJ/T130	规划环境影响评价技术导则（试行）
HJ2.2	环境影响评价技术导则大气环境
HJ/T2.3	环境影响评价技术导则地表水环境
HJ19	环境影响评价技术导则生态影响
GB3095	环境空气质量标准
GB3838	地表水环境质量标准
GB/T3840	制定地方大气污染物排放标准的技术方法
TJ36-79	工业企业设计卫生标准（居住区大气中有害物质的最高容许浓度）
SH3024-1995	石油化工企业环境保护设计规范

3. 术语和定义

下列术语和定义适用于本规范。

（1）规划方案

符合规划目标的，供比较和选择的方案的集合，包括推荐方案、备选方案。

（2）规划不确定性

规划编制及实施过程中可能导致环境影响预测结果和评价结论发生变化的因素。主要来源于两个方面，一是规划方案本身在某些内容上不全面、不具体或不明确；二是规划编制时设定的某些资源环境基础条件，在规划实施过程中发生的能够预期的变化。

（3）规划环境风险

规划方案实施的过程中可能发生的突发性事故对环境造成的危害及可能性。

（4）风险度

风险评价的表征量，与规划的选址、产业结构、产业布局相关。

（5）危险物质

能导致火灾、爆炸或中毒等危险的一种或若干物质的混合物。

（6）危险源区域

危险源所在区域和场所，即产生能量或具有能量的物质、人员作业区域，产生聚集危险物质的设备、容器等。

（7）事故

导致有毒有害物质泄漏的火灾、爆炸和有毒有害物质泄漏事故，给公众带来严重危害，对环境造成严重污染。

（8）累积环境影响

规划在一定时间和空间范围内对环境目标和资源环境因子造成的复合的、协同的、叠加的影响。

（9）环境敏感区

依法设立的各级各类自然、文化保护地，以及对某类污染因子或者生态影响因子特别敏感的区域，主要包括：①自然保护区、风景名胜区、饮用水水源保护区；②基本农田保护区、重要湿地、珍稀濒危野生动植物天然集中分布区、重要水生生物的自然产卵场及索饵场、越冬场和洄游通道、天然渔场、封闭及半封闭海域、富营养化水域；③居民点、学校、医院、科研院所、行政办公机构、文物保护单位。

4. 总则

（1）评价目的

通过识别规划实施过程中可能存在的潜在风险、有害因素，分析、预测和评价规划实施可能对环境敏感区产生的突发和累积环境影响，以及规划环境风险的可接受水平，形成规划优化调整建议，提出合理可行的防范、应急与减缓措施，为规划编制和环境管理提供决策依据。

（2）评价范围

按照规划实施可能影响的空间尺度确定评价范围。评价范围一般应包括规划区域、规划实施直接影响的周边地域，特别是规划实施可能影响的环境敏感区、重要生态功能保护区、生态脆弱区等其他重要区域应纳入评价范围。

（3）评价工作程序

规划环境风险评价的工作程序如附图 1-1 所示。

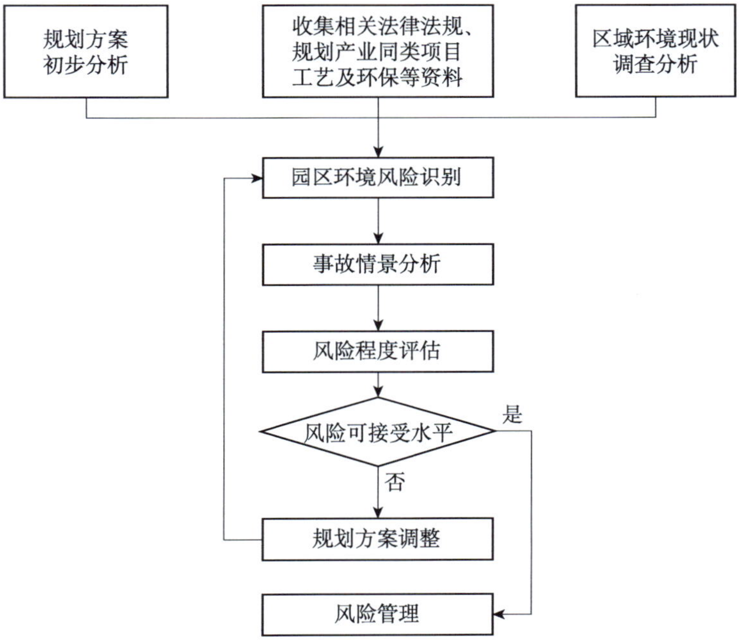

附图 1-1　评价工作流程图

（4）评价的基本内容

化工园区规划环境风险评价的基本内容包括风险识别、典型风险事故情景分析、风险程度评估、规划可行性分析和风险管理。对于已开发区域还应结合上一轮规划的实施情况，对园区环境风险现状进行回顾。

（5）评价范围

化工园区规划环评的风险评价范围应涵盖事故状态下，影响预测结果可能的浓度超标范围。大气环境风险评价范围，原则上距离园区边界不低于 5km；水环境风险评价范围，距离园区尾水排口下游不低于 10km，对于季节性河流，还应包括园区集中排污口上游不低于 10km 范围。

5. 园区环境风险现状回顾

（1）现有企业风险调查

收集已建、待建项目的环评报告、风险评价报告，发放风险源建设情况调查表，核实各风险源的实际建设情况，统计列出风险物质在各风险源的最大存储量。

（2）园区风险管理回顾

调查园区日常环境风险监管体系和环境事故应急处置能力状况，收集园区历史事故资料，包括事故类型、发生原因、应急处置过程、影响后果等，分析园区现有环境风险监管、应急处置系统存在的问题和不足。

6. 规划方案分析

（1）规划产业定位与发展规模分析

依据国家、江苏省相关产业政策，以及园区所在区域/流域对化工行业的特别要求，对规划产业定位进行解析。结合园区招商意愿，提炼出重大拟建项目与可能入区项目类型和规模。

（2）规划选址与布局分析

依据国家产业政策对上述项目的选址、卫生防护距离设置要求，以及园区所在区域/流域规划、条例的布局引导要求，结合园区所在区域/流域环境特征，分析园区规划潜在的布局性环境风险隐患。

7. 周边环境状况调查

（1）大气扩散条件与敏感目标调查

收集园区所在区域的风向、风速、风频等气象特征资料。全面调查评价范围内，城镇、集中居住区、学校、医院、自然保护区、风景名胜区、特殊生态产业区等大气环境敏感区的规模、功能要求，以及与园区的距离、方位。绘制大气环境敏感目标分布图（附风玫瑰图）。

（2）水扩散条件与敏感目标调查

收集园区纳污河流的流向、流速、流量、闸控等水文水系资料。调查评价范围内，集中式饮用水水源地、重要渔业水域、清水通道维护区、珍稀水生生物栖息地、经济水产品种质资源保护区等水环境敏感区的规模、功能要求，以及与排口的方位、距离。绘制水环境敏感目标分布图（附流向）。

8. 园区环境风险识别

（1）风险识别的对象和风险类型

化工园区规划环评风险识别的对象包括现有企业、规划拟建企业的生产设施和所涉及的物质，园区公用工程和环保基础设施，受园区影响的环境要素和环境保护目标。

生产设施风险识别包括主要生产装置、储运系统、公用工程系统、辅助生产设施及环境保护设施等。

物质风险识别包括主要原辅材料、燃料、中间产品、最终产品、“三废”污染物、火灾和爆炸等伴生/次生的危险物质。

受影响的环境要素识别应当根据有毒有害物质排放途径确定，至少包括大气环境和水环境，明确受影响的环境保护目标。

根据有毒有害物质放散的起因，分为火灾、爆炸、泄漏、非正常大量超标排放四种类型。从环境风险的角度，对火灾、爆炸事故，仅考虑其伴生/次生的物料泄漏和消防水二次污染的影响。

（2）风险识别内容和方法

a. 风险识别内容

风险识别内容包括环境敏感区识别、物质危险性识别和生产过程危险性识别。

b. 风险识别方法

1）资料收集和准备：应收集、准备园区现有项目和规划产业同类项目的工程资料、环境资料、国内外同行业事故统计分析和典型事故案例资料。

2）环境敏感区识别：依据《建设项目环境影响评价分类管理名录》中规定的敏感区域进行识别。

3）物质危险性识别：依据《危险化学品名录》、《石油化工企业设计防火规范》（GB50160）、《职业性接触毒物危害程度分级》（GB5044）、美国环保局优先控制污染物清单对我国水中优先控制污染物进行识别，包括对致畸、致癌、致突变物质、持久性和生物累积性污染物、活性化学物质及恶臭污染等物质的识别。

依据《建设项目环境风险评价技术导则》（HJ/T169-2004）A.2 和《危险化学品重大危险源辨识》（GB18218-2009）中风险物质临界量的规定，计算风险物质在线量（或储量）与各自临界量的比值（q_i/Q_i），识别重大风险源。

4）生产过程危险性识别：根据现有项目和规划项目的生产特征，结合物质危险性识别，采用资料对照法、头脑风暴法和故障树法识别生产过程的危险性。

9. 典型风险事故情景分析

（1）典型风险事故情景筛选

由于化工园区内企业众多，各企业涉及的化工原料中很多都属于有毒有害或易燃易爆物质，难以对其所有的事故类型进行模拟预测。因此，需要根据风险识别结果，参考国内外化工行业风险事故案例数据库，筛选设定典型风险事故情景。筛选原则如下：

1）规划产业和现有企业使用频率较高、用量大的物质；

2）毒性大、环境危害性高的物质；

3）区域布局敏感的风险源；

4）行业风险数据库统计中，事故发生概率高的风险物质、风险环节；

5）发生概率小但影响和损害后果严重的极端事故。

对筛选出的典型污染事件，采用类比分析、模型计算法，估算典型事故情景下的有毒有害物质释放量，包括风险物质的名称、排放方式、排放速率、排放时间、排放量、排放源几何参数等。

（2）典型风险事故情景的后果预测

a. 有毒有害气体扩散

以园区为中心、主导风向为轴线，将敏感区的分布划分为四个风向区，选取最近3年中任一整年的气象资料，依据设定的典型事故情景的源强，并假定泄漏点位于规划产业用地边界距敏感区较近处，采用《建设项目环境风险评价技术导则》（HJ/T169-2004）推荐的有毒有害气体扩散模式，计算有毒有害物质在大气中的扩散，给出扩散浓度分布范围和持续时间，确定敏感区处的最大浓度 max（C_i）和最不利气象条件下的最大落地浓度 C_{max}。

依据《工作场所有害因素职业接触限值》（GBZ2-2002）中该物质的卫生毒理数据等，给出事故状态下的重点影响区域范围，以及该范围内的人口分布、生态敏感目标分布，估算社会风险值。

b. 港口码头有毒有害液体泄漏

根据排口所在河流的水系水文特征，采用《环境影响评价技术导则地面水环境》（HJ/T2.3-1993）推荐的河流、湖泊等扩散数学模型，《建设项目环境风险评价技术导则》（HJ/T169-2004）推荐的油膜扩散模式，计算有毒有害物质在水中的扩散，给出扩散浓度分布范围和持续时间。结合该范围内的集中式饮用水水源地、重要渔业水域等水环境敏感区分布，以及其水质功能要求，分析港口码头有毒有害液体泄漏可能的影响后果。

c. 集中污水处理设施事故排放

根据排口所在河流的水系水文特征，采用《环境影响评价技术导则地面水环境》（HJ/T2.3-1993）推荐的河流、湖泊等扩散数学模型，计算废水污染因子在水中的扩散，给出扩散浓度分布范围和持续时间。结合该范围内的集中式饮用水水源地、重要渔业水域等水环境敏感区分布，计算最不利水文条件下COD、氨氮、总磷和特征污染物到达各敏感区的时间、水质超标持续时间和最大水质超标倍数。根据敏感区水质功能要求，分析污水处理厂事故排放可能的环境影响程度。

10. 园区规划环境风险评估

（1）确定评估指标体系

园区规划环境风险度评估指标体系如附图 1-2 所示，其中一级指标包括产业结构环境危害、环境易损、环境影响程度和环境管理补偿四个指标，产业结构环境危害包含产业风险和物质危险性两个二级指标；环境影响程度和环境易损分别从大气环境和水环境两个方面考虑；环境管理补偿包括园区级别和入区企业规模两个二级指标。

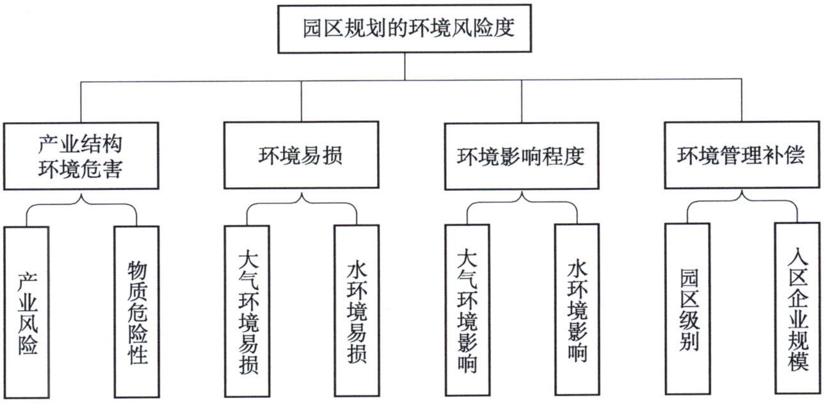

附图 1-2 园区规划环境风险度评估指标体系

（2）指标评分

a. 产业结构环境危害指标评分

产业结构环境危害指标包括产业风险和物质危险性两个二级指标，其中物质危险性指标以物质毒性和物质环境持久性系数来表征，由于园区危险物质泄漏后主要通过大气和水两种扩散途径影响外环境，因此物质毒性主要考虑人类毒性和水生生物毒性。

产业结构环境危害指标评分规定见附表 1-1 ～附表 1-3。

附表 1-1 产业风险评分

产业类型	高分子材料、日用化学品、食品添加剂、香精等污染较轻的精细化工产品制造	塑料、橡胶、合成树脂制品制造；有机化工原料制造；污染较轻的无机化工原料制造	原油加工及石油制品制造；酸类、碱类等污染较重的无机化工原料制造	化肥农药制造；医药、颜料、染料、涂料等污染严重的精细化工产品制造
分值	1	2	3	4

注：具体项目的分值可视主要特征污染物的危险性和数量，在专家判断的基础上适当增加或降低，且最低分值不低于 1。未明确界定分值的化工行业，需通过专家咨询确定其分值

附表 1-2　物质毒性评分

人类毒性	职业性接触轻度危害	职业性接触中度危害	职业性接触高度危害和极度危害
水生生物毒性	水生急性毒性3类或水生慢性毒性4类	水生急性毒性2类或水生慢性毒性3类	水生急性毒性1类或水生慢性毒性1、2类
分值	1	2	3

注：人类毒性等级按照《职业性接触毒物危害程度分级》（GB5044）划定，水生生物毒性按照《化学品分类、警示标签和警示性说明安全规范 对水环境的危害》（GB20602）划定，根据危险物质泄漏后可能的扩散途径，进行相应类型的毒性评分，取最大分值

附表 1-3　物质环境持久性系数评分

半衰期/天	≤15	（15，50］	（50，150］	＞150
降解性	—	可快速降解	可降解	不可降解
分值	1	1.1	1.2	1.3

注：针对毒性分值最高的特征污染物，根据半衰期确定其环境持久性系数

根据附表 1-1～附表 1-3 的评分结果，求得产业结构环境危害因子的分值（h），计算公式如下：

$$h_i=a+fb_i \qquad (i=1，2)$$

式中，h_i 为产业结构环境危害因子分值，无量纲；a 为产业风险分值，无量纲；b_i 为物质毒性分值，无量纲；f 为物质环境持久性系数。

b. 环境影响程度指标评分

环境影响程度指标包括大气环境影响程度和水环境影响程度两个二级指标。

大气环境影响程度指标以有毒有害气体泄漏典型事故情景下敏感区最大浓度 max（C_i）、最大落地浓度 C_{max} 及有毒有害气体的阈值来表征。

大气环境影响程度指标评分规定见附表 1-4，对所有典型事故情景的大气环境影响程度评分后取最大值。

附表 1-4　大气扩散环境影响程度评分

max（C_i）/C_{max}	［C_0，AEGL-1］	（AEGL-1，AEGL-2］	（AEGL-2，AEGL-3］	＞AEGL-3
分值	1	2	3	4

注：C_0 为泄漏风险物质的环境空气质量标准，一般选用《环境空气质量标准》（GB3095）中 1 h 平均取样时间的二级标准的浓度限值；对于没有小时浓度限值的污染物，可取日平均浓度限值的 3 倍值；对该标准中未包含的污染物，可参照《工业企业设计卫生标准》（TJ36）中的居住区大气中有害物质的最高容许浓度的一次浓度限值。如已有地方标准，应选用地方标准中的相应值。对某些上述标准中都未包含的污染物，可参照国外有关标准选用，但应做出说明，报环保主管部门批准后执行。

AEGLs 为急性暴露指南浓度，由美国国家环境保护局制定，取暴露时间 1h 的值，在风险物质的 AEGLs 值无法获取情况下，选用美国工业卫生协会制定的 EPRGs（紧急应变计划准则）或美国能源部制定的 TEELs（临时紧急暴露极限阈值）数据替代，风险物质的 AEGLs、EPRGs 和 TEELs 值通过网络数据库 http://www.atlintl.com/DOE/teels/teel/search.html 查询

水环境影响程度指标以园区集中式污水处理厂事故排放和港口码头有毒液

体泄漏的典型事故情景下污染团前锋到达敏感区时间、敏感区最大水质超标倍数和敏感区水质超标持续时间来表征。根据规划园区所处区域的水文水质条件和当地的应急能力与环保要求等将上述表征因子划分为4个等级，赋1～4分值，污染团前锋到达敏感区时间越短，敏感区最大水质超标倍数越大，敏感区水质超标持续时间越长，分值越高。评分规定参照附表 1-5 制定。

附表 1-5　水扩散环境影响程度表征因子评分

污染团前锋到达敏感区时间/h	$>c_1$	$(b_1，c_1]$	$(a_1，b_1]$	$\leqslant a_1$
敏感区最大水质超标倍数	$(0，a_2]$	$(a_2，b_2]$	$(b_2，c_2]$	$>c_2$
敏感区水质超标持续时间/h	$\leqslant a_3$	$(a_3，b_3]$	$(b_3，c_3]$	$>c_3$
分值	1	2	3	4

注：a、b、c 代表相应的等级划分数值

附表 1-5 中最大水质超标倍数的计算公式如下：

$$\mathrm{ES}_{\max}\frac{C_{实际}-C_{标准}}{C_{标准}}$$

式中，$C_{实际}$为泄漏物质到达敏感目标处的最大浓度值；$C_{标准}$为地表水环境质量标准，根据典型事故下纳污水体的功能区划对照《地表水环境质量标准》（GB3838）选取。

根据附表 1-5 中各表征因子的评分结果，求得水扩散环境影响程度的综合评价值，根据综合评价值给出水扩散环境影响程度的级别和赋分值，水扩散环境影响程度的分级赋分规定见附表 1-6。对所有典型事故情景的大气环境影响程度评分后取最大值。

附表 1-6　水扩散环境影响程度评分

综合评价值分级	分值
(1，1.75]	1
(1.75，2.5]	2
(2.5，3.25]	3
(3.25，4]	4

水扩散环境影响程度的综合评价值的计算公式如下：

$$d=\sum_{i=1}^{3}r_i d_i\ ,\quad (\sum_{i=1}^{3}r_i=1)$$

式中，d 为水扩散环境影响程度的综合评价值，无量纲；d_1 为污染团前锋到达敏感区时间的分值，无量纲；d_2 为敏感区最大水质超标倍数的分值，无量纲；d_3 为敏感区超标持续时间的分值，无量纲；r_i 为各指标的权重，建议取平均值，也可根据专家意见确定。

c. 环境管理补偿指标评分

环境管理补偿指标包括园区级别和入区企业规模两个二级指标。评分规定见附表 1-7。

附表 1-7　环境管理补偿评分

园区级别	国家级		省级		市级	其他
入区企业规模	中型及大型企业为主	中小型企业为主	中型及大型企业为主	中小型企业为主		
分值	0.8	0.9		1.1		1.2

注：入区企业规模等级按照《统计上大中小微型企业划分办法》(国统字〔2011〕75 号)划定

d. 环境易损指标评分

环境易损指标包括大气环境易损和水环境易损两个二级指标，评分规定见附表 1-8。

附表 1-8　环境易损评分

环境敏感区类型和分布情况	分值
村级等小规模居住区零散分布	1
含乡级居住集中区或村级等小规模居住区密集分布	1.1
含重要环境敏感区或镇级居住集中区	1.2
含特殊环境敏感区或市(县)级居住集中区	1.3

(3)园区规划环境风险分级

根据分级赋分结果，计算园区规划最大可信环境风险的综合评价值，确定规划环境风险级别。

园区规划环境风险级别分为极高风险、高风险、中风险和低风险四个级别，风险级别划分规定见附表 1-9。

附表 1-9　园区规划环境风险级别划分

园区规划环境风险总分值	园区规划环境风险度级别
≤15	低风险度
(15，40]	中风险度
(40，60]	高风险度
>60	极高风险度

园区规划最大可信环境风险综合评价值的计算公式如下：

$$RC_{max}=(h_1 \cdot g \cdot v_1+h_2 \cdot w \cdot v_2) \cdot M_f$$

式中，RC_{max} 为园区规划最大可信环境风险的综合评价值，无量纲；h_1 为以物质人类毒性计算的产业结构环境危害分值，无量纲；g 为大气扩散环境影响程度分值，无量纲；v_1 为大气环境易损性分值，无量纲；h_2 为以物质水生生物毒性计算的产业结构环境危害分值，无量纲；w 为水扩散环境影响程度分值，无量纲；v_2 为水环境易损性分值，无量纲；M_f 为环境管理补偿分值，无量纲。

11. 风险角度规划合理性分析及优化

（1）产业结构的合理性分析

园区产业结构决定入区企业有毒化学品的种类和数量，这直接影响突发性风险事故发生的可能性。规划环评应按照循环经济的理念，构建产品生态链，通过资源优化配置，公用工程一体化及物流传输一体化，降低环境风险事故发生的概率和危害。

（2）园区布局的合理性分析

产业布局决定产业排放有毒有害物质对人群健康的影响，以及突发性风险事故对敏感区的危害大小。规划环评中应根据园区产业风险源分布、典型风险事故情景的后果预测及周边环境的敏感性，从风险角度，对园区功能布局的合理性进行分析，对布局存在的不合理性提出优化调整的建议。

12. 园区风险管理措施建议

（1）现有风险管理系统整改建议

针对园区现有环境风险管理体系存在的问题，针对性提出整改建议。

（2）园区环境风险减缓措施

a. 排水风险减缓措施

为避免排水的风险，应要求企业结合自身装置的最大消防水量，设置与该水量相当的应急池；要求园区集中污水处理厂根据入区企业实际，设置适当规模的储水池，有效收集突发事故状态下企业难以接纳的事故废水，避免对污水处理厂处理系统的冲击和非正常超标排放。

b. 危险化学品储运风险减缓措施

考虑到危险化学品运输的危害性，应对园区危险化学品运输的路线提出建议或禁止要求，尽量避免穿越人口稠密的居住区、商贸区、旅游风景区等。给出危险品运输路线示意图。

（3）区域风险管理措施

a. 企业风险源分类、分级管理

在企业风险源调查、分级的基础上，建立风险源档案管理和分类、分级监管体系，使监管对象、监管手段的选择有重点、有针对性。给出区域重点防控物质和风险源分布图。

b. 区域土地利用的功能布局管理

收集国外城市不同类型功能区最大可接受风险基准研究成果，将园区所在区域的安全功能区划分为四类：一类风险控制区、二类风险控制区、三类风险控制区、四类风险控制区。给出区域安全功能区划示意图。

根据典型风险事故情景下，各功能区的个人风险计算结果与该功能区的可接受风险基准范围对比分析，对园区周边的土地利用功能，特别是居住区、城镇体系的发展提出人口控制，对安全隔离带、防护林带设置等提出合理化建议，对安全隔离带内的环境敏感目标制定落实拆迁安置计划。

（4）园区风险监控和应急响应

a. 风险源实时监控预警

实施园区重点风险源的实时监控，以便在某些指标接近警戒线时发出预报，为突发性风险事故管理决策提供信息。建立环境风险监测、监控和事故应急预案支持系统，把风险的管理融合到日常的环境管理中。

b. 园区应急响应系统

事故应急响应系统可分为事前控制、应急响应和事后控制三部分。通过园区现有应急系统存在问题的分析和规划实施可能存在的风险隐患，提出园区应急系统的功能需求、应急响应中心的建设方案。

从风险源监控预警系统、应急响应联动系统、应急监测系统、风险事故决策支持系统四方面，提出事故应急响应系统建设方案，对重点风险敏感区提出紧急疏散的管理方案。给出疏散通道示意图。充分借鉴国外经验，结合园区特点，编制园区应急响应总体预案。

附录二 石化行业环境隐患排查技术手册

1. 适用范围

本手册规定了环境管理部门进行石油、化工行业环境隐患排查（简称为隐患排查）的程序、内容等的基本要求。

本手册适用于石油、化工行业从事危险性化学物质的生产、储存、使用、经营等的活动，以及从事危险化学物质转移的运输活动等的企事业单位存在的可能引发环境污染事故的环境隐患的排查。

本手册不适用于人为破坏和自然灾害诱发的环境隐患，也不适用本行业企事业单位可能存在的生物安全和辐射安全风险事故隐患。

2. 规范性引用文件

本手册内容引用了下列文件中的条款。凡不注明日期的引用文件，其有效版本适用于本手册。

《中华人民共和国环境保护法》（中华人民共和国主席令第 22 号）

《中华人民共和国水污染防治法》（中华人民共和国主席令第 66 号）

《中华人民共和国大气污染防治法》（中华人民共和国主席令第 32 号）

《中华人民共和国固体废物污染环境防治法》（中华人民共和国主席令第58号）

《中华人民共和国水污染防治法实施细则》（国务院令第 284 号）

《中华人民共和国安全生产法》（中华人民共和国主席令第 70 号）

《中华人民共和国消防法》（中华人民共和国主席令第 6 号）

《危险化学品安全管理条例》（国务院令第 344 号）

《危险化学品登记管理办法》（国家经贸委令第 35 号）

《关于特大安全事故行政责任追究的规定》（国务院令第 302 号）

《使用有毒物品作业场所劳动保护条例》（国务院令第 352 号）

《国家突发环境事件应急预案》（国务院，2006-01-24）

《环境污染事故应急预案编制技术指南》（征求意见稿）

《危险化学品名录》（国家安全生产监督管理局公告 2003 第 1 号）

《剧毒化学品名录》（国家安全生产监督管理局等 8 部门公告 2003 第 2 号）

《国家危险废物名录》（环境保护部令第 1 号）

GB18218　重大危险源辨识

HJ/T169　建设项目环境风险评价技术导则

HJ/T298　危险废物鉴别技术规范
GB3838　地表水环境质量标准
GB3095　环境空气质量标准
GB5044　职业性接触毒物危害程度分级
GB16297　大气污染物综合排放标准
GB8978　污水综合排放标准
GB14554　恶臭污染物排放标准
GBZ1　工业企业设计卫生标准
GBZ2　工作场所有害因素职业接触限值
其他相关的法律、法规和规章。

3. 术语和定义

下列术语和定义适用于本手册。

（1）环境风险

环境风险是指突发性事故对环境（或健康）的危害程度。

（2）环境污染事故（事件）

环境污染事故（事件）是指由于违反环境保护法律法规的经济、社会活动与行为，以及由于意外因素的影响或不可抗拒的自然灾害等致使环境受到污染，生态系统受到干扰，人体健康受到危害，社会财富受到损失，造成不良社会影响的事故（事件）。

这里“意外因素”的影响之所以能够导致环境污染事故，一般与具有各种违反法律、法规、标准、规程等的行为并导致各种环境隐患的产生有关。

（3）环境污染事故危险源

环境污染事故危险源即危险源，指可能引发或导致环境污染事故发生的存在点，也即本行业可能导致环境污染事故发生的生产和运输活动所涉及的设备设施或设备设施所处的场所。

（4）环境隐患

本手册的环境隐患在广义上是指可能产生环境（或健康）危害的客观存在；在狭义上是指诱发环境污染事故危险源发生环境污染事故的各种不安全因素。

（5）环境隐患辨识

采用科学的分析方法，识别环境隐患的存在并确定其特性的过程。

（6）应急救援

应急救援指环境污染事故发生时，采取的消除、减少事故危害和防止事故恶化，最大限度地降低事故损失的措施。

（7）应急救援预案

应急救援预案指依据环境污染事故危险源及其发生的环境污染事故特性而制定的充分考虑已有条件，并能及时、有效地统筹指导环境污染事故应急救援行动的方案。

（8）应急监测

应急监测指在环境污染事故发生时，为发现和查明环境污染情况和污染范围而进行的环境监测。包括定点监测和动态监测。

（9）环境污染事故防范措施（环境安全防范措施）

环境污染事故防范措施（环境安全防范措施）指针对环境污染事故危险源特性，对其进行监控和控制环境污染事故危害蔓延等的设备设施，以及对环境污染事故实施应急救援所依托的应急救援预案、应急监测、应急装备、应急物资、应急队伍等。

（10）环境安全

本手册所要求的环境安全是指企业具有健全的安全生产责任制、安全生产规章制度和安全操作规程；与环境污染事故危险源相关的各生产环节和相关岗位的安全工作符合法律、法规、规章、规程等规定，达到和保持规定的标准；同时还应具有完善的环境污染事故防范措施。

（11）环境隐患排查

环境隐患排查指调查统计本行业企事业单位中的环境污染事故危险源，对环境污染事故危险源可能存在的导致其发生环境污染事故的环境隐患进行排查，对其环境污染事故防范措施进行评估，督促整改与完善，并形成环境污染事故危险源与环境隐患调查统计数据集的行动。

（12）危险物质

危险物质指《危险化学品名录》和《剧毒化学品目录》中的物质，或具有导致火灾、爆炸和中毒等危险的物质（一种物质或若干物质的混合物）。

（13）危险废物

危险废物指列入《国家危险废物名录》或者根据《危险废物鉴别标准》和《危险废物鉴别技术规范》（HJ/T298）认定的具有危险特性的固体废物。

（14）环境保护目标

环境保护目标指在环境污染事故防范和应急处理中，需要保护的环境敏感区域中可能受到影响的对象。

（15）分类

分类指根据环境污染事故危险源可能发生的环境污染事故的过程、性质和机理，对其环境风险划分的类别。

（16）分级

分级指按照环境污染事故危险源可能发生的环境污染事故的严重性、紧急程度及危害程度，对其环境风险划分的级别。

4. 环境隐患排查基本程序

本手册规定的环境隐患排查基本程序如附图 2-1 所示。

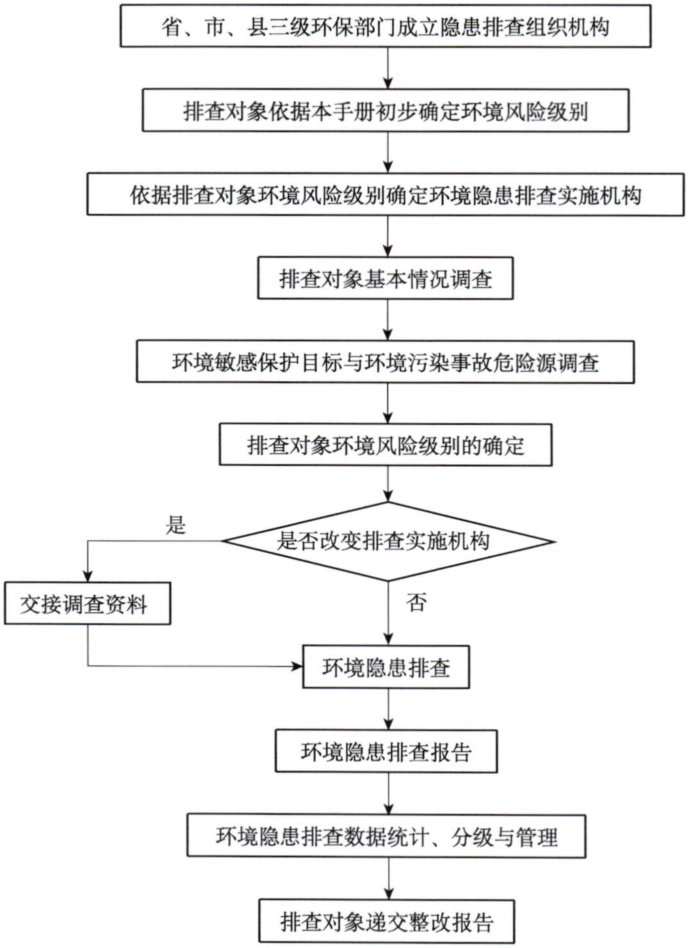

附图 2-1　环境隐患排查基本程序

5. 环境隐患排查组织机构

依据企业（或事业）单位环境风险的级别，由各级环保部门成立环境隐患排查组织机构，实施企业（或事业）单位的环境隐患排查，并对排查结果进行统计分析和管理。

6. 环境隐患排查内容

现代石油、化工生产过程具有生产装置大型化、生产过程高度连续、工艺过程和辅助系统庞大、自动化程度高、生产过程危险性大等特点，生产中使用的原辅材料，以及中间产物和产品，绝大多数是易燃易爆、有毒有害、有腐蚀性的危险化学品。生产与运输过程中，对用水、排污、运输等的高需求，也造成该类企业普遍存在布局隐患问题。企业在技术、管理水平以及环境污染防控投入的差异，使得石油、化工行业中中小企业内环境隐患居多。

石油、化工行业对生产设备设施的安全运行、生产装置的安全布置、化工生产的岗位操作、环境污染的防控具有较高要求。化工生产的设备设施必须具有足够的承压承温能力、密封可靠，并且配套相应的安全环保装置；生产装置的布置必须满足相关安全设计规范的要求；企业须编制生产的工艺规程、安全操作规程等，关联性强的复杂重要岗位要建立操作票制度，并且定期对员工进行培训；企业须配套污染处理设施并确保其正常运行、污染物达标排放。排查石油、化工行业企业项目建设过程、项目运行管理过程、设备设施维护检修过程、污染设施、防范措施及人的行为等的薄弱之处，达到减少或降低石油、化工企业环境污染事故的发生与对环境的危害的目的。

（1）基本情况调查

企业（或事业）单位提交本单位基本情况资料，具体如下：

1）企业（或事业）单位名称、法人、法人代码、详细地址、邮政编码；企业经济性质隶属关系、企业规模，或事业单位隶属关系；职工人数等。

2）企业（或事业）单位的地理位置（经纬度）、详细位置图、所处地形地貌、厂址的特殊状况（如上坡地、河流的岸边），企业（或事业）单位所在地的气候（气象）特征，降雨量及暴雨期等。

3）企业（或事业）经营类别（即说明从事本行业的具体活动，如生产、储存、经营、运输）；对从事生产的企业（或事业）单位，应说明其主、副产品的名称及产量，主要原辅材料、燃料名称及消耗量；对从事其他活动的应说明其所涉及危险物质范围及处理量。

4）企业（或事业）单位生产工艺流程说明，主要生产和储存装置，生产装置及储存设备的平面布置图，雨水、清净下水和污水收集、排放管网图，应急设施（设备）的平面布置图等。

5）企业（或事业）单位排放污染物的名称、产生量；经污染治理设施处理后的排放量；污染治理工艺流程说明及主要设备、构筑物说明，其他环境保护措施等。

6）企业（或事业）单位危险废物的产生量，储存、转移、处置情况，危险废物处置单位名称、地址、联系方式、资质。

7）企业（或事业）单位危险物质及危险废物的运输（输送）单位、运输方式、运输量；如利用管道输送液体或气态危险物质的，管道管理单位须明确输送量、输送线路图，阀门和加（减）压站的位置，以及安全保护措施情况。

8）对从事运输活动的企业（或事业）单位须明确运输路线、“跑、冒、滴、漏”的防护措施等。

（2）周边环境状况及环境保护目标调查

1）企业（或事业）单位周边区域100m、200m、500m、1000m、3000m、5000m等范围内常住人数；居民点（区）、自然村、学校、机关等社会关注区的名称、联系方式、人数；周边企业（或事业）单位的基本情况；上述各保护目标与本单位的距离和方位图。

2）企业（或事业）单位污水排放的去向，接纳水体（包括支流和干流）情况及执行的环境标准；区域地下水（或海水）执行的环境标准；区域空气执行的环境标准。

3）企业（或事业）单位下游水体及下风向空气质量功能区说明；河流、湖泊、水库、海洋名称、所属水系、饮用水源保护区的情况。

4）企业（或事业）单位下游供水设施服务区、设计规模及日供水量；取水口名称、地点及距离、地理位置（经纬度）等；地下水取水情况。

5）企业（或事业）单位周边区域道路情况及距离，交通干线流量等。

6）企业（或事业）单位（特别是从事运输活动的单位）危险物质和危险废物运输（输送）路线中的环境保护目标说明。

（3）环境污染事故危险源调查统计

依据企业（或事业）单位委托有资质的咨询机构按照HJ/T169的要求进行的环境风险评价，获得如下关于本单位环境污染事故危险源及其环境污染事故防范和应急处理的有关资料：

1）物质危险性识别结果：从企业（或事业）单位主要原辅材料、燃料、中间产品、终产品中筛选出危险物质（特别是危害程度较大的危险化学品），并列出危险物质明细表。

2）重大环境污染事故危险源辨识结果：识别出企业（或事业）单位存在的重大环境污染事故危险源，并列出环境污染事故危险源一览表。

3）重大环境污染事故危险源在泄漏、燃烧、爆炸等事故状态下可能产生的环境污染事故类别、产生的污染物种类、最大排放量及浓度；说明事故发生与处理过程中可能产生的伴生/次生污染物。

4）重大环境污染事故危险源的自动监控系统和预警系统设置情况，针对各种类别环境污染事故的防范设施设置情况，环境污染事故发生时的应急处理设备设施设置情况，以及应急处理情况。

5）最大可信事故预测结果，明确最大可信事故危险源发生事故的概率、污染源强估算的工艺与控制条件依据。

6）根据污染物可能波及的范围和环境保护目标的距离，预测不同环境保护目标可能出现污染物的浓度值。特别关注对诸如饮用水源保护区、自然保护区、重要渔业水源和珍稀水生生物栖息地等区域，以及人口集中居住区和社会关注区（如学校、医院等）等环境保护目标的影响。

7）环境污染事故产生污染物造成跨界（国家、省、市、县等）环境影响的说明。

8）环境污染事故可能产生的各类污染物对人、动植物等危害性说明。

9）环境污染事故产生的污染物相关环境安全标准、限值、最高允许浓度。应包括 GB3095、GB3838、GB/T14848、GB5749、GB16297、GB8978、GB14554、GBZ1、GBZ2 及相关标准中的规定。

10）企业（或事业）单位（特别是针对专门从事运输活动的单位）运输（输送）过程中发生的环境污染事故对环境保护目标的影响。

11）污染治理设施事故状态下，排放污染物的种类、数量与浓度，以及监控、预警系统设置和事故应急处理设施设置情况。

12）企业（或事业）单位依据标准进行环境污染事故应急预案的编制、评审、实施情况。

（4）环境污染事故危险源的分类与分级

a. 环境污染事故危险源的分类

对企业（或事业）单位环境污染事故危险源进行分类。

依据本行业环境污染事故危险源发生污染事故时环境污染传播的形式，将本行业环境污染事故危险源的类型分为：空气污染型危险源和水环境污染型危险源两大类。其中，水环境污染型危险源又可分为地下水和地表水污染型两类。

这里需说明的是：燃烧、爆炸型事故如不进一步向环境扩散有毒、有害气体，则将只是一个安全事故；而土壤或底质的污染及生态的破坏都可看作是污染物由水体或空气传播的结果。

b. 环境污染事故危险源的分级

在企业（或事业）单位基本概况、周边环境状况及环境保护目标、环境污染事故危险源调查统计的基础上，按如下原则进行环境污染事故危险源的分级；并依据分级确定不同的隐患排查实施与管理主体。

根据企业规模、企业周边环境保护目标的敏感程度、危险化学品的危害程度和影响范围，在进行石油化工行业环境隐患排查时，原则上可将待排查企业分为I、II、III级，分别由不同级别的环保部门组织排查。

1）企业（或事业）单位出现以下情形之一时为I级，由省级环保部门组织排查：《统计上大中小型企业划分办法（暂行）》规定的大型石油化工企业；周边存在特殊敏感保护目标的企业，特殊敏感保护目标包括学校、图书馆、医院、疗养院、养老院、有历史价值的建筑物、特殊生境等；企业主要危险化学品中存在依据《职业性接触毒物危害程度分级》表1和表2所判定的极度危害和高度危害的化学品，或存在依据《建设项目环境风险评价技术导则》（HJ/T169-2004）附表1所判定的剧毒物质；发生事故后极易造成跨省级行政区、跨领域（行业和部门）的环境污染事故的企业。

2）企业（或事业）单位出现以下情形之一时为II级，由市级环保部门组织排查：《统计上大中小型企业划分办法（暂行）》规定的中型石油化工企业；

周边存在重要敏感保护目标的企业，重要敏感保护目标包括居民区、自然保护区、风景名胜区、饮用水水源保护区等；

主要危险化学品中存在依据《职业性接触毒物危害程度分级》表1和表2所规定的中度危害的化学品的企业；

发生事故后极易造成跨市、地级行政区的环境污染事故的企业。

3）企业（或事业）单位出现以下情形之一时为III级，由县级环保部门组织排查：《统计上大中小型企业划分办法（暂行）》规定的小型石油化工企业；周边不存在特殊和重要敏感保护目标的其他企业；主要危险化学品中存在依据《职业性接触毒物危害程度分级》表1和表2所规定的轻度危害的化学品的企业；发生事故后极易造成县、乡行政区的环境污染事故的企业。

（5）环境隐患排查

环境隐患可能产生于企业（或事业）单位项目立项、设计、施工等建设过程，项目生产运行管理过程，以及设备（设施）检修维护作业过程等各个方面；产生的原因在于上述活动过程中违反了相关法律、法规、标准、规范等的规定，致使项目管理上存在缺陷、员工具有不安全行为，或设备设施具有不安全因素，这些隐患均可能导致对环境污染事故危险源中的能量或危险物质的约束（或限制）措施遭到破坏，从而引发环境污染事故的发生。

因而，环境隐患排查应包括针对项目在建设、运行、维护等各个方面违反法律、法规、标准、规范等行为的排查，环境污染事故危险源相关设备设施运行状况动态检查，以及人的不安全行为排查。

另外，基于环境隐患的特点——即所导致的环境污染事故的危害程度还与环境污染防范措施的建设有很大关系，因而环境隐患排查的重点还包括对企业（或事业）单位环境污染事故危险源相关环境污染事故防范措施的检查与评估。

a. 项目建设过程环境隐患排查

通过对项目的立项审批、工程设计、施工安装、竣工验收等全过程，各管理部门批复文件完备性与审查意见落实情况的检查来进行本阶段环境隐患的排查。

1）企业（或事业）单位各项目环境影响评价批复、设立安全评价批复、职业危害预评价批复、经济主管部门项目批文、规划部门的建设项目规划许可证和选址意见书等文件的完备性。

2）企业（或事业）单位各项目初步设计评审记录、消防设计审核意见、安全设施设计审查意见、职业防护设施设计审查意见等审查意见的完备性；注意上述文件中关于环保初步设计是否满足环评批复要求，与环境风险事故危险源相关的消防和安全设施设计是否能满足防火防爆和其他生产安全等要求的审查意见，以及文件中要求做进一步修改的意见。

3）企业（或事业）单位各项目安全试生产许可、环保试生产许可、消防竣工验收报告等文件的完备性；注意上述文件中对初步设计审核与修改意见等内容落实情况的意见。

4）企业（或事业）单位各项目安全竣工验收批复与安全生产许可证、环保竣工验收批复与排污许可证等文件的完备性。

b. 项目运行管理过程环境隐患排查

1）企业（或事业）单位依据国家法律法规，并结合单位实际，组织制定的文件化的环境安全方针和目标。

2）企业（或事业）单位环境安全管理机构设置情况。

3）企业（或事业）单位是否制定环境安全责任制，做出明确的、公开的、文件化的环境安全承诺。

4）企业（或事业）单位主要负责人、各职能部门负责人、环境污染事故危险源相关岗位负责人与从业人员环境安全职责是否明确。

5）企业（或事业）单位环境安全有关法规政策和环境监管制度的落实情况，包括环境安全检查制度、职工环境安全教育培训制度、环境安全事故管理和整改制度、环境安全生产档案管理制度、环境安全及监管的奖惩制度等。

6）企业（或事业）单位主要负责人、环境安全管理人员、职能部门负责人、专业工程技术人员、从业人员的环境安全培训教育情况；日常环境安全教育情况。

7）企业（或事业）单位岗位操作人员是否经过岗位技术培训并合格上岗。

8）企业（或事业）单位巡回检查制度制定及执行情况。

9）企业（或事业）单位环境污染事故易发场所（或设备、设施）工作人员的执业资格、职业健康监护等的检查与登记在册情况。

10）企业（或事业）单位环境污染事故危险源相关岗位职工作业环境，包括照明、温度、湿度、通风、作业空间等是否符合作业要求。

11）企业（或事业）单位相关方及外来务工人员的环境安全生产责任和义务是否明确；是否对外来务工人员进行环境安全培训。

12）企业（或事业）单位环境污染事故危险源的建档、监控、监测情况；环境污染事故危险源安全检查书面报告制度。

13）企业（或事业）单位根据生产工艺、技术、设备特点和原材料、辅助材料、产品的危险性，编制的环境污染事故危险源相关岗位安全操作规程情况，能否达到规范从业人员的操作行为，以及在装置发生异常情况时能控制环境风险，避免环境污染事故发生的目的。

14）企业（或事业）单位是否依据国家、当地政府的有关规定，建立环保投入保障制度；是否按要求提取并投入环境保护，同时形成台账；环保投入是否涵盖环保教育、“三废”处理和应急救援等设施的建设和维护保养，以及重大环境隐患排查治理、建立环境污染事故应急救援队伍和开展应急救援演练等所需的费用。

15）企业（或事业）单位环境保护、环境污染事故防范设施的管理和维护保养情况、环保通报的编写情况。

16）企业（或事业）单位环境污染事故危险源相关装置（设施）和场所安全管理制度及应急预案编制情况；应急预案演练情况；是否能确保相关岗位员工能够即时识别和处理各种不正常现象与事故。

17）企业（或事业）单位接受外部环保部门检查、外部专家检查及内部检查记录；环境隐患整改及复查情况；环保检查计划的制订、完成及考核情况；是否定期或不定期开展综合检查、专业检查、季节检查和日常检查。

18）企业（或事业）单位事故管理制度的制定与落实情况，作业过程中出现的事故隐患是否及时记录并限期进行整改，是否形成隐患整改记录。

c. 设备设施维护检修过程环境隐患排查

1）企业（或事业）单位检维修管理制度的制定和落实情况。

2）企业（或事业）单位维修规程的制定和执行情况，包括设备检维修作业前、中、后的环境管理要求。

3）检修、维修作业时，动火作业安全管理制度的建立和执行情况。

4）企业（或事业）单位进行检维修前编制检修方案，并对检维修作业进行环境风险分析和采取有效措施控制风险的制度及其落实情况。

5）企业（或事业）单位是否有专门的维修队伍；维修人员的资质和业务技能情况。